# 中国制造业智能化：
# 进程评价与发展展望

李健旋　著

基金资助：国家自然科学基金青年科学基金项目（72102061）

科学出版社
北　京

## 内 容 简 介

本书在溯源中国制造业 70 年发展历程和学术线索基础上，分析了中国制造业智能化基础，比较了中外制造业智能化战略、举措和路径差异，从智能技术、智能应用和智能效益层面构建制造业智能化程度评价指标体系，展开整体程度的实证评价和细分评价，包括态势评价、区域评价、省际评价、产业评价和企业评价，探讨了金融发展支持制造业智能化的机制、模式与路径，构建了智能化促进经济绿色增长的理论模型，并实证检验了智能化对中国制造业绿色增长的作用机制及其溢出效应，展望了中国制造业智能化领跑全球新态势，提出了中国制造业智能化进程思路与举措。

本书适合高校和科研机构的相关教学科研人员、政府工作人员、企业管理人员以及关心制造业发展的广大读者阅读。

**图书在版编目(CIP)数据**

中国制造业智能化：进程评价与发展展望/李健旋著. —北京：科学出版社，2023.12
ISBN 978-7-03-077916-8

Ⅰ. ①中… Ⅱ. ①李… Ⅲ. ①制造工业–产业信息化–研究–中国 Ⅳ. ①F426.4-39

中国国家版本馆 CIP 数据核字(2023)第 251107 号

责任编辑：王腾飞/责任校对：杨 赛
责任印制：赵 博/封面设计：许 瑞

科学出版社 出版
北京东黄城根北街 16 号
邮政编码：100717
http://www.sciencep.com
北京厚诚则铭印刷科技有限公司印刷
科学出版社发行 各地新华书店经销
\*
2023 年 12 月第 一 版 开本：720×1000 1/16
2024 年 10 月第二次印刷 印张：13 3/4
字数：277 000
**定价：129.00 元**
(如有印装质量问题，我社负责调换)

# 前　言

近代以来，制造业始终是经济增长的主导力量，是生产力水平的集中体现，也是经济社会发展的重要依托和人们赖以生存发展的实体产业。中华人民共和国成立之初，工业基础十分薄弱，制造业水平相当低下，众多简单生活用品都缺乏制造能力，"洋火"（火柴）、"洋钉"（铁钉）、"洋油"（煤油）、"洋碱"（肥皂）、"洋布"（布匹）等称呼在 20 世纪 50 年代甚为流行。后来，在苏联援助下经过艰苦奋斗，中国才初步建立起了工业体系，具备了一定的制造业能力。改革开放以来，中国从"三来一补"（来料加工、来件装配、来样加工、补偿贸易）的外向型加工制造起步，持续积累加工制造能力。加入 WTO 后，中国制造业开始参与全球制造业生产体系，广泛开展经济技术合作，迅速拓展国际市场，同时充分利用地缘优势积极承接全球产业转移，并在 2010 年成为世界制造业第一大国。短短几十年，中国制造业走过了西方发达国家数百年走过的历程，创造了伟大的"中国奇迹"。

众所周知，中国制造业快速崛起，很大程度上得益于充足的廉价劳动力和原材料，丰富的土地、能源等自然资源，大量的研发人员和研发资金投入，以及国家政策的大力支持。然而，与美国、日本、德国等世界先进制造业强国相比，中国制造业仍然大而不强，发展水平不高，主要表现为生产效率相对较低、自主创新能力不足、科技创新基础薄弱、能源消费巨大、环境约束强化，以及在国际分工体系中处于全球价值链中低端和相对不利的地位，特别是在许多重要领域核心技术能力较低等已逐渐成为亟待解决的重大课题。随着中国制造业水平不断提升和劳动者收入的持续增加，以及中国人口年龄结构抬升（年轻劳动力持续减少），中国制造业赖以获得竞争优势的"人口红利"逐渐消失。随着全球经济一体化进程的逐渐加快，尤其是新科技革命和产业变革的持续进行，新一代信息技术与制造业加速融合，发展智能制造、推进制造业智能化成为科技创新背景下制造业发展的必由之路。美国先后推出了先进制造业计划、国家创新网络等促进制造业智能化进程的战略部署，德国推出"工业 4.0"计划，全面部署"智能工厂"和"智能生产"，日本政府推出了先进制造业集群计划，在制造业智能化核心领域进行布局。

融入全球制造业体系，走在全球制造主流行列，中国制造业在工业化与信息化（两化）融合基础上积极推进智能制造，迅速提升制造业智能化程度。这是中国制造业未来发展的必然选择。中国政府出台了《2006—2020年国家智能制造发展战略》和《中国制造2025》，鲜明地提出"加快推动新一代信息技术与制造技术融合发展，把智能制造作为两化深度融合的主攻方向"。党的二十大报告明确提出坚持把发展经济的着力点放在实体经济上，推进新型工业化，加快建设制造强国、质量强国、航天强国、交通强国、网络强国、数字中国。这一系列重要文件均指出，发展智能制造、推进制造业智能化，不仅是现在制造业发展的重点工作，也是未来中国制造业发展的重要方向。在中国特色社会主义进入新时代和经济发展步入"新常态"之际，如何促进制造业创新发展、促进制造业由大到强的转变？发展智能制造、持续提升中国制造业智能化水平，显然是重要途径，而且是必经途径。有鉴于此，我不禁要思考：中国制造业的奇迹是如何创造出来的？中国制造业当前的智能化程度水平如何？中国制造业能否借助智能制造加快转型升级，促进制造业高质量发展？显然，客观评价中国制造业智能化程度是前提，非常必要，看清智能制造的发展方向和重要路径是关键举措。

围绕中国制造业智能化的核心问题和支撑环境，本书重点在九个方面进行展开：①追踪中国制造业70年的发展轨迹和学术线索，归纳了中国制造业学术讨论的现状与热点，为评价中国制造业智能化程度、提出发展路径提供学术理念前提。②分析中国制造业智能化基础，研究中国制造业发展的成就与挑战，分析创新能力和创新效益，为评价中国制造业智能化程度并提出发展路径提供实践实证基础。③探讨全球制造业智能化和中国制造业智能化的发展特征，选择美国和德国两个制造业发达国家，比较美国、德国和中国制造业发展战略内容、重点举措及其实施效果，为评价中国制造业智能化程度并提出发展路径提供国际借鉴视角。④客观评价中国制造业智能化程度，从智能技术、智能应用和智能效益三个层面，构建制造业智能化评价指标体系，并对中国制造业智能化程度进行总体评价和区域评价；进而从内源和外源视角对中国制造业智能化的影响因素进行分析。⑤从产业和企业细分角度评价中国制造业智能化程度，选取典型产业，从智能技术、智能应用和智能效益三个层面进行制造业产业智能化程度评价，分析制造业产业智能化的影响因素，提出促进制造业产业智能化的路径与策略；以制造业上市公司为研究对象，从智能技术、智能应用和智能效益三个层面进行制造业企业智能化程度评价，分析制造业企业智能化的影响因素，提出促进制造业企业智能化的路径与策略。⑥从金融发展和金融服务视角，探讨金融服务中国制造业智能化的本质特征，重点分析金融聚集、数据融合、模式创新和风险管控对于中国制造业智能化的促进与影响，提出金融更好地服务中国制造业智能化的策略与举措。⑦探讨智能化对中国制造业绿色增长的影响，构建智能化促进经济绿色增长的理论模型，利用空间计量模型实证检验智能化对中国制造业绿色增长的作用机制及其溢出效应，提出中国制造业智能化与绿色化相互促进的对策建议。⑧研究中国制造业智能化的主要障碍，包括智能技术、智能应用和智能化生态系统等存在的问题，提出针对性地提升中国制造业智能化程度的策略、关键举措和政策建议。⑨展望新的国内外形势，尤其是在中美贸易摩擦加剧、中国双循环发展战略提出和全球新冠疫情引发产业链重组的大背景下，探讨今后中国制造业智能化进程中应当深入研究的一些新问题。

本书主要采用理论分析、实证分析、比较分析相结合的方法进行研究，尽量避免单一分析手段的缺陷以及可能引起的结果偏差，力争较为全面科学地研究与评价中国制造业智能化程度，清晰探讨中国制造业智能化创新发展路径，提出针对性强的可操作的对策建议。①在理论分析方面，主要采用历史分析和比较分析等研究方法。中国制造业发展本身是一种历史现象，70多年来的制造业发展过程是个历史过程。从制造业发展时序视角归纳制造业学术研讨线索，分析中国制造业智能化发展的内在轨迹，有利于准确把握中国制造业智能化的规律。同时，通过对美国和德国制造业发展战略及其举措的比较分析，构建制造业智能化评价指标体系并从总体、区域、产业和企业的视角进行评价，有利于从空间上把握中国制造业智能化的内在逻辑。结合金融发展理论和新经济地理学理论，分析了金融服务中国制造业智能化的内容、模式和风险管控机制以及智能化促进制造业绿色增长的理论机制，有助于更为系统全面地认识中国制造业智能化发展进程及其规律，为提出促进发展的对策举措奠定更为坚实的基础。②在实证分析方面，主要采用了当前较为流行的空间相关性检验和空间计量模型，综合考虑时间、地点和空间三维因素，使得模型更贴近客观现实，研究过程中，应用了计量经济学领域的一些前沿方法，如空间计量模型以及相应的回归技术，这些方法的应用确保了计量检验的结果具有较强的稳健性。在实证研究中，采用了目前常用的一些经济学计量软件。这些工具的使用从一定程度上反映了本书的研究分析符合当前学术研究的前沿特征和规范要求。③在对策建议研究方面，主要是采用典型分析和比较研究方法，分析比较美国、德国等发达国家制造业发展，尤其是智能化发展的战略、政策、重点和成效，深度分析中国制造业发展的演化轨迹、成功经验、存在的薄弱环节、发展的美好前景，在理论分析、实证分析和比较借鉴基础上，提出中国制造业智能化发展的关键路径、策略重点和具体举措，从而发挥支撑相关政策优化、丰富理论研究的功能。

本书的重要价值主要体现在两个方面。第一，理论上的创新拓展。利用经济发展理论、产业经济学理论、区域经济学理论及其分析工具，系统研究分析中国制造业70年的学术线索、发展成就及其发展规律，深入探索中国制造业"大而不强"的深层次原因，比较分析发达国家制造业新的发展战略与态势，创新性设置评价指标体系客观评价制造业智能化程度，探索中国制造业两化融合基础上发展智能制造和制造业智能化创新发展的方向路径，采取了许多新的研究方法和模型进行实证分析，得到了许多新的结论和观点。第二，实践上的指导意义。智能化程度不高已成为制约中国制造业由大变强的主要瓶颈，如何有效地提升中国制造业智能化发展水平已经成为亟须解决的重大问题。为此，本书从中国制造业自身发展规律视角和发达国家制造业智能化战略举措视角，研究探讨中国发展智能制造、持续推进制造业智能化程度不断提升的战略、重点、模式和路径，提出了提升中国制造业智能化程度和中国制造业高质量发展的对策建议，具有重要的实践价值。

# 目　录

前言

**第1章　中国制造业70年：简易加工到智能制造** ········· 1

1.1　第一阶段（1949～1977年）：从一穷二白到初步工业体系········· 2

   1.1.1　苏联援建促进工业恢复和发展········· 3

   1.1.2　"三线"建设优化制造业布局········· 4

   1.1.3　"文化大革命"期间制造业停滞不前········· 4

1.2　第二阶段（1978～2000年）：从经济结构调整到外向型发展战略········· 5

   1.2.1　经济结构调整拉开轻工制造业发展大幕········· 6

   1.2.2　乡镇工业异军突起闯出制造业发展新路········· 7

   1.2.3　国有企业改革突破四大发展困境········· 7

   1.2.4　借鉴"四小龙"经验确定外向型经济战略········· 8

   1.2.5　大规模引进外资带动制造业快速发展········· 8

   1.2.6　应对新技术革命发展高新技术制造业········· 9

   1.2.7　利用香港回归推进制造业合作发展········· 10

1.3　第三阶段（2001～2023年）：从加入世贸到全球制造业榜首········· 11

   1.3.1　获得WTO席位，融入全球制造业体系········· 11

   1.3.2　中低端制造迅速成为世界工厂········· 12

   1.3.3　新型制造业带动产业转型升级········· 12

   1.3.4　制造业技术创新和效率提升········· 13

   1.3.5　高新技术制造业产业集聚和区域集聚········· 14

   1.3.6　制造业降污减排推进绿色化········· 15

   1.3.7　制造业走出去深化全球化进程········· 15

1.4　智能制造：两化融合的中国特色道路········· 16

   1.4.1　信息化与制造业信息化········· 17

   1.4.2　智能制造与制造业智能化········· 18

   1.4.3　制造业智能化绩效评价········· 19

   1.4.4　制造业智能化发展路径········· 21

1.5　结论与启示········· 22

## 第2章 中国制造业智能化基础：制造业态势 ··········· 23
### 2.1 中国制造业现实特征分析：成就与挑战 ··········· 23
  2.1.1 制造业规模全球最大但产业链位置不高 ··········· 23
  2.1.2 制造业创新能力持续提高但核心技术受制于人 ··········· 24
  2.1.3 制造业产业结构不断优化但环境压力仍然很大 ··········· 25
### 2.2 中国制造业创新能力分析：产品和工艺创新 ··········· 26
  2.2.1 分析框架与评价指标体系 ··········· 26
  2.2.2 产品和工艺创新协同发展程度评价 ··········· 29
  2.2.3 促进制造业协同创新的路径与举措 ··········· 38
### 2.3 中国制造业创新效益分析：知识溢出影响分析 ··········· 39
  2.3.1 知识溢出内涵与溢出方式 ··········· 39
  2.3.2 模型的建立及指标说明 ··········· 42
  2.3.3 空间相关性检验与回归结果分析 ··········· 43
  2.3.4 促进区域制造业知识溢出路径与举措 ··········· 47
### 2.4 中国制造业创新方向分析：其中智能化是核心取向 ··········· 48
  2.4.1 绿色化：中国制造业持续发展必然 ··········· 48
  2.4.2 智能化：中国制造业转型升级核心 ··········· 49
  2.4.3 数字化：中国制造业全球争先路径 ··········· 50
### 2.5 结论与启示 ··········· 50

## 第3章 全球制造业智能化实践：国际比较 ··········· 52
### 3.1 全球制造业智能化的实践回溯 ··········· 53
  3.1.1 世界制造业智能化发展历程 ··········· 53
  3.1.2 中国制造业智能化发展历程 ··········· 55
  3.1.3 中外制造业智能化历程比较 ··········· 56
### 3.2 美国制造业智能化国家战略与举措 ··········· 56
  3.2.1 重振制造业的国家战略框架 ··········· 57
  3.2.2 推进制造业智能化战略举措 ··········· 59
  3.2.3 聚焦制造业智能技术创新突破 ··········· 60
### 3.3 德国制造业智能化国家战略与举措 ··········· 61
  3.3.1 德国制造业智能化战略框架 ··········· 61
  3.3.2 德国制造业智能化发展重要举措 ··········· 63
  3.3.3 德国制造业智能化三大行动 ··········· 64
### 3.4 中国制造业智能化国家战略与举措 ··········· 64

    3.4.1 中国制造业智能化战略框架·····················65
    3.4.2 中国制造业智能化薄弱环节·····················66
    3.4.3 中国制造业智能化重要路径·····················67
  3.5 中、美、德制造业智能化路径差异分析··················68
    3.5.1 制造业智能化总体差异分析·····················68
    3.5.2 制造业智能化侧重点差异分析····················69
    3.5.3 制造业智能化主导方式差异分析···················70
  3.6 结论与启示····································70
第4章 中国制造业智能化整体程度：实证评价···················72
  4.1 制造业智能化程度评价指标体系······················73
    4.1.1 智能技术指标····························73
    4.1.2 智能应用指标····························73
    4.1.3 智能效益指标····························73
  4.2 中国制造业智能化程度评价方法······················74
    4.2.1 归一化处理·····························74
    4.2.2 熵值的计算·····························74
    4.2.3 权重的确定·····························75
  4.3 中国制造业智能化程度综合评价······················75
    4.3.1 制造业智能化的态势评价······················75
    4.3.2 制造业智能化的区域评价······················77
    4.3.3 制造业智能化的省际评价······················80
  4.4 中国制造业智能化影响因素分析······················82
    4.4.1 变量说明与描述···························83
    4.4.2 回归分析······························84
    4.4.3 结果分析······························85
  4.5 结论与启示····································86
第5章 中国制造业智能化细分评价：产业评价···················89
  5.1 通信设备、计算机及其他电子设备制造业智能化评价指标体系······89
    5.1.1 制造业产业智能技术指标······················90
    5.1.2 制造业产业智能应用指标······················90
    5.1.3 制造业产业智能效益指标······················91
  5.2 通信设备、计算机及其他电子设备制造业智能化评价···········91
    5.2.1 通信设备、计算机及其他电子设备制造业智能技术评价······91

5.2.2　通信设备、计算机及其他电子设备制造业智能应用评价……… 92
　　　5.2.3　通信设备、计算机及其他电子设备制造业智能效益评价……… 94
　　　5.2.4　通信设备、计算机及其他电子设备制造业智能化综合评价…… 95
　5.3　制造业智能化与数字经济产业融合实证分析………………………… 97
　　　5.3.1　制造业智能化与数字经济产业融合发展……………………… 97
　　　5.3.2　制造业智能化与数字经济产业融合模型……………………… 99
　　　5.3.3　制造业智能化与数字经济产业融合实证分析………………… 101
　5.4　结论与启示………………………………………………………………… 107

第6章　中国制造业智能化细分评价：企业评价……………………………… 109
　6.1　中国制造业企业智能化评价指标体系………………………………… 109
　　　6.1.1　制造业企业智能技术指标……………………………………… 109
　　　6.1.2　制造业企业智能应用指标……………………………………… 110
　　　6.1.3　制造业企业智能效益指标……………………………………… 110
　6.2　中国制造业企业智能化发展水平评价………………………………… 111
　　　6.2.1　典型制造业企业智能技术评价………………………………… 111
　　　6.2.2　典型制造业企业智能应用评价………………………………… 114
　　　6.2.3　典型制造业企业智能效益评价………………………………… 117
　　　6.2.4　典型制造业企业智能化发展水平总体评价…………………… 120
　6.3　结论与启示………………………………………………………………… 131

第7章　中国制造业智能化：金融支持…………………………………………… 133
　7.1　金融服务具有支持制造业智能化重要使命…………………………… 133
　　　7.1.1　金融服务本质是服务经济发展………………………………… 133
　　　7.1.2　金融服务制造业智能化是核心业务…………………………… 134
　　　7.1.3　金融服务制造业智能化模式创新……………………………… 136
　7.2　金融集聚对制造业智能化影响分析…………………………………… 137
　　　7.2.1　金融集聚促进制造业智能化路径分析………………………… 137
　　　7.2.2　金融服务制造业智能化举措分析……………………………… 138
　　　7.2.3　金融服务制造业智能化业务创新……………………………… 139
　7.3　数据融合与制造业智能化金融服务机制……………………………… 139
　　　7.3.1　非结构化数据进入金融业务模式……………………………… 141
　　　7.3.2　金融服务数据融合障碍分析…………………………………… 144
　　　7.3.3　数据融合下金融服务制造业智能化模式创新………………… 146
　7.4　金融服务管控制造业智能化贷款风险路径…………………………… 149

|  |  | 7.4.1 基于大数据的金融服务风控模式创新 | 149 |
|---|---|---|---|
|  |  | 7.4.2 金融服务制造业智能化贷款风险管控策略 | 151 |
|  | 7.5 | 结论与启示 | 153 |
| 第8章 | 中国制造业智能化：绿色增长 |  | 154 |
|  | 8.1 | 智能化影响制造业绿色增长要素分析 | 155 |
|  |  | 8.1.1 全要素生产率增长要素 | 155 |
|  |  | 8.1.2 智能化是TFP增长关键要素 | 156 |
|  |  | 8.1.3 智能化带动绿色全要素生产率增长 | 158 |
|  | 8.2 | 模型、变量说明与数据来源 | 159 |
|  |  | 8.2.1 理论模型 | 159 |
|  |  | 8.2.2 空间计量模型 | 160 |
|  |  | 8.2.3 变量说明 | 160 |
|  |  | 8.2.4 数据来源 | 162 |
|  | 8.3 | 结果及分析 | 163 |
|  |  | 8.3.1 制造业绿色增长结果及分析 | 163 |
|  |  | 8.3.2 空间杜宾模型分析 | 165 |
|  |  | 8.3.3 智能化空间外溢效应分析 | 167 |
|  |  | 8.3.4 作用机制分析 | 169 |
|  | 8.4 | 结论与启示 | 170 |
| 第9章 | 中国制造业智能化：瓶颈突破 |  | 171 |
|  | 9.1 | 认清中国制造业智能化障碍 | 171 |
|  |  | 9.1.1 制造业智能技术基础落后 | 172 |
|  |  | 9.1.2 制造业智能应用能力落后 | 173 |
|  |  | 9.1.3 制造业智能化生态环境需要优化 | 174 |
|  | 9.2 | 突破中国制造业智能化瓶颈 | 175 |
|  |  | 9.2.1 突破芯片产业核心技术 | 175 |
|  |  | 9.2.2 突破工业机器人核心技术 | 175 |
|  |  | 9.2.3 突破工业互联网技术短板 | 176 |
|  |  | 9.2.4 优化制造业智能化生态系统 | 176 |
|  |  | 9.2.5 优化制造业智能化人才培养体系 | 177 |
|  |  | 9.2.6 整体提升传统制造业智能化水平 | 178 |
|  | 9.3 | 优化中国制造业智能化路径 | 178 |
|  |  | 9.3.1 系统创新引领制造业智能化发展进程 | 178 |

  9.3.2 系统优化促进制造业智能化政策法规……………………………… 179
  9.3.3 系统创新制造业智能化人才培养体系……………………………… 180
 9.4 结论与启示…………………………………………………………………… 181
**第 10 章 中国制造业智能化：前景展望**………………………………………… 182
 10.1 中国制造业智能化：并跑与领跑………………………………………… 182
 10.2 中国制造业智能化：美国遏制及其影响………………………………… 183
 10.3 中国制造业智能化：新冠疫情与全球产业链重塑……………………… 188
**参考文献**……………………………………………………………………………… 190

# 第1章　中国制造业70年：简易加工到智能制造

中华人民共和国成立70多年来，工业增加值迅速提升，取得举世瞩目的巨大成就。1949年，中国工业大致处于空白状态，几乎所有工业品都依赖进口，"洋碱"（肥皂）、"洋钉"（铁钉）、"洋火"（火柴）称呼是典型例证。1952年，中国工业增加值120亿元人民币，1978年工业增加值1622亿元人民币，1992年突破1万亿元人民币，2007年突破10万亿元人民币，2012年突破20万亿元人民币，2018年突破30万亿元人民币，达到30.30万亿元人民币，2019年实现31.71万亿元人民币。按可比价计算，1990年中国制造业占全球的比重为2.7%，居世界第九位；2000年上升到6.0%，位居世界第四；2007年达到13.2%，居世界第二；2010年占比19.8%，跃居世界第一；2022年占全球制造业比重接近30%，连续13年成为世界最大制造业国家。

关于制造业的学术研究，以搜索"中国知网（CNKI）"中主题为"制造业"为例，得到年度相关论文发表数据情况，如表1-1所示。本书在细分70余年发表文献并进行综述基础上，聚焦中国制造智能化主题，深入进行学术文献综述，力求为深化研究奠定较为坚实的学术基础。

1949年以来，中国关于制造业的学术论文持续处于不断增多之中，但具有明显的阶段性特征，大致可分为三个阶段：①1949~1977年，中华人民共和国成立至改革开放前。这一阶段，关于制造业研究的学术文献很少，除1956、1957、1958、1959、1962、1963、1964年和1975年论文数量超过10篇外，其余每年只有几篇。而且，这一阶段的学术论文，主要围绕介绍苏联制造业发展情况、普及制造业的知识以及经济结构调整发展等问题展开。②1978~2000年，改革开放至我国加入WTO以前。这一阶段，关于制造业的学术讨论，从探讨工业发展和国民经济结构调整问题发端，逐步拓展到三来一补、两头在外、吸引外资，进而发展到制造业发展要素和发展环境等方面，学术文献逐步丰富起来，从每年十几篇上升到几百篇，2000年超过1000篇。③2001~2023年，从加入WTO至今。这一阶段是中国制造业融入全球生产体系的阶段，中国制造业呈现出迅猛发展态势，取得了举世瞩目的辉煌成绩，关于中国制造业的学术文献，数量也呈现出爆发式增长，讨论主题广泛且不断持续深入。

表 1-1　主题为"制造业"的学术论文数量表（1950～2023 年）

| 年 | 论文数/篇 | 年 | 论文数/篇 | 年 | 论文数/篇 | 年 | 论文数/篇 |
| --- | --- | --- | --- | --- | --- | --- | --- |
| 1950 | 3 | 1969 | 1 | 1988 | 267 | 2007 | 4667 |
| 1951 | 1 | 1970 | 1 | 1989 | 282 | 2008 | 5424 |
| 1952 | 4 | 1971 | 2 | 1990 | 353 | 2009 | 6057 |
| 1953 | 6 | 1972 | 4 | 1991 | 354 | 2010 | 5847 |
| 1954 | 9 | 1973 | 4 | 1992 | 348 | 2011 | 5971 |
| 1955 | 4 | 1974 | 4 | 1993 | 335 | 2012 | 6763 |
| 1956 | 16 | 1975 | 15 | 1994 | 452 | 2013 | 7024 |
| 1957 | 25 | 1976 | 6 | 1995 | 545 | 2014 | 6824 |
| 1958 | 28 | 1977 | 9 | 1996 | 648 | 2015 | 8608 |
| 1959 | 25 | 1978 | 16 | 1997 | 838 | 2016 | 8643 |
| 1960 | 10 | 1979 | 43 | 1998 | 901 | 2017 | 8750 |
| 1961 | 5 | 1980 | 77 | 1999 | 962 | 2018 | 8520 |
| 1962 | 12 | 1981 | 95 | 2000 | 1082 | 2019 | 8604 |
| 1963 | 18 | 1982 | 102 | 2001 | 1456 | 2020 | 8298 |
| 1964 | 19 | 1983 | 124 | 2002 | 2233 | 2021 | 7868 |
| 1965 | 7 | 1984 | 174 | 2003 | 3782 | 2022 | 7174 |
| 1966 | 3 | 1985 | 209 | 2004 | 3569 | 2023 | 1232 |
| 1967 | — | 1986 | 231 | 2005 | 3586 | | |
| 1968 | — | 1987 | 248 | 2006 | 4047 | | |

注：以上数据根据中国知网（CNKI）年度数据整理，其中 2023 年数据截至 2023 年 3 月 31 日。

在纵向回顾中国制造业 70 余年学术文献的基础上，本书聚焦制造业智能化（智能制造）主题进行学术文献的深度综述，期望能够从纵向文献的历史演化和智能制造主题的聚焦讨论中，清晰地看到研究问题的方位，找到研究的着力点和创新点。

## 1.1　第一阶段（1949～1977 年）：从一穷二白到初步工业体系

从中华人民共和国成立到 1977 年改革开放前，中国制造业从一穷二白起步，属于初步发展阶段，发展的标志性事件是通过苏联援助，初步建立起完整的工业体系，通过"三线建设"形成了相对独立、具有战略纵深的核心工业环节。这一阶段，关于制造业的论文不多，前 10 年以翻译和介绍苏联制造业的文章为主，然后是介绍西方制造业发展情况和存在问题，继而探讨中国制造业的发展思路和具体产业发展举措，"文化大革命"期间，国民经济发展处于低谷，讨论制造业的文章很少。

知网上关于"制造业"最早的文献是 1950 年张敬发表的《上海私营工具机制造业的现况及其问题》及陈潜和宋世仁发表的《苏联战后斯大林五年计划中的机器制造业》。这一阶段关于制造业发展的学术讨论呈现三个特点：一是翻译介绍苏联制造业情况和制造方式；二是普及制造业相关的基础性知识和技能；三是讨论中国制造业的现况与问题等方面（表 1-2）。

表 1-2　中国知网可以查到的关于制造业的最早的 3 篇文献

| 篇名 | 作者 | 来源 | 发表日期 |
| --- | --- | --- | --- |
| 上海私营工具机制造业的现况及其问题 | 张敬 | 机械制造 | 1950-05-01 |
| 苏联战后斯大林五年计划中的机器制造业 | 陈潜，宋世仁 | 机械制造 | 1950-07-30 |
| 苏联战后斯大林五年计划中的机器制造业（续上期） | 陈潜，宋世仁 | 机械制造 | 1950-08-29 |

### 1.1.1　苏联援建促进工业恢复和发展

中国制造业的发展起步与苏联援建的 156 个工业项目密切相关。苏联援建的 156 个项目，大部分计划在东北和中西部地区，最终实施完成 150 个，形成了以沈阳、鞍山为中心的东北工业区，以北京、天津、唐山为中心的华北工业区，以太原为中心的山西工业区，以武汉为中心的湖北工业区，以郑州为中心的郑洛工业区，以西安为中心的陕西工业区，以兰州为中心的甘肃工业区，以重庆为中心的川南工业区等，为一穷二白的新中国奠定了比较完整的工业基础（陆振华，2008）。这一时期关于制造业发展的学术讨论，呈现出三个方面特点。

（1）翻译介绍苏联制造业情况和制造方式。20 世纪 50 年代在中国发表的"制造业"学术论文，五分之三左右是翻译介绍苏联制造业情况的，主要有：《机器设计法》（Ｂ.Ｃ.巴拉科申和路明，1952）、《苏联电机制造业的发展》（Ｍ.Π.科斯琴科和王积禔，1955）、《农业机械制造业中钢铸件的生产经验》（斯·弗·弗罗洛夫和王木，1956）、《苏联机床制造业的主要任务》（Π.尼基钦和林文澄，1956）、《机床制造业的标准化、规格化与统一化》（Ｃ.Ａ.谢丘晓夫和云阳，1956）、《机车车辆制造业中采用焊接的某些总结及今后发展途径》（Ｈ.Φ.苏斯诺文柯和麻春风，1958）等。

（2）探讨苏联制造业发展状况和经验。主要有：《苏联机器制造业的成就与它最重要的任务》（刘放桐和Π.尼基金，1954）、《苏联机器制造业的四十年》（Ａ.Ｅ.维亚特金和丁浩金，1958）、《苏联造纸工业的四十年》（乌察斯特基娜和俞仲奋，

1958)、《十月革命四十周年来的苏联焊接技术》（俞尚知，1958）等。

（3）普及制造业相关知识和分析中国制造业状况。主要有：《上海市机器制造业一年来的回顾》（叶自伟，1951）、《如何在机床制造业中节省金属材料》（颜龙，1956）、《机床制造业的革命性创举——水泥龙门刨床试制成功》（重庆空气压缩机厂，1958）、《迅速发展中的武汉工业基地》（王隆勋和梁怀，1958）等。

在1960～1962年发表的学术文献中，关于苏联制造业发展情况和经验介绍的论文还有不少，1963年之后关于苏联制造业的文章就看不到了，学术文献较多聚焦到普及制造业知识、介绍西方制造业进展及其问题。

1964年和1965年关于制造业的学术论文很少，从知网能够查到的是：1964年19篇文章、1965年7篇文章、1966年3篇文章。但从结构来看，1964年的19篇文章中普及（讲课）性质的有8篇，如《概率论在飞机制造工艺中的应用》（程宝蕖，1964）、《国外变压器制造业（上）（中）（下）》（И.Я.列林什捷恩等，1964a，b，c）、《关于重工业产品价格的几个问题》（干振之和段键科，1964）、《汽车制造业生产协作化的探讨》（夏传蔚，1964）、《资本主义国家制氧机制造业的状况》（И.С.古兹曼等，1964）、《英国影片制造业的危机》（古力，1964）等。

### 1.1.2 "三线建设"优化制造业布局

20世纪60年代初，国家提出"三线建设"的战略决策，三线指陇海线以南、京广线以西、韶关以北的腹地，多为山区。从1964年至1980年中，国家在属于"三线"地区的13个省和自治区投入了2052.68亿元人民币巨资（超过同期全国基本建设总投资的40%），建起了1100多个大中型工矿企业、科研单位和大专院校。"三线建设"显著优化了中国的制造业布局，建成了大批优秀企业，带动了中西部地区的发展（张国宝，2014）。

关于"三线建设"的学术文献极少，1980年前只有2篇，主要内容为汇报建设进展。最早的文献是由昆明轴承厂撰写并于1970年发表于《轴承》上的文章，主要内容是汇报"三线建设"进展情况（昆明轴承厂，1970），另一篇是由西安高压电器研究所全封闭组合电器小组1972年发表于《高压电器》的文章，主要是介绍中国第一台110kV六氟化硫全封闭式组合电器试制成功的成就（西安高压电器研究所全封闭组合电器小组，1972）。

### 1.1.3 "文化大革命"期间制造业停滞不前

1966～1976年，中国制造业发展缓慢，论文较少。1967年和1968年没有关于制造业的文章。1969年只有1篇，是董一耕（1969）撰写的《超声波在仪器仪表制造业中的应用》。1970年只有1篇,是第一机械工业部变压器研究所(1970)撰写的《国外变压器制造业发展概况——60年代水平概述》。1971~1977年的文章比较少,且主题松散。相对聚焦的文献有《近年来国外变压器制造业的一般情况》(张万和和王志成,1975)、《美国、西欧和日本锅炉制造业的发展趋势》(周昌成,1976)、《苏联内燃机车制造业的发展问题》(А.Ф.Рыбалка和顾永麟,1977)。此外,多数是杂志刊登的报道性质文献,如《苏联锅炉制造业的某些新工艺》(上海锅炉厂研究所,1971)、《国外矿山机械制造概况》(第一机械工业部情报所,1972)、《苏联深冷技术发展的现状与前景》(杭氧所情报组,1973)、《铸铁焊补现状的调查报告》(哈尔滨焊接研究所和山东工学院,1973)、《合成材料在重机制造业中的应用》(佚名,1977)等。

综上所述,从中华人民共和国成立到改革开放前,关于制造业的研究文献相对较少,其主要原因是工业基础薄弱。少量的学术文献也相对集中在介绍苏联制造业发展经验和普及制造业知识方面,较少涉及"三线建设","文化大革命"期间论文稀少且缺乏学术价值。

## 1.2 第二阶段(1978~2000年):从经济结构调整到外向型发展战略

改革开放之初,国民经济百废待兴,物资严重短缺,"粮票""布票""肥皂票"等众多定量购物票便是典型例证。1978年12月22日,《中国共产党第十一届中央委员会第三次全体会议公报》发布,确定了全党工作重心转移向以经济建设为中心,确立了对外开放的发展战略。1979年,中共中央、国务院决定在广东省的深圳、珠海、汕头和福建省的厦门试办4个经济特区。1984年4月,又决定扩大开放沿海14个港口城市。1988年,实施了对外出口权的开放。这一系列的方针政策为中国制造业的开放发展奠定了政治前提和理论基础,促进了中国制造业的迅速发展。

沿海开放战略促进了全球将劳动密集型制造业转移到中国,带动了中国制造的普通消费品加速走向世界。1992年,中国明确市场经济体系并进一步加大开放步伐后,境外投资不断涌入,中国的工业化进程开始加速,制造业的全面发展大幕正式开启。1995年,中国纺织业成为世界第一,同年,全国范围内正式取消票证制度,"短缺经济"的历史结束,人民生活水平迅速得到改善。1998年,亚洲地区爆发金融危机,中国制造业发展低端问题开始受到关注,同年,取消了租赁分房，开放房地产行业，开启了中国买房买汽车的浪潮，中国的整个产业经济由以服装、饮料、家电为主的轻工业模式向重工业发展，钢铁、铝、电、煤等原材料和能源产业得到迅猛扩张，整个产业进入重化工业阶段。1998年，中国政府开放了进出口市场，民营企业不再需要依赖进出口公司经营跨境业务，大批民营企业快速崛起，中国制造业充满活力。

从1978年改革开放到加入世贸组织前，中国制造业先后经历了复苏阶段（1978～1991年）和快速发展阶段（1992～2000年），取得了巨大成就。这一时期，关于中国制造业的学术讨论逐步增多，取得了丰富的研究成果。

### 1.2.1 经济结构调整拉开轻工制造业发展大幕

20世纪70年代末，中国的国民经济存在严重的比例失调问题，主要是农业不能适应工业和人民生活改善的需要，轻工业长期落后不能满足市场的需要，需要就业的人员同可能提供的就业机会之间存在矛盾。党中央提出了"调整、改革、整顿、提高"的方针，决定用三年时间纠正当时只强调重工业而轻视轻工业的状况，增加轻纺工业的投资，促进轻工业较快发展，以改善市场供应状况，满足人民需要，同时更快地增加资本积累，走以轻养重的发展道路（李成瑞，1979）。

经过发展，中国的轻工业规模持续扩大，物质产品生产能力不断提高，人民生活状况得到明显改善。从此，中国开始了以提高加工工业水平、扩大高附加价值部门比重为主的经济结构调整和结构升级的新阶段，加快技术进步，提高制造业生产率水平成为主要追求（谢伏瞻 等，1990）。

改革开放初期，学术研究文献大量聚集在关于国外制造业发展情况的讨论，三个方面的研讨受到广泛关注。

一是介绍国外制造业发展情况的范围不断扩大。学术研究开始广泛涉及主要国家和地区，如综述介绍了国外变压器发展（钱启录，1979）、介绍联邦德国内燃机车制造业情况（林宏迪，1984），以及美国、德国、意大利等国家和地区的制造业发展进展与特点等（惜月，1979；林木，1986；李传经，1987）。

二是讨论国外制造业发展经验的文章增多。围绕制造业发展特点、制造业带动经济发展、经济结构调整和制造业空间布局等方面的文章较多，如美国产业结构的演变（方蔚，1979；孙宪钧，1980），发展中国家的经济发展战略（罗元铮和陈立成，1981；谈世中，1986）等。

三是关注讨论中国制造业发展情况及经济结构调整的论文比较多。主要围绕三个方面，其一是分析产业结构调整原因及调整对策（吴恩霖 等，1980；张寿，1987），研究认为中国应当以提高加工工业水平、扩大高附加价值部门比重为主，调整经济结构，结构升级的核心是技术进步，提高整个社会的生产率水平（贺力平和沈侠，1989；王岳平和葛岳静，1997）。其二是分析制造业结构变动态势，研究认为中国制造业发展将持续向技术密集的部门转变，中国制造业处于规模扩大和技术提升的叠加发展过程之中（殷醒民，1998a；b）。其三是分析产业结构调整的战略选择，研究认为中国应将农业和以电力工业为主的能源工业、以钢铁、铝、化工原料为主的原材料工业、交通运输与通信业、关键工业交通设备制造业、纺织工业、微电子工业等传统产业和新兴产业，作为中国近中期产业结构调整中的战略产业，应当始终强化中国制造业发展（李京文，2002），注重制造业与服务业的协同发展（苏选良 等，2000）。

### 1.2.2 乡镇工业异军突起闯出制造业发展新路

20世纪70年代末，苏州、无锡、常州等地的社队工业发展很快，迅速改变了农村的经济结构，壮大了两级集体经济，支援了农田基本建设，促进了农业机械化，增加了农民收入。社队工业的崛起开始于农副土特产品的加工，立足于本地矿产资源的采掘加工，壮大于外向型的来料加工（王耕今和朱镕基，1979）。

社队工业后来统称为乡镇工业，在改革开放进程中更为迅速地涌现出来，而且成为改革开放的探索者和践行者，开辟了中国制造业发展的特色路径。从实施经营承包责任制、资产经营责任制，到产权制度改革、调整所有制结构、建立现代企业制度，乡镇工业在不断改革中释放出强大生命力，得到迅猛发展。"三来一补"（来料加工、来件装配、来样加工、补偿贸易）、与外商合资合作、引进外商资本等开放发展的道路都是首先从乡镇工业开始的，乡镇工业也因此成长壮大。乡镇工业的异军突起改变了农村的经济结构和生产方式，成为引进外资和发展外向型制造业的重要力量，对于中国制造业发展和整个中国经济社会的发展具有极为深刻的意义（顾介康，2020）。

### 1.2.3 国有企业改革突破四大发展困境

党的十一届三中全会之后，中国从传统的计划经济体制向以计划经济为主、以市场调节为辅的经济体制转型，如何增加大中型国有企业的活力成为必须解决的重要问题。其时，国有企业面临四大困境：①企业负担过重，②三角债愈演愈烈，③技改资金严重缺乏，④原有人才留不住，新人招不进来，不能干的却推不出去（运志宝，1994）。

国有企业改革从农村家庭联产承包责任制取得显著成效获得启发，先实行了自主经营、自负盈亏的承包制，后来主要采取了股份制方式。承包制在实行过程中，获得了明显效果，但也造成了企业自我约束失调，强化了企业的短期行为。为了改变这种状况，大多数国有企业选择了股份制方式，并通过股份制改组成了混合所有制企业，在治理结构上逐步形成了产权明晰、权责明确、政企分开、管理科学的现代企业制度（程霖和严晓菲，2021）。

### 1.2.4 借鉴"亚洲四小龙"经验确定外向型经济战略

"亚洲四小龙"指20世纪60年代末至90年代期间，亚洲4个发展迅速的经济体：韩国、中国台湾地区、中国香港地区和新加坡。这4个经济体的特点是人口稠密且自然资源贫乏，然而却在二十余年时间内摆脱了贫穷，实现了经济起飞，其原因在于：①实施贸易自由化和出口导向的发展政策，实现了出口扩张带动经济结构优化。②激发大众储蓄倾向，发挥银行体系吸收储蓄并供给资金的中介功能。③通过外资直接投资，引进地区内不熟悉或未能广泛采用的新颖技术，同时向地区内企业提供借鉴外资企业高效率管理技术的范例（蒋硕杰，1985）。

关于"亚洲四小龙"发展经验的学术文献，20世纪80～90年代较多，主要聚焦讨论"亚洲四小龙"成功经验与制造业发展战略。研究认为，亚洲四小龙，尤其是新加坡、韩国和中国台湾地区迅猛崛起的关键是采取外向经济发展战略，从制造业低端起步，持续向制造业的中高端攀升，其中，引进外资、引进技术，尤其是基于本地低成本优势吸引跨国公司投资办厂发挥了重要作用（高红印，1985；赵家和，1989；杨运忠，1994）。

借鉴"亚洲四小龙"成功经验，从国际经济环境出发，发展外向型的劳动密集制造业，显然适合中国土地资源分布不均、资本积累有限、劳动资源富裕的基本国情，是较好的战略选择。实施外向型发展战略，应当为出而进，以进保出，走"出口—进口—扩大出口"的滚动式路子，关键是深化改革，让外向型企业到国际市场上直接承受竞争压力，在竞争中求生存、求发展。然而，从内向型经济向外向型经济转轨是个十分艰难的过程，需要实施鼓励和约束政策，使企业感到外销收益大于内销，情愿转向，同时还需要专门金融机构能够及时提供周转资金保证（杜润生，1988）。

### 1.2.5 大规模引进外资带动制造业快速发展

1979年，邓小平与日本首相会谈时，重申了周恩来总理1964年《国务院政府工作报告》中阐述的在20世纪内把中国建设成为具有现代农业、现代工业、现代国防和现代科学技术的社会主义强国的设想，并量化为到20世纪末，争取国民生产总值达到人均1000美元，实现小康水平。然而，实现四个现代化路在何方？

纵观全球后发国家的经验，引进外资是实现跨越发展的关键。当年，美洲大陆的开发，靠的是引进当时欧洲的先进技术。第二次世界大战后，日本通过大量引进美国和欧洲国家的先进技术，用了不到 20 年的时间就超过了法国、英国、联邦德国，成为仅次于美国的资本主义世界经济大国。中国应当在自力更生的基础上，学习外国先进经验，引用外国先进技术和设备，走学习和独创相结合的道路，加快实现四个现代化（蒋一国 等，1978）。

党的十一届三中全会后，中国实施了改革开放政策，决定从发达国家大规模引进技术。1978 年中国与外商签订 50 多个引进技术设备的项目，1979 年又签订了一批引进项目，协议金额达到 79.9 亿美元（1950～1977 年间我国引进技术设备累计完成金额 65 亿美元）。两年间引进的项目几乎涵盖了所有工业门类。因此，一批重型机械、矿山机械、化工机械、发电设备、机床、汽车、拖拉机、飞机、坦克、船舶以及轴承、风动工具、电器、电缆等制造业企业迅速建立起来，技术面貌发生了巨大变化，使中国制造业迈入起飞发展阶段。

随着中国制造业外向型战略的实施，大量外资纷纷涌入，尤其是日资、台资、港资的扎堆聚集，研究对外直接投资（FDI）的文献也不断增多。主要集中在两个方面。其一是研究外资的作用和影响。研究认为，日本企业对华制造业投资主要集中在消费领域，引进产能的同时应当重视引进技术（陈岩和李光宇，1998）。中国台湾地区制造业处于结构变化之中，大量需要庞大市场的产业纷纷转移向大陆，应当抓住机会吸引台商投资（李仁柱，1997）。1992 年，中韩建交后，韩国制造业进入中国呈现集群化态势（金承权，1996），应当利用好韩国制造业带来的技术溢出效应。其二是研究区域制造业发展问题。葛迅（1988）认为区域比较优势（劳动力、土地和政府效率）是吸引外资的重要因素，中国制造业发展应当加大向经济特区（出口加工业区）、经济开发区聚集的力度，以获得更好的经济效益和可持续发展能力。

### 1.2.6 应对新技术革命发展高新技术制造业

20 世纪 40 年代，以电子计算机、原子能、航天空间技术为标志的第三次科学技术革命爆发，70 年代以微电子技术、生物工程技术、新型材料技术为标志的新兴产业蓬勃兴起。讨论新技术革命与制造业的文献，主要关注的问题有三个方面。

一是新技术革命对于制造业的影响。新技术革命对于美国、日本等发达国家的经济影响主要表现在经济发展的动力从要素驱动转向了技术驱动，经济结构调整动力主要来源于技术创新和科技成果转化。美国制造业的技术变化和劳动组织变化表现为基于自动化加工过程的程度持续提升,日本制造业运用新技术带来的变化主要表现为制造业与服务业一体化,新技术革命促进了制造业系统性变革和竞争能力提高(冯昭奎,1986)。

二是分析新技术革命带来的变化态势。新技术革命,尤其是信息技术、生物技术、材料技术的突飞猛进,带来了全球制造业技术升级换代加速,带来了制造业产业链上中下游的分工细化,带来了高技术制造业的快速成长,带来了制造业迅速走向服务化,带来了跨国公司全球化和网络化布局的新架构。新技术革命激发的创新决定着制造业新的发展方向,中国应当积极发展知识型制造企业,推动制造业与信息业的深度交叉融合(谢友柏,1998)。

三是提出应对新技术革命挑战的策略。由于新技术群类很多,任何国家都难以推进新技术门类同频发展,均采取了根据国情选择重点领域,发展新技术的方式。针对人力资源丰富的特点,根据世界新技术发展的趋势,中国应当坚持有所为、有所不为的发展战略,尽量选择经济效益好的适用技术,尤其是优先发展劳动密集型制造业,并不断优化选择与创新,积极发展高新技术制造业,从而形成多层次的技术结构和产业结构,努力在较短时间内实现战略发展目标(马洪,1985)。

### 1.2.7 利用香港回归推进制造业合作发展

香港回归前后,学者们聚焦香港经济、香港制造业和香港与内地的合作,开展了大量研究,发表了许多论文,主要讨论了三个方面的问题。

一是香港经济发展现状与趋势。有的学者研究了香港国际金融中心地位态势,比较了香港与亚洲其他"三小龙"产业结构,研究认为香港的国际金融中心地位会借助于内地庞大市场而得以巩固和拓展(傅骊元,1997),香港跨世纪的发展需要经济转型,需要发挥国际人才集聚和信息枢纽的作用(季崇威,1997)。

二是香港制造业的发展战略。研究认为香港制造业发展应当顺应国际发展态势,加大转型发展力度,充分利用与亚太经济的融合,确立自身在珠三角地区的龙头地位(冯苏宝 等,1997)。

三是香港制造业与内地合作路径。研究认为香港制造业与内地制造业相比,具有明显的技术优势和贸易优势,香港制造业与粤港产业科技合作具有良好前景,香港制造业是粤港经济合作的基石(周运源,1997;何诚颖,1998),"港厂北迁"与劳动密集型产业的梯度转移应当肯定与推进(方奕涛和罗建穗,1998),深港应当全力共建高科技工业园区,推进双方制造业的深度融合、赢得共同发展(郑佩玉和邓荣均,1997)。

## 1.3 第三阶段（2001~2023年）：从加入世贸到全球制造业榜首

21世纪，是全球化、智能化、绿色化的时代。2001年12月中国加入世界贸易组织后，中国制造业迅速融入全球制造业体系，占全球制造业份额迅速增长，2007年超越日本成为制造业规模世界第二，2010年超越美国成为世界第一并保持至今。这一阶段，关于制造业的热点问题主要是如何应对加入WTO后的挑战，中国能否成为世界制造业中心，中国制造业如何由大到强，如何发展智能制造、绿色制造，实现可持续发展，相关研究呈现出范围广、精度高、程度深的显著特征。

### 1.3.1 获得WTO席位，融入全球制造业体系

针对加入WTO带来的新机遇、新形势、新挑战的研究，学者们密集关注的问题，大致上可以归纳为三个方面。

一是"入世"对于制造业发展的挑战与机遇。研究认为加入WTO后，中国制造业可以扬长避短，应当利用机遇融入全球生产体系（黄一义，2000），"入世"必将带来跨国公司大量涌入中国市场，带来制造业全球布局的动态变化，中国制造业的发展战略也需要相应调整优化，以更好地适应全球化趋势，实现跨越式发展（陈志祥，2002）。

二是"入世"对于引进外资的影响与对策。研究认为加入WTO后，外商投资结构会发生深刻变化，不但会利用中国劳低动力成本优势发展劳动密集型产业，更可能会利用中国综合商务成本低和庞大市场的优势，投资资本密集、技术密集以及知识密集的高新技术企业，会对中国产业结构产生重大影响（郭克莎，2000a；b）。中国制造业发展应当充分利用加入WTO的机遇，优选外资、优选产业、优选企业，重点引进跨国公司，加大与中国香港及台湾地区的经济合作等，不断优化制造业结构和持续发展能力（冯邦彦和叶穗瑜，2001）。

三是加入WTO后，受影响较大行业的应对策略。研究认为加入WTO必将对中国电子信息产业和通信制造业的发展带来巨大挑战，中国必须从国家、行业和企业层面进行顶层设计，科学精准做好应对策略（胡旭华，2001）。加入WTO后，对于所有制造业产业，尤其面向全球市场布局的产业，如家电制造业、机械制造业、玩具制造业等，机遇大于挑战，应当制定全球化发展战略，深度融入全球生产体系，利用全球市场迅猛拓展发展空间，提升全球市场竞争力和占有率（穆

荣平，2002）。

### 1.3.2 中低端制造迅速成为世界工厂

日本通产省基于中国制造的衣服、鞋、玩具、彩电、洗衣机、冰箱、空调、微波炉、摩托车等产品均占世界市场份额首位的事实，在 2001 年发表经济贸易白皮书中，第一次把中国称为"世界工厂"（郭燕春，2002）。随后，全球许多媒体经常使用"中国是世界工厂"的字眼。关于中国是否是世界工厂，国内学术界有持肯定观点的，也有持否定观点的，还有持慎重态度的，相关研讨大致从三个视角展开。

一是中国能否成为世界工厂。从全球制造业的发展趋势与中国制造业发展态势看，中国具有其独特的经济发展特征，伴随着制造业的全球化，中国可以运用低成本优势和庞大市场空间而成为世界工厂。但前提是中国制造业必须利用好全球制造业重新整合和布局的机会，在新型国际分工格局下找准定位，持续优化产业结构（郭重庆，2001）。

二是国际制造业结构重组。随着中国制造业融入全球体系，必将面临发达国家和发展中国家前后夹击的双重挑战，中国要始终把制造业的发展作为经济发展的中心环节，充分发挥制造业的比较优势和竞争优势，积极促进制造业升级，特别要在战略性的高科技产业链中取得竞争优势并加以突破，不断提高在全球制造业价值链中的地位，从而建立起具有全球竞争优势的产业结构（谢伏瞻，2004）。

三是制造业的全球竞争力。联合国工业发展组织 2020 年版"全球制造业竞争力指数"表明，中国制造业全球竞争力连续四年排名第二，仅次于德国。中国制造业总产值全球占比为 28.2%，高于排名第二的欧盟（18.9%）和第三的美国（15.3%）。但中国制造业总体上仍处于世界产业链和价值链中下游阶段，人均制造业增加值仅为 2726 美元，与德国（9148 美元）、美国（6762 美元）、日本（7556 美元）、新加坡（10974 美元）等发达经济体相比，仍有较大差距。中国制造业的高质量发展需要强化基础研究，加强对前沿理论和前沿技术的布局，对于薄弱环节制定实施针对性战略性创新计划，强化科技链和产业链的融合创新（陈卫东和王有鑫，2021）。

### 1.3.3 新型制造业带动产业转型升级

伴随着中国制造业规模成为世界第一，环境污染严重问题日益引起广泛关注。制造业如何实现可持续发展，实现由大到强的转型发展等，成为学者们的讨论热点。关于中国制造业转型发展战略和发展路径的研究主要集中在三个方面。

一是制造业新型化道路。面对制造业的全球化、信息化、绿色化趋势，中国制造业应当坚持在扩大规模的同时提升质量，不断向产业高端攀升，中国制造业必须走经济效益高、创新能力强、环境持续友好的新型制造业道路（李廉水和杜占元，2005）。

二是区域制造业集群发展。中国制造业的集群发展特征明显，长三角、珠三角、京津冀的制造业集聚成效显著，许多重点城市群形成了独特的制造业竞争优势。然而，长三角、珠三角、京津冀的区域制造业结构趋同、自主创新能力不强、全球竞争绩效不高等问题突出。因而，强化制造业区域集群化发展，形成区域性创新中心，应当成为区域制造业发展、提升全球竞争力的关键路径（赵作权和田园，2020）。

三是制造业转型升级。中国制造业必须加快从比较优势到竞争优势的战略转型，应当加强供给侧结构性改革，积极推进制造业的持续创新和转型发展，更加重视制造业与服务业、实体经济与虚拟经济的协同发展，积极提升先进制造业的发展质量（魏后凯和王颂吉，2019）。

### 1.3.4 制造业技术创新和效率提升

中国制造业增加值全球第一，大批中国制造产品的全球市场占有率第一，中国制造业的发展步入了新的发展阶段。中国制造业的技术创新问题、创新效率问题以及制造业发展对就业的影响问题成为新的研究热点。

一是关注制造业技术创新问题。研究发现众多跨国公司投资中国制造业并获得巨大经济收益，虽然在一定程度上通过物质资本路径促进中国制造业的技术升级，但对人力资本路径和研发资本路径的影响总体上是负向的，尤其是外包生产组织方式的安排控制了技术传播和溢出，固化了劳动力的低端技能模式（洪联英等，2016）。提升中国制造业技术创新能力，必须依赖产学研合作创新，依赖制造业企业增加R&D经费强度（张华胜，2006）。R&D经费投入对制造业创新能力的提升起着至关重要的作用，中国制造业必须走创新引领发展的道路（李廉水 等，2015）。

二是关注制造业就业与工资问题。研究认为中国的制造业曾凭借绝对的劳动力数量和成本优势得到了迅猛发展，并成为制造业第一大国。但随着人口红利的消失和劳动力成本的不断上扬，中国制造业经历了大规模创造就业岗位后转入逐步减少就业岗位阶段，尤其是在高技术行业和新兴技术产业（马弘等，2013）。影响制造业工资的因素主要包括企业规模、垂直专业化、资本特征和人力资本等，这些因素的影响具有行业异质性（徐伟呈和范爱军，2017）。

三是关注制造业创新效率问题。研究认为劳动要素在制造业产业内、产业间均存在着不同程度的配置扭曲（杨振和陈甫军，2013）。要素配置效率对制造业生产效率增长的贡献非常有限，中国制造业集聚存在着较高的拥挤效应和较低的技术外部性（孙元元和张建清，2015）。中国制造业全要素生产率（TFP）年均增长主要得益于技术进步水平的提高,而效率变化的影响不显著甚至产生负面影响(沈能，2006；方虹和王红霞，2008）。中国制造业全要素能源效率总体呈现上升趋势，但行业之间差异显著,全要素能源效率增长率较高的行业主要集中在垄断程度高、进入壁垒高的行业，增长率较低的行业主要是劳动密集型行业（陈静和雷厉，2010）。

### 1.3.5　高新技术制造业产业集聚和区域集聚

高新技术制造业是中国制造业体系的重要组成部分，其产业聚集和区域聚集的发展特征，影响着中国制造业发展格局。相关研究主要在三个层面：

一是测度高新技术产业全要素生产率（TFP）。研究认为，技术进步和消费对中国高技术产业产出的贡献程度远小于其他发达国家，中国高新技术产业"投资驱动型"特征明显，净出口对产出增长的贡献呈现出"一枝独秀"局面，人力资本和企业利润对高新技术企业TFP发展具有显著的促进作用（张同斌和高铁梅，2013）。

二是研究高新技术产业集聚或空间分布。研究认为，高新技术产业呈现较明显的集群发展态势，主要发生在以京津唐、长三角和珠三角等区域（唐根年和徐维祥，2004），高新技术产业系统具有主体聚集、自组织、涌现、非线性、多样性和动态局部优化等特征,其演化动力来自系统内部的协同和竞争作用(王子龙 等，2006）。高新技术产业创新要素集聚水平整体呈上升趋势，高新技术产业创新要素由分散发展到协同演进的发展路径包括分散发展、数量扩张、质量提升和协同演进阶段，各阶段发展动力和集聚特点明显不同（杨博旭 等，2020）。

三是测度和分析高新技术产业创新效率。研究认为，虽然中国高新技术产业纯技术效率在逐年改善，但规模效益上升缓慢，且生产规模处于最优状态的份额仅占不足四成（官建成和陈凯华，2009），中国高新技术产业不论是从研发创新整体上，还是从研发创新子阶段上看，效率值都偏低，均有很大的提升空间（冯志军和陈伟，2014）。中国高新技术产业创新效率总体水平不高，尤其以新产品销售收入为最终产出的创新效率最为明显，区域间高新技术产业创新效率总体呈现波动式上升。不同条件下R&D经费存量和R&D人力资本存量对高新技术产业创新产出影响不同，作为中间产品的专利到作为最终产品的新产品销售过程中创新效率损失较大（易明 等，2019）。

## 1.3.6 制造业降污减排推进绿色化

积极推进碳达峰和碳中和进程是中国对世界做出的承诺，也是中国制造业创新发展的规范约束。

中国制造业迅猛发展的同时带来了严重的环境污染问题，研究认为绿色制造是制造业可持续发展的必由之路（段广洪和刘学平，2001），中国制造业发展必须转变方式，大力推广绿色制造模式（张宏韬，2004），明晰实施绿色制造的动力机制，实现可持续发展、绿色制造的环境效益（李海萍 等，2005）。

围绕着制造业绿色发展和减排降耗的研讨主要集中在两个方面。一是阐述绿色制造是持续发展客观要求。中国制造业迅猛发展的同时带来了严重的环境污染问题，中国制造业发展必须转变方式，积极发展绿色制造业。制造业绿色创新系统和低碳创新系统是制造业转型升级的发展方向，创新发展的动力在于经济效益与环境效益的协同（毕克新 等，2017）。二是探讨低碳发展的主要路径。制造业是二氧化碳的主要排放源，当下，必须加快调整优化产业结构、能源结构和产品结构，持续深入推进节能降耗、减碳治污，大力推进绿色产品、绿色工厂的建设与发展等。未来制造业增长机会将较多聚集于高端制造业、IT制造业和清洁能源制造业，以及相关的互联网制造业等（刘俏，2021）。

## 1.3.7 制造业走出去深化全球化进程

随着中国与境外的合作频繁开展，中国的境外投资得到快速发展，对外直接投资净额连年增长，投资规模不断扩大。许多学者围绕制造业国际贸易和对外直接投资展开了相关研究，主要集中在两个方面。一是关注制造业的国际贸易问题。研究认为，中国制造业是全球国际贸易的重要力量，但中国制造业出口企业存在生产率悖论现象（李春顶，2010；范剑勇和冯猛，2013），其深层根源在于制造业企业的出口结构处于低端（祝树金和张鹏辉，2013）和技术复杂度不高，导致获利不多（魏浩和李晓庆，2015）。加入WTO以来，中国制造业的国际贸易品种和质量持续上升（戴翔，2016；余淼杰和张睿，2017）。二是关注制造业对外直接投资问题。研究认为中国制造业对外直接投资的影响因素主要包括母公司竞争优势（葛顺奇和罗伟，2013）、产能利用率、对外直接投资以及技术促进效应等（刘海云和聂飞，2015）。

中国制造业的高速发展得益于全球化浪潮和改革开放政策，其发展始终处于复杂的国际环境中，有大量研究文献聚焦全球竞争力问题，主要可以归纳为三个方面。

一是关注发达国家制造业发展战略。研究认为，2008年国际金融危机发生后，发达国家纷纷实施重振制造业战略，以重塑制造业竞争新优势，带来了全球贸易投资的新格局，特别需要关注美国的"再工业化"和德国的"工业4.0"战略（陈汉林和朱行，2016）。美国之所以实施"再工业化"战略，就是希望依赖于高水平生产性服务业重振先进制造业（黄永春 等，2013）。总体上看，美国重振制造业战略重点明确，推进路径清晰，政策措施配套。德国为重塑制造业，连续出台三大战略，聚集突破发展的创新政策，思路清晰，"工业4.0"战略代表着全球制造业的创新发展方向（李健旋，2016）。

二是制造业的国际竞争力。研究认为制造业的国际竞争力评价，包括产业集中度、贸易专业化水平、外商直接投资、要素禀赋和环境规制等（傅京燕和李丽莎，2010），中国制造业的国际竞争力持续处于上升之中，但自主创新能力不足、核心技术落后的格局尚未改变（赵彦云 等，2012）。随着经济全球化和区域经济发展差异扩大，中国作为全球第二大经济体，与世界各国的经济贸易往来不断加深，尤其"一带一路"倡议的顺利推进，广受欢迎。这种新趋势对中国制造业产业结构产生了重大影响，对于制造业结构优化升级和国际竞争力提升创造了良好环境（石雅，2020）。

三是全球制造业结构重组。随着全球制造业体系的深刻变化，中国制造业正面临发达国家和发展中国家前后夹击的双重挑战，既需突破向高端市场迈进的层层阻力，又要面对低端市场被蚕食的压力，中国制造业政策应该借鉴发达国家经验，进行相应调整。发达国家制造业重振、新工业革命等都正在推动全球制造业格局的重构，并由此带动了制造业的回流、国际分工的深化、贸易摩擦及新贸易规则的增加（朱苏远，2017）。中国制造业价值链地位提升要求产业向外转移，劳动生产率提升、垂直专业化与研发投入的交互作用有利于产业向外转移，而过度投资和行业垄断则导致产业向内转移，而中低技术行业产业转移对于价值链嵌入位置提升的反应更敏感，外商直接投资和中间品贸易是全球价值链地位提升作用于产业转移的主要渠道（马广程和许坚，2020）。

## 1.4　智能制造：两化融合的中国特色道路

中国的智能制造、制造业智能化进程，始于信息技术发展和应用，伴随着制造业的信息化程度不断提升创新发展起来。

## 1.4.1 信息化与制造业信息化

可以从不同视角理解关于"信息化（informatization）"的内涵。主要有：信息化是指国民经济发展从以物质和能源为基础向以知识和信息为基础的转变过程，或者说是指国民经济发展的结构框架重心从物理性空间向知识性空间转变的过程（谢阳群，1996）；信息化是采用现代化信息技术等手段，通过提高人类开发和利用信息资源的智能，推动经济发展、社会进步，甚至人们生活方式变革的过程（汪向东，1998）；信息化是指在工业化的过程中，逐步提高信息经济在国民生产总值中的比重，同时通过信息高速公路的建设，把信息产业发展起来，把信息技术的应用普及开，把信息技术的自主开发能力提高上去（李晓东，2000）；信息化是一个动态发展过程，而经济信息化、社会信息化、信息基础设施建设则是这个过程不同建设阶段的重要标志（葛中全 等，2001）；信息化是以信息共享为核心的知识的生产、分配、利用和再生过程，即以知识生产带动物质生产的过程（张亚明和杜冠军，2004）；信息化是指人们对现代信息技术的应用达到较高的程度，在全社会范围内实现信息资源的高度共享，推动人的智能潜力和社会物质资源潜力充分发挥，使社会经济向高效、优质方向发展的历史进程（邹生，2008）。

制造业信息化是指广泛利用信息技术使企业在生产、经营、管理、决策等方面实现信息化，包括产品设计的信息化、生产过程的信息化、产品/服务销售的信息化、经营管理信息化、决策的信息化以及信息化人才队伍的培养等诸多方面（姚锡凡 等，2003）。2006年5月，中共中央办公厅、国务院办公厅印发《2006—2020年国家信息化发展战略》提出：信息化是充分利用信息技术，开发利用信息资源，促进信息交流和知识共享，提高经济增长质量，推动经济社会发展转型的历史进程。信息化过程是信息产业逐步发展成为支柱产业的过程，也是信息技术与经济社会各部门逐步融合的过程。

信息化带动工业化，信息化与工业化融合发展，是中国制造业提升发展质量的必由之路。研究认为中国制造业与信息化融合发展具有时代必然性和经济发展阶段性特征（张曙，2001），制造业将逐步进入服务时代，但制造业信息化进程面临着巨大挑战，必须有明确的发展战略，选择好正确的发展路径。基于网络的先进制造技术是制造业创新发展的核心环节，信息化与工业化融合发展是中国制造业可持续发展的基础（常建坤和李时椿，2004）。信息化与工业化融合发展，具有时代必然性和经济发展阶段性特征。中国制造业的两化融合，走过了工业化带动信息化、工业化与信息化互动为主要特征的发展阶段，已经进入信息化带动工业化为主的创新发展阶段，重点是以制造业数字化转型促进两化融合走向深入，发展壮大工业数字经济，带动制造业资源配置效率优化、制造业全要素生产率提高，从而实现中国制造业高质量发展（张立，2020）。

### 1.4.2 智能制造与制造业智能化

"智能制造"概念，最初由 Wright 和 Bourne（1988）在 *Manufacturing Intelligence* 提出，指利用集成知识工程、制造软件系统及机器人视觉等技术，在没有人工干预条件下，由智能机器人独自完成生产的过程。随着实践发展，智能制造的内涵不断得到拓展。20 世纪 90 年代，学者普遍认为智能制造是制造过程中通过计算机模拟人类脑力活动进行分析与决策的制造行为（Kusiak，1990）。

随着工业互联网、大数据和云制造等新技术的出现，更多关于智能制造内涵的研究描述涌现。2006 年，美国国家科学基金会使用"信息物理系统"替代"嵌入式系统"，从发挥功能视角提出智能制造是制造过程中通过计算机模拟人类脑力活动进行分析做出决策并实施的制造行为，智能制造旨在替代或延伸人的脑力与体力功能。随后，许多专家从不同功能视角提出了智能制造的相关概念，主要有：从拓展市场视角提出，智能制造是以优化产品生产与交易为目标，利用先进的信息和制造技术提高制造过程的灵活性和柔性，以应对动态变化的全球市场的制造行为（Davis et al.，2012）。从技术基础视角提出，智能制造技术是在信息技术和人工智能等技术基础上，通过感知、人机交互等类人行为操作产品设计、制造、管理与维护等，实现两化融合的制造行为（周佳军和姚锡凡，2015）。从制造环节关联视角提出，制造业智能化就是工厂内实现"信息物理系统"，工厂间实现"互联制造"，工厂外实现"数据制造"的制造行为（王喜文，2015）。从系统集成视角提出，智能制造基础是新一代信息技术，以流程节能减排与产品高性能为目标，具有智能感知与执行等功能的先进制造过程、系统与模式的总称（吕铁和韩娜，2015）。从制造业价值链视角提出，智能制造是智能技术渗透到制造业价值链各环节并"模糊化"阶段界限，体力劳动逐渐被智能化所取代，实现制造业价值链创新和提升的制造行为（韩江波，2017）。

2016 年，中国工信部和财政部印发《智能制造发展规划（2016—2020 年）》提出：智能制造是基于新一代信息通信技术与先进制造技术深度融合，贯穿于设计、生产、管理、服务等制造活动的各个环节，具有自感知、自学习、自决策、自执行、自适应等功能的新型生产方式。中国智能制造应当把掌握核心技术、大规模个性化定制作为主要方向，努力形成较为完整的智能制造标准体系，以力求引领制造业持续深化智能制造创新程度。针对智能制造程度高低的评价，可以从基础（智能技术）、应用（智能应用）和效益（智能效益）等层面进行系统性评价（李健旋，2020）。

### 1.4.3 制造业智能化绩效评价

纵观国内外现有文献，学者们关于智能制造绩效（制造业智能化绩效）的评价研究已经取得了许多成果。肯定制造业智能化对于制造业具有正面绩效的研究占主导地位，即大量研究表明：制造业智能化能够带来制造业创新能力提升、质量提升和效益提升。分析文献发现，信息技术的概念出现比较早，智能化的概念出现较晚，因此将大量阐述"信息技术""信息化"的观点，视为"智能化"概念，也许不太准确，但本质上是一致的。智能化可以带来高额投资回报。有的学者通过1987~1992年44个企业样本数据的实证分析，发现信息技术的投资使用可以产生超额回报（Lehr and Lichtenberg，1998）。有的学者通过基于美国216家企业数据的实证分析，发现信息技术投资与绩效正相关（Li and Ye，1999）。有的学者通过基于1977~1993年500家企业的调查数据实证分析,现信息技术的投资能够产生超额回报（Lehr and Lichtenberg，1999）。有的学者发现，信息技术能够显著降低返工和时滞的可能性，从而降低供应商和用户的订单处理成本，进而提高企业生产率（Mukhopadhyay and Kekre，2002）。还有的学者以2015~2020年105家智能制造试点上市公司为研究对象，探究了智能化对企业投资效率的影响，结果表明智能化对企业投资效率有显著的提升作用（曾玲玲和肖雅南，2022）。

智能化可以带来生产率增长。有的学者通过基于美国4位码行业数据的实证分析，发现计算机产业贡献了1/3全要素生产率增长（Chun and Nadiri，2002）。有的学者通过基于1987~1997年272家企业数据的实证分析,发现信息技术投资与企业绩效呈现出正相关关系（Brynjolfsson et al.，2002）。有的学者研究发现，信息技术投资会显著正向影响企业的生产率（Shao and Li，2002）。有的学者通过基于1979~2000年英国34个行业数据的实证分析，发现信息技术与全要素生产率存在正相关关系（Basu et al.，2003）。有的学者通过基于1999年约30000个企业数据的实证分析，发现使用信息技术的企业的劳动生产率比不使用信息技术的企业高出3.7%~7.2%（Atrostic and Nguyen，2005）。有的学者通过基于1995~2004年7000家企业数据的实证分析，发现智能制造对生产率存在显著的正向影响（Bloom et al.，2005）。有的学者通过基于1998年2000家企业样本的实证分析，发现智能制造对全要素生产率具有正向影响（Wilson，2009）。有的学者基于2015~2019年沪深两市785家应用工业智能的A股制造业上市企业的面板数据,实证检验智能化对制造业企业绩效的影响，表明智能化发展能够显著提升制造业企业绩效（楼永 等，2021）。

关于智能化绩效研究，也有一些提出负效益的观点，认为智能化与制造业绩效没有直接关联，甚至具有一定的负向影响。Solow（1987）提出了著名的"索洛悖论"，到处可以看到计算机的踪迹，除了在生产率统计数据中发挥了作用，其他绩效并不明显。有的学者研究表明，智能制造投资对企业绩效并非一直存在正向影响（Loveman，1994）。有的学者通过基于1995～1999年美国经济增长来源的分析，没有发现信息技术提升生产率的证据（Gordon，2000）。有的学者通过基于1960～1990年美国行业数据的实证分析，发现智能制造投资与全要素生产率和劳动生产率增长并没有显著关系（Wolff，2003）。有的学者通过基于1972～2002年美国州际数据的实证分析，尚未发现信息技术使用密集度与生产率之间有相关性（Gordon，2003）。通过对欧美企业数据的实证分析，发现信息技术对制造业效率提升具有显著的促进作用，而对服务业作用则不显著（Matteucci et al.，2005），信息技术投资对净利润率无显著影响。在上市公司中，信息技术投资与组织绩效呈负相关关系（孙晓琳 等，2010）。通过基于1997～2009年间实施ERP的44家零售业上市公司样本企业数据的实证分析，发现实施ERP并未显著改善企业的财务状况和运营绩效，并且具有绩效短期下降的特点（赵泉午和刘婷婷，2013）。通过基于2000～2012年间中国工业上市公司面板数据的实证分析，发现信息技术投资并没有给工业上市公司带来效率提升（刘飞，2014）。

智能化可以带来生产绩效和利益绩效增加。有的学者研究表明，企业生产绩效随着企业智能制造投资增加而增加（汪淼军 等，2006），制造业信息技术投资对绩效的提高具有积极的影响作用（林丹明 等，2007；2008）。有的学者通过基于200多家的上市公司数据的实证分析，发现信息技术投资对主营收入、净利润等绩效指标具有积极的影响（李治堂和吴贵生，2008）。智能制造投入的增加对制造企业绩效起到了明显的促进作用（张聪慧和郭伟，2010）。有的学者通过对2003～2008年284家实施智能制造的上市公司的相关财务指标进行分析，发现智能制造显著提升了企业绩效（杨定泉，2011）。企业智能制造不仅与企业绩效的提升显著正相关，而且还可通过知识共享的中介作用间接影响企业绩效的提升（饶艳超和陈烨，2012）。有的学者通过基于河南煤化集团2009～2012年的相关数据的实证分析，发现智能制造建设对企业绩效不仅存在着直接影响，还会通过影响其他促进企业绩效的因素来增加企业绩效（孙学军，2013）。有的学者通过基于2005～2007年电子信息百强企业面板数据的实证分析，发现智能制造投入对企业规模、利润和创新成果均存在显著的正向影响（董祺，2013）。通过研究物流企业智能制造与绩效间的关系，结果发现企业智能制造能够显著提高企业绩效（吴玉文，2014）。有的学者通过基于山东省352家企业的调查问卷，结果表明智能制造战略、管理智能制造、业务协同均对组织绩效具有显著的影响作用（张新 等，

2017)。还有的学者通过 2011~2020 年装备制造业 A 股上市公司的财务数据，使用相关性分析、回归性分析与中介效应模型的实证方法探究政府补助、研发投入与企业智能化之间的关系，其结果表明政府补助和研发投入的增加均对制造业智能化和企业绩效提升有显著的积极影响（王华和卫晓东，2023）。

### 1.4.4 制造业智能化发展路径

推动制造业智能化转型升级已经成为主要工业国家开展科技竞争的重点领域，但关于制造业智能化发展路径的研究并不多见，主要聚焦创新引领制造业智能化发展。有的学者认为，在《中国制造 2025》背景下，中国制造业转型升级路径选择不能一概而论，需以执着严谨的工匠精神守护传统制造业，切实提升核心企业自主创新能力，推进工业 2.0、3.0 和 4.0 齐头并进（章立东，2016）。有的学者指出，以互联网、云计算、大数据、物联网和人工智能为代表的新一代技术，在设计、制造和智能环境中的融合应用，形成了新时代工业设计和制造融合创新系统及产业结构转型升级的新路径，利用设计和创意提升产业竞争力是未来制造业转型升级的路径之一（赖红波，2017）。有的学者在对互联网驱动智能制造研究中，指出互联网对制造业智能化转型升级的各个环节都起到一定的促进作用，制造业转型升级可以按照从产品"智能化"到业务流程"智能化"，再到产业链"智能化"，最后到商业模式"智能化"的路径进行渐进式转型升级（李永红和王晟，2017）。有的学者在分析中国制造业智能化进程与特征的基础上，从掌握相关核心技术并普及智能制造、大规模个性化定制成为主要生产方式、形成不断完善较为完整的智能制造标准体系等方面提出了中国制造业智能化发展的趋势，提出没有适合所有中国企业制造业智能化发展的发展范式，需要根据企业的商业模式、资源基础、战略地位和产业特征等，制定特定的升级路径（李廉水 等，2019）。有的学者以海尔、华为和吉利 3 家企业为研究对象，分析了其智能制造发展机理，提出技术与服务的双元驱动引发企业运行机制转变，进而形成智能制造绩效，制造过程变革与资源集成、服务拓展与理念更新促进智能制造转变，智能制造不同阶段在方向、作用条件、关键环节方面存在明显差异（陈旭升和梁颖，2020）。

综上，众多学者围绕发达国家和中国的制造业智能化发展路径展开了研究，但现有研究并未系统梳理全球制造业智能化实践与发展路径，未系统对比国内外制造业智能化路径差异。而且现有研究大多从创新的视角研究制造业智能化发展路径，缺少支持体系、政策法规、金融服务等路径分析。

## 1.5 结论与启示

纵观 70 余年关于中国制造业的发展进程及相关学术讨论文献，可以看到中国制造业发展演化的阶段性轨迹，同时看到研究文献的阶段性特征，大致可以归纳为三个时段：①1949～1977 年，是中国制造业发展初期阶段，关于制造业的研究从介绍性论文到制造业知识普及，重点是研究探讨苏联制造业发展的经验和中国制造业建设初期的基本问题，主要是从制造业功能视角探讨发展制造业的意义、作用和方式等；②1978～2000 年，是中国制造业借改革开放，系统性全面发展阶段，呈现出从乡镇工业、民营企业到国有企业改革，从"三来一补"的外向加工企业到合资、外资企业涌现的蓬勃发展态势，关于制造业的研究文献大量聚焦在经济发展战略、产业发展结构、引进外资外企等方面，从众多视角研究探讨中国制造业发展问题；③2001～2023 年，是中国制造业融入全球制造业体系，实现迅猛崛起阶段，大量的研究文献从全球制造业视角审视中国制造业发展状态，探讨中国制造业在全球产业链地位、中国制造业转型升级发展、中国制造业区域集聚发展、智能化和绿色化发展等问题，探索中国制造业创新发展前景与方向等。

通过三个时段关于中国制造业发展进程和相应学术文献的述评，可以较为清晰地了解中国制造业发展态势和学术研究轨迹，较为系统地把握中国制造业发展方向和相关学术观点，为聚焦本书的研究主题展开阐述，奠定了较为坚实的实践和学术基础。此外，为聚焦制造业智能化，本书进行了学术文献综述，为正确认识智能化对制造业发展的影响提供了理性认识。关于制造业智能化的发展路径及发展绩效研究是当前的研究热点，许多问题尚未展开深入系统的探讨，还需要拓宽研究视野、提升研究层次、深化系统研究。

综上所述，本书希望在现有研究基础上进一步解析中国制造业的发展状态，比较中外制造业智能化发展阶段与战略重点，分析中国制造业智能化的智能技术基础、智能应用水平和智能效益情况，评价中国制造业智能化的总体水平和区域、产业、企业的制造业智能化程度，比较中外制造业智能化路径的异同，探讨智能化与绿色化协同发展机理，研究中国制造业智能化发展的支撑机制等，系统性地提出促进中国制造业智能化的政策举措和发展建议。

# 第 2 章　中国制造业智能化基础：制造业态势

中国制造业规模全球第一。在世界 500 种主要工业品中，2023 年中国有 220 种产品产量位居全球第一。中国在家电、公铁大桥、高速铁路、新能源汽车、北斗卫星导航、超级计算机、航空航天、大飞机、航空母舰、深海蛟龙、量子通信、5G 等领域取得值得自豪的巨大成就。世界 500 强榜单中，2020 年，中国大陆地区上榜企业数（124）首次历史性地超过美国（121）；2022 年，除台湾地区，中国上榜 137 家（其中，香港 7 家），加上台湾地区的 9 家，合计 146 家，超过美国 21 家（美国 125 家），上榜企业数量保持世界第一。然而，整体上看，中国制造业仍然"大而不强"，总体上处于全球制造业价值链的中低端，与制造业强国相比创新能力差距较大，高质量发展面临诸多挑战。一方面，东南亚国家和非洲国家等以更多的优惠政策和更低的成本积极承接中低端制造业的转移；另一方面，先进制造业强国纷纷实施"再工业化"战略，强化创新能力，引领高端制造业发展，从而使得中国制造业面临双向挤压。2018 年 3 月开始的中美贸易摩擦不断加剧，美国针对《中国制造 2025》重点发展产业商品加征关税，遏制中国高端制造业发展的意图日益明显。近年来，美国拉拢盟友围堵中国制造业企业的恶劣行径越发严重，面对严峻的外部竞争态势和制造业持续发展需求，中国制造业唯有加快转型升级步伐、加大创新发展力度，坚持高质量发展，才可能保持持续性的创新增长，进而实现由大到强的飞跃。

## 2.1　中国制造业现实特征分析：成就与挑战

当今，中国制造业体系门类齐全、独立完整，在联合国产业分类中是唯一拥有全部工业门类的国家。

### 2.1.1　制造业规模全球最大但产业链位置不高

改革开放以来，中国制造业依靠实施外向型发展战略，利用廉价的劳动力和土地资源等，大量引进制造业生产线，发展中外合资企业，同时鼓励民营高科技企业发展，改革国有企业运行机制，实现持续 40 多年的迅猛发展，创造了中国制造奇迹。中国制造业增加值，先后超过英国、法国、德国、日本和美国，成为世界第一制造业大国。根据世界银行的报告,2021年全球排名前五的制造业大国的增加值及占全球制造业增加值的比重分别为:中国制造业增加值为44426亿美元,占全球制造业增加值比重为30.5%;美国制造业增加值为24446亿美元,占全球制造业增加值比重为16.8%;日本制造业增加值为10223亿美元,占全球制造业增加值比重为7.0%,德国制造业增加值为6938亿美元,占全球制造业增加值比重为4.8%,印度制造业增加值为4612亿美元,占全球制造业增加值比重为3.2%,中国制造业增加值连续13年居全球首位。

然而,中国制造业在全球制造业体系中所占比重虽然越来越大,但利润率却始终处于中低端,究其原因主要是中国制造业聚集于加工、制造与组装等产业链的中低端环节,而发达国家制造业掌握着产业链的中高端环节,主要从事研发、设计、营销、售后服务等业务,利润大、附加值高(李廉水 等,2018)。许多学者通过测算发现,中国制造业整体处于全球价值链中低端,在国际分工中地位较低,获利能力较弱(周升起 等,2014;刘琳,2018)。数字化浪潮驱动着全球价值链重构,为中国制造业企业提供了后发赶超的绝佳契机,中国制造业从中低端向中高端价值链提升,必须引导数字技术与生产制造深度融合,通过数字化促进制造业智能化,进而不断提升自身在全球制造业价值链中的地位(张晴和于津平,2021)。

## 2.1.2 制造业创新能力持续提高但核心技术受制于人

随着中国制造业规模迅猛增长和深度融入全球生产制造体系,制造业的创新能力在不断提高。表现为:一是研发经费持续大幅增长,研究与试验发展(R&D)经费投入强度持续提升。2001年,中国R&D经费投入为1042.49亿元,2022年中国全社会R&D经费投入30870亿元,年均增幅19%左右。R&D经费投入强度由2001年的1.09%上涨到2022年的2.55%。二是R&D人员大幅增加。新中国成立伊始,全国科技人员5万人左右、专门从事科研工作的人员约600人,2012年R&D人员总量达到325万人,首次超过美国走到世界第一位置,2022年R&D人员总量已经超过600万人,连续10年雄居世界首位。三是发明专利数量大幅增加。2022年中国授予专利权432.3万件,有效发明专利数由2001年的1922件增长至2022年的328.0万件(有效专利178.9万件),年均涨幅50%以上。世界知识产权组织(WIPO)公布2022年国际专利申请数量显示,中国专利申请数量突破70000项,从2019年开始连续4年排在各国之首,排名第2的美国专利申请数量是59056项,第3名日本为50345项。从企业来看,中国华为申请了7689项,排在全球首位,韩国三星电子排名第2名,申请了4387项。2022年,中国制造业占GDP的比重27%，韩国25%、日本20%、德国19%、意大利14%、俄罗斯13%、印度13%、美国11%、法国10%、英国9%。显然，无论从制造业占GDP的比重看，还是从R&D研发人员总量，还是从专利产出角度看，中国制造业已经具备了世界级的创新能力。

换个视角看，改革开放以来，中国大量引进外资迅速壮大了制造业规模，扩大了就业、增加了经济总量。但中国制造业企业多以加工制造为主，技术积累少且长期不重视技术创新，不掌握制造业产业链上的关键技术和核心技术，容易受制于人。主要表现在：某些核心部件、高端装备和基础软件主要依赖进口，中国拥有的技术能力与发达国家存在很大差距，究其原因是自主创新能力不足，研发经费投入结构和研发经费使用方式存在缺陷等。虽然，我国R&D经费支出大幅增长且研发投入强度已经达到2.55%；然而，2022年中国基础研究经费仅1951亿元，占R&D经费比重仅为6.32%，而美国、英国、法国等发达国家的占比普遍达到20%左右。中国较长时期基础研究经费投入不足，造成了中国制造业的源头基础性自主创新能力不足，关键技术研发缺乏源头理论支撑和引领，使得当今制造业核心技术受制于人的局面难以较快改变。

### 2.1.3 制造业产业结构不断优化但环境压力仍然很大

伴随中国制造业规模位居全球第一以后，中国制造业的产能出现过剩现象，一些制造业行业（如钢铁、水泥、化工、家电、造纸等）甚至出现产能严重过剩问题。淘汰落后产能，培育和壮大制造业新动能，发展新型制造业成为共识。近几年，技术含量高的高技术制造业和装备制造业获得了较快发展，其行业增加值占工业增加值的比重不断上升。中国制造业在逐步向中高端攀升，制造业产业发展质量明显提升。近十年来，传统制造业虽然出现产能过剩现象，但高技术制造业则保持较快增速，如计算机、通信和其他电子设备制造业年均增长超过9.3%，2020年和2021年甚至出现了高技术制造业、装备制造业增加值均实现两位数增长的喜人局面。

然而，制造业持续40多年的高速发展消耗了大量能源资源，带来的高排放、高污染问题异常严重。中国制造业使用的能源主要是煤炭、原油、焦炭等不可再生能源，并且大多采用粗放的生产方式，消耗大量能源并严重污染坏境。中国能源消耗总量随着制造业规模增长而持续增加，由2001年的83158万吨标准煤上升到2021年的52.4亿吨标准煤，年均涨幅7.5%左右。煤炭消费量占能源消费总量的56.0%，能耗强度远高于世界平均水平，与发达国家之间存在巨大差距，制造业的换动能、去产能、降污染和持续提升能源利用效率仍然任重道远。

## 2.2 中国制造业创新能力分析：产品和工艺创新

《中国制造2025》明确提出"坚持把创新摆在制造业发展全局的核心位置，以促进制造业创新发展为主题，从而实现中国制造向中国创造的转变，最终完成中国制造由大变强的战略任务"。只有依靠创新，"中国制造"才能实现向"中国创造"的转变，中国制造业的创新路径，关键在于促进制造业产品和工艺创新的协同发展（贾军 等，2013）。制造业产品和工艺创新的协同发展，能够有效调动制造业内部各方创新发展的积极性，发挥制造业产品和工艺创新的相互合作与互补作用，实现创新资源的优势整合和有效配置，从而提高制造业企业的资源利用效率和劳动生产率，进而产生"1+1>2"的协同效应（毕克新和孙德花，2010b），极大地提高制造业企业自主创新能力。发达国家的经验也表明，制造业产品和工艺创新的协同发展是一个国家制造业创新绩效提升的重要基础（魏江和吴光汉，1998）。

因此，研究制造业产品和工艺创新的协同发展程度及其区域差异，不仅有利于清楚地了解当前制造业技术创新能力的现状，探究中国制造业自主创新能力不足的深层次原因；而且，利于深入了解中国各区域制造业产品和工艺创新协同发展程度的差异及其背后原因，从而更有效地促进中国各地区制造业产品和工艺创新协同发展，提高中国各地区制造业自主创新能力，进而提升中国制造业整体创新绩效，实现中国制造向中国创造的转变，最终完成中国制造由大变强的战略任务，具有重要的理论价值和现实意义。

### 2.2.1 分析框架与评价指标体系

世界先进制造业强国的历史经验表明，一个国家或地区制造业创新能力的提升乃至制造业综合竞争力的提高，均有赖于制造业产品和工艺创新的协同发展。中国制造业目前仍处于技术创新追赶阶段，各个地区制造业均不同程度地进行着技术创新，但在产品创新和工艺创新等方面存在明显的地区异质性。客观分析各地区制造业产品和工艺创新的协同发展程度及比较地区之间的差异性，对各地区根据制造业自身发展的实际情况制定合理的产品和工艺创新协同发展战略，提高各地区制造业自主创新能力，进而提升制造业整体创新绩效等具有重要的实践指导意义。

目前，国内外关于产品和工艺创新协同发展的研究，大多集中在产品和工艺创新的协同模式（Abernathy and Utterback，1978；Hayes and Wheelwright，1979；

Barras，1986；毕克新 等，2007；Pan and Li，2016）、产品和工艺创新的协同机制（Kotabe and Scott，1995；Stadler，2011；Ballot et al.，2015）、产品和工艺创新的协同策略（Gruber，1995；Goedhuys and Veugelers，2012）等方面。已有研究虽然取得了较为丰硕的成果，但不难发现现有研究多从纵向层面（同一地区不同时间或同一产业不同时间）对产品创新和工艺创新的协同发展进行分析，而从横向层面（同一时间不同地区）进行的研究则涉及较少，即缺乏深入比较分析制造业企业产品和工艺创新协同发展程度的区域差异。然而制造业企业产品创新与工艺创新发展能力客观上存在明显的区域异质性，为此，很有必要在纵向分析的同时，进一步从横向层面对制造业企业产品和工艺创新协同发展进行分析，从而便于比较各区域制造业企业产品和工艺创新协同发展程度的差异性，以期为各区域制造业企业根据自身的创新发展优势与不足，实施合理的产品和工艺创新协同发展战略提供借鉴，进而促进制造业产品和工艺创新协同发展，提升制造业整体创新绩效。因此，为对中国制造业企业整体产品和工艺创新协同发展程度进行系统综合的分析，本书从纵向和横向双层面对中国制造业企业产品和工艺创新协同发展程度进行研究，既分析中国制造业企业产品和工艺创新协同发展能力的时间变化趋势，又进一步分析中国各地区制造业企业产品和工艺创新协同发展程度的差异。研究主要集中在三个方面：一是结合产品创新和工艺创新的内涵及其协同性，构建相应的制造业产品和工艺创新协同发展程度评价指标体系，充分考虑中国制造业创新发展中的产品创新与工艺创新的协同性；二是采用基于灰色关联理论和距离协同模型的综合评价方法对中国制造业产品和工艺创新协同发展程度进行总体、东中西分区域以及分省域的比较研究；三是从纵向和横向两个层面对中国制造业产品和工艺创新协同发展程度进行研究，既分析中国制造业产品和工艺创新协同发展程度的时间变化趋势，又进一步分析中国各地区制造业产品和工艺创新协同发展程度之间的差异性。

1. 产品创新和工艺创新的内涵及其协同性分析

根据制造业企业技术创新对象的不同，制造业技术创新可分为制造业产品创新和制造业工艺创新两类。其中，制造业产品创新是指制造业企业在产品技术变化基础上进行的创新，制造业工艺创新是指制造业企业在生产过程技术变革基础上进行的创新（吴贵生和王毅，2013）。产品和工艺分别体现了"做什么"和"怎么做"，制造业产品创新反映的是以产品设计为核心的产品技术创新，制造业工艺创新反映的是以生产工艺为核心的过程技术创新。

在制造业企业技术创新的过程中，产品创新和工艺创新两者缺一不可。制造业产品创新可以提高制造业产品的差异化，制造业工艺创新可以降低制造业产品的生产成本。同时，制造业工艺创新也为制造业产品创新目标的顺利实现提供生产工艺保证。如果单方面强调制造业产品创新的重要性而忽视工艺创新，则会造成制造业企业生产工艺落后，生产的产品质量差，资源效率低下，从而导致制造业企业对技术创新成果的吸收能力降低，技术引进效益差；反过来，如果单方面强调制造业工艺创新的重要性而忽视产品创新，则会造成制造业企业所生产的产品过于单一，无法满足人们日益增长的消费需求，从而导致制造业企业错失研发满足消费者需求的新产品的时机，进而使其失去在产品市场中的有利竞争地位。其中，最典型的案例莫过于美国制造业，美国制造业企业一度只片面强调产品创新而忽视了工艺创新，结果造成美国制造业在许多领域失去了竞争优势，而日本和德国之所以能形成如今的经济竞争优势，其关键在于注重制造业企业产品创新和工艺创新的协同发展。

由此可见，制造业企业产品创新和工艺创新相辅相成。为此，要想实现制造业产品和工艺创新协同发展程度的提高，其关键不仅在于促进制造业企业产品创新和工艺创新发展，还在于强化制造业企业产品创新和工艺创新的协同性。

2. 中国制造业产品和工艺创新协同发展的评价指标体系

基于制造业企业产品创新和工艺创新的内涵及其协同性的分析，本书借鉴毕克新和孙德花（2010a）以及赵增耀等（2015）的研究，根据建立评价指标体系的科学性、系统性、可比性、可操作性等原则以及指标数据的可得性，从制造业产品创新指标和制造业工艺创新指标两个方面初步预选了20个子指标。然后，利用SPSS软件对预选子指标进行相关性分析，去除相关性较大的子指标和主观性较强的定性指标。最后，构建了包括8个子指标的中国制造业产品和工艺创新协同发展的评价指标体系（表2-1）。各指标选取的主要依据如下：

（1）制造业产品创新指标。一般而言，制造业产品创新过程主要包括研发、设计和营销。研发是制造业企业实现产品创新的第一步，没有产品研发，就没有新产品创造。制造业新产品开发经费支出和制造业新产品开发项目数集中反映了制造业企业在新产品研发方面的投入。制造业拥有发明专利数是制造业企业在产品研发和设计中所取得的成果，它不仅包括创造新产品所取得的成果，而且也包括对现有产品进行更新改造所取得的成果。制造业新产品产值则反映了制造业企业在产品创新的营销过程中的总产出。

（2）制造业工艺创新指标。制造业工艺创新主要反映的是制造业企业在生产过程中引进新的生产技术，采用新的或重大改进的生产方式或生产工艺，对现有的生产工艺流程进行改造或变更，从而达到提高制造业企业劳动生产率的目的。其中，制造业技术改造经费支出和制造业消化吸收经费支出体现了制造业企业引进新的生产技术所产生的支出。制造业新工艺开发经费支出则反映了制造业企业采用新的或重大改进的生产方式或生产工艺的投入。制造业劳动生产率则是制造业企业进行工艺创新的最终目的。

表 2-1　中国制造业产品和工艺创新协同发展的评价指标体系

| 总指标 | 主指标 | 子指标 | 指标单位 | 指标属性 |
| --- | --- | --- | --- | --- |
| 制造业产品和工艺创新协同发展评价指标体系 | 制造业产品创新指标 | 制造业新产品开发经费支出 | 万元 | 正向 |
| | | 制造业新产品开发项目数 | 项 | 正向 |
| | | 制造业拥有发明专利数 | 项 | 正向 |
| | | 制造业新产品产值 | 万元 | 正向 |
| | 制造业工艺创新指标 | 制造业技术改造经费支出 | 万元 | 正向 |
| | | 制造业消化吸收经费支出 | 万元 | 正向 |
| | | 制造业新工艺开发经费支出 | 万元 | 正向 |
| | | 制造业劳动生产率 | 万元/人 | 正向 |

数据来源：《中国科技统计年鉴》(2003~2018)、《中国统计年鉴》(2003~2018)以及各省份的统计年鉴(2003~2018)。其中，2003~2010年制造业的统计口径为"大中型工业企业"；2011~2018年制造业的统计口径为"规模以上工业企业"。

### 2.2.2　产品和工艺创新协同发展程度评价

由于对中国制造业产品和工艺创新协同发展程度进行评价涉及多个指标，且各评价指标信息存在灰色特性并受条件所限，研究的样本量较少。同时，传统的距离协同模型评价方法存在较多的不足（李海东 等，2014）。而基于灰色关联理论和距离协同模型的综合评价方法，一方面既考虑了中国制造业产品和工艺创新协同发展评价指标信息的灰色特性，发挥了灰色关联分析方法对样本量的多少和样本有无规律都同样适用的优势；另一方面又结合 TOPSIS 思想改进了传统的距离协同模型的不足，从而使得中国制造业产品和工艺创新协同发展程度的分析结果更具科学性和准确性。因此基于上述考虑，本书采用基于灰色关联理论和距离协同模型的综合评价方法对 2003~2018 年中国制造业产品和工艺创新协同发展程度进行总体、东中西分区域以及分省域的综合比较研究。

设中国制造业产品和工艺创新协同发展评价系统为 $X = (x_{ijt})_{m \times n \times q}$。其具体的运算步骤为

第一，标准化评价指标

$$y_{ijt} = \begin{cases} \dfrac{x_{ijt} - \min\limits_{t} x_{ijt}}{\max\limits_{t} x_{ijt} - \min\limits_{t} x_{ijt}} (1 \leq i \leq m, 1 \leq j \leq n, 1 \leq t \leq q), \text{当指标} j \text{为正向指标} \\ \dfrac{\max\limits_{t} x_{ijt} - x_{ijt}}{\max\limits_{t} x_{ijt} - \min\limits_{t} x_{ijt}} (1 \leq i \leq m, 1 \leq j \leq n, 1 \leq t \leq q), \text{当指标} j \text{为逆向指标} \end{cases} \quad (2\text{-}1)$$

第二，确定产品创新和工艺创新子系统的正理想点和负理想点

正理想点为 $Y^* = (y_{i1}^*, y_{i2}^*, \cdots, y_{in}^*)$；负理想点：$Y^0 = (y_{i1}^0, y_{i2}^0, \cdots, y_{in}^0)$

其中，

$$y_{ij}^* = \begin{cases} \max\limits_{t} y_{ijt}, & \text{当指标} j \text{为正向指标} \\ \min\limits_{t} y_{ijt}, & \text{当指标} j \text{为逆向指标} \end{cases} ; \quad y_{ij}^0 = \begin{cases} \min\limits_{t} y_{ijt}, & \text{当指标} j \text{为正向指标} \\ \max\limits_{t} y_{ijt}, & \text{当指标} j \text{为逆向指标} \end{cases} \quad (2\text{-}2)$$

第三，计算产品创新和工艺创新子系统与其正理想点和负理想点的距离

$$D_{it}^* = \sqrt{\sum_{j}(y_{ij}^* - y_{ijt})^2} \; ; \quad D_{it}^0 = \sqrt{\sum_{j}(y_{ij}^0 - y_{ijt})^2} \quad (2\text{-}3)$$

其中，$D_{it}^*$ 和 $D_{it}^0$ 分别表示 $t$ 时期子系统 $i$ 与其正理想点和负理想点的距离。

第四，结合TOPSIS思想，计算产品创新和工艺创新子系统的发展程度

$$d_{it} = \frac{D_{it}^0}{D_{it}^* + D_{it}^0} \quad (2\text{-}4)$$

其中，$d_{it} \in (0,1)$，其值越大，表示发展程度越高。

第五，利用模糊层次分析法（FAHP）计算产品创新和工艺创新子系统的权重，记为 $w_i$。然后，在此基础上，计算中国制造业产品和工艺创新协同发展评价系统的发展程度 $d_t$：

$$d_t = \sum_{i} w_i d_{it} \quad (2\text{-}5)$$

第六，借鉴刘思峰等（2010）的研究，计算产品创新和工艺创新子系统间的灰色综合关联度 $u_{ij}$，并确定系统间的拉动因子 $v_{ij}$：

$$v_{ij} = \begin{cases} u_{ij}, & \text{当} d_{jt} > d_{it} \\ 1, & \text{当} d_{jt} = d_{it} \\ \dfrac{1}{u_{ij}}, & \text{当} d_{jt} < d_{it} \end{cases} \quad (2\text{-}6)$$

第七，计算产品创新和工艺创新子系统的理想发展程度 $d_{it}^*$，并计算各个子

系统的协同程度 $c_{it}$，最后计算出中国制造业产品和工艺创新协同发展评价系统的协同程度 $c_t$：

$$d_{it}^* = \sum_j w_j v_{ij} d_{jt} \tag{2-7}$$

$$c_{it} = \frac{|d_{it}|}{|d_{it}| + |d_{it} - d_{it}^*|} \tag{2-8}$$

$$c_t = \sqrt[m]{\prod_{i=1}^{m} c_{it}} \tag{2-9}$$

第八，计算中国制造业产品和工艺创新协同发展程度：

$$Z_t = \sqrt{c_t d_t} \tag{2-10}$$

基于上述灰色关联理论和距离协同模型的综合评价方法，采用2003~2018年中国制造业数据，本书分别对产品和工艺创新协同发展程度进行总体、东中西分区域以及分省域的比较研究。其中，东部地区包括北京、天津、河北、辽宁、上海、江苏、浙江、福建、山东、广东、海南11个省份；中部地区包括山西、吉林、黑龙江、安徽、江西、河南、湖北、湖南8个省份；西部地区包括内蒙古、广西、重庆、四川、贵州、云南、陕西、甘肃、青海、宁夏、新疆11个省份；统计数据不完整的西藏、香港、澳门和台湾地区没有包括在本书的研究样本中。

1. 全国范围制造业总体产品和工艺创新协同发展程度综合评价分析

基于中国制造业全国统计数据，首先对2003~2018年全国范围内制造业产品和工艺创新协同发展程度进行总体的综合评价分析，结果见表2-2。

表2-2 全国范围制造业总体产品和工艺创新协同发展程度综合评价分析结果

| 年份 | 产品和工艺创新发展程度 | 产品和工艺创新协同程度 | 综合创新协同发展程度 |
| --- | --- | --- | --- |
| 2003 | 0.0340 | 0.6143 | 0.1445 |
| 2004 | 0.0915 | 0.5652 | 0.2275 |
| 2005 | 0.1378 | 0.5986 | 0.2872 |
| 2006 | 0.1720 | 0.6756 | 0.3408 |
| 2007 | 0.2360 | 0.6890 | 0.4032 |
| 2008 | 0.2679 | 0.7375 | 0.4445 |
| 2009 | 0.3312 | 0.7249 | 0.4900 |
| 2010 | 0.3898 | 0.7609 | 0.5446 |
| 2011 | 0.5345 | 0.8582 | 0.6773 |

续表

| 年份 | 产品和工艺创新发展程度 | 产品和工艺创新协同程度 | 综合创新协同发展程度 |
|---|---|---|---|
| 2012 | 0.5944 | 0.9161 | 0.7379 |
| 2013 | 0.6301 | 0.9805 | 0.7860 |
| 2014 | 0.6795 | 0.9805 | 0.8162 |
| 2015 | 0.7081 | 0.9555 | 0.8226 |
| 2016 | 0.7781 | 0.8973 | 0.8356 |
| 2017 | 0.8581 | 0.8731 | 0.8656 |
| 2018 | 0.8012 | 0.9641 | 0.8789 |

通过观察表2-2可以发现，2003～2018年中国制造业总体产品和工艺创新协同发展程度呈现持续提升态势。中国制造业企业产品和工艺创新协同发展程度评价分析结果由2003年的0.1445上升至2018年的0.8789，表明中国制造业企业产品创新与工艺创新总体协同发展程度有了较大的提高。其可能的原因主要在于：2003～2018年中国制造业企业新产品开发经费支出、新产品开发项目数、拥有发明专利数、新产品产值、新工艺开发经费支出以及劳动生产率等不断增大，从而促使了中国制造业企业产品和工艺创新发展程度与协同程度均呈现出上升的发展趋势，进而促进了企业产品和工艺创新总体协同发展程度不断提升。

此外，值得注意的是，中国制造业企业产品和工艺创新的发展程度在一定程度上要小于其协同程度，这表明与制造业企业产品和工艺创新的协同程度相比较，2003～2018年中国制造业企业产品和工艺创新的发展程度仍然处于落后地位，尚有待进一步加强。其可能的原因主要在于：一方面，现阶段大多数中国制造业企业发展的基础依旧主要来自"规模优势"和"比较优势"，而对产品技术含量和工艺技术水平等方面的要求较低，从而在一定程度上忽视了产品创新和工艺创新的综合发展；另一方面，由于受到资金、技术、创新人才以及制度等因素的制约，中国制造业在产品创新和工艺创新上的投入在整体上仍显不足，因此其产品和工艺创新的发展程度较低，根据统计数据计算出的2003～2018年中国制造业企业产品和工艺创新各个子系统的发展程度较低也证实了这一点。

为此，在当前提高制造业自主创新能力，提升制造业企业产品和工艺的科技含量与科技水平，促进制造业产品和工艺创新协同发展的时代潮流下，中国制造业企业在强化制造业企业产品创新和工艺创新的协同性的同时，还需进一步加快其产品创新和工艺创新的发展速度，更有效地促进中国制造业企业产品和工艺创新的协同发展，从而提高中国制造业自主创新能力，进而提升中国制造业企业整体创新绩效,为实现中国制造向中国创造的转变,最终完成中国制造由大变强的战略任务奠定坚实的基础。

2. 东中西分区域制造业产品和工艺创新协同发展程度综合评价分析

中国制造业产品和工艺创新协同发展程度总体上呈现持续提升态势,但结合中国制造业产品创新和工艺创新发展的实际情况,可知东中西各区域制造业创新发展程度已呈现出明显的区域异质性。因此,很有必要在纵向分析(同一地区不同时间)的同时,进一步从横向层面(同一时间不同地区)对制造业产品和工艺创新协同发展程度进行分析,从而更好地对中国各区域制造业产品和工艺创新协同发展程度进行比较研究,探究其背后的原因。为此,基于中国制造业东、中、西部三大区域统计数据,本书对2003~2018年中国制造业产品和工艺创新协同发展程度进行东中西分区域的综合评价分析(表2-3)。

表2-3 东中西分区域制造业产品和工艺创新协同发展程度综合评价分析结果

| 年份 | 东部地区 | 中部地区 | 西部地区 |
| --- | --- | --- | --- |
| 2003 | 0.1642 | 0.1448 | 0.1163 |
| 2004 | 0.2436 | 0.2351 | 0.2083 |
| 2005 | 0.2952 | 0.2655 | 0.2503 |
| 2006 | 0.3694 | 0.3436 | 0.3275 |
| 2007 | 0.4118 | 0.3965 | 0.3727 |
| 2008 | 0.4567 | 0.4383 | 0.4112 |
| 2009 | 0.5100 | 0.4903 | 0.4686 |
| 2010 | 0.5866 | 0.5484 | 0.5207 |
| 2011 | 0.6854 | 0.6428 | 0.6051 |
| 2012 | 0.7478 | 0.6940 | 0.6477 |
| 2013 | 0.7919 | 0.7583 | 0.7492 |
| 2014 | 0.8172 | 0.8011 | 0.7707 |
| 2015 | 0.8488 | 0.8295 | 0.8063 |
| 2016 | 0.8882 | 0.8736 | 0.8121 |
| 2017 | 0.9152 | 0.9005 | 0.8239 |
| 2018 | 0.9200 | 0.9080 | 0.8490 |

通过观察表2-3,可以发现,中国东、中、西部三大区域制造业企业产品和工艺创新协同发展程度呈现出明显的区域差异。虽然从2003~2018年,中国东部地区、中部地区、西部地区制造业企业产品创新和工艺创新综合协同发展程度均呈现持续提升态势,但各区域之间仍然存在显著差距:其中,东部地区处于领先,

中部地区次之，西部地区最低。其可能的原因主要在于：中国东部地区基础设施建设能力强，教育水平高，政府政策导向性明显，产业基础雄厚，从而使得与中西部地区相比，中国东部地区具有产品创新和工艺创新等方面的资金、人才、技术、政策等优势。资金是科技创新的物质保障，只有依靠充足的资金投入，科技创新才能持续发展；人才是科技创新的动力，科技创新驱动实质上是人才驱动，一个国家或地区的科技创新，离不开人才的投入；技术是科技创新的先决条件，只有依靠先进的科学技术，才能进行科技创新；此外，产品创新和工艺创新的协同发展也离不开政府政策方面的引导，政府政策导向有利于强化制造业企业产品创新和工艺创新的协同性。所有的这些都使得中国东部地区产品和工艺创新的发展程度与协同程度较高，并且更有效地促进了其产品创新和工艺创新的协同发展，进而导致中国东部地区制造业企业产品和工艺创新协同发展程度领先于中西部地区。2003~2018年中国东部地区、中部地区、西部地区制造业企业新产品开发经费支出、新产品开发项目数、拥有发明专利数、新产品产值、新工艺开发经费支出以及劳动生产率等方面的统计数据也较好地说明了这一点。

**3. 分省域制造业产品和工艺创新协同发展程度综合评价分析**

考虑到中国各省域制造业创新发展程度存在明显的地区异质性，因此，本书在前文分析的基础上，基于中国制造业30个省份的统计数据，进一步对2003~2018年中国制造业产品和工艺创新协同发展程度进行分省域的综合评价分析（表2-4）。

通过观察表2-4可以发现，中国各省域制造业产品和工艺创新协同发展程度存在明显的地区差异。东部省份的制造业产品和工艺创新协同发展程度具有明显优势，中西部省份的制造业产品和工艺创新协同发展程度还有待提升，且东、中、西部各区域所属省级地区之间制造业产品和工艺创新协同发展不均衡。虽然2003~2018年，中国30个省域制造业产品和工艺创新协同发展程度均表现为持续提升态势，但各地区之间差异明显。2003~2018年，东部地区绝大多数省份的制造业产品和工艺创新协同发展程度较高，制造业产品和工艺创新协同发展程度排在前10位的基本上都位于东部沿海地区，这些地区制造业新产品开发经费、新工艺开发经费、技术改造经费和消化吸收经费投入多，发明专利数和新产品产值高，产品创新能力、工艺创新能力以及协同性强。

表 2-4 分省域制造业产品和工艺创新协同发展程度综合评价分析结果

| 地区 | 2003 | 2004 | 2005 | 2006 | 2007 | 2008 | 2009 | 2010 | 2011 | 2012 | 2013 | 2014 | 2015 | 2016 | 2017 | 2018 |
| --- | --- | --- | --- | --- | --- | --- | --- | --- | --- | --- | --- | --- | --- | --- | --- | --- |
| 北京 | 0.1737 | 0.2697 | 0.3919 | 0.4658 | 0.5456 | 0.6179 | 0.6394 | 0.6831 | 0.8406 | 0.8516 | 0.8635 | 0.8689 | 0.8712 | 0.8836 | 0.8893 | 0.9068 |
| 天津 | 0.1539 | 0.2445 | 0.3498 | 0.4263 | 0.5022 | 0.5619 | 0.6050 | 0.6341 | 0.7778 | 0.8357 | 0.8791 | 0.8814 | 0.8887 | 0.8989 | 0.9075 | 0.9122 |
| 河北 | 0.1323 | 0.2251 | 0.3301 | 0.4112 | 0.4940 | 0.5500 | 0.5900 | 0.6086 | 0.7777 | 0.8057 | 0.8400 | 0.8603 | 0.8675 | 0.8811 | 0.8842 | 0.8899 |
| 山西 | 0.1127 | 0.2047 | 0.2869 | 0.3859 | 0.4653 | 0.5266 | 0.5690 | 0.5848 | 0.6905 | 0.7818 | 0.8190 | 0.8225 | 0.8296 | 0.8403 | 0.8535 | 0.8572 |
| 内蒙古 | 0.1103 | 0.2050 | 0.2664 | 0.3488 | 0.4236 | 0.5018 | 0.5427 | 0.5607 | 0.6787 | 0.7656 | 0.8023 | 0.8069 | 0.8210 | 0.8303 | 0.8393 | 0.8444 |
| 辽宁 | 0.1678 | 0.2917 | 0.3801 | 0.4300 | 0.4992 | 0.5694 | 0.6154 | 0.6422 | 0.8022 | 0.8511 | 0.9001 | 0.9056 | 0.9099 | 0.9177 | 0.9185 | 0.9287 |
| 吉林 | 0.1257 | 0.2166 | 0.3278 | 0.3624 | 0.4743 | 0.5194 | 0.5884 | 0.5929 | 0.7123 | 0.7929 | 0.8292 | 0.8297 | 0.8413 | 0.8566 | 0.8582 | 0.8773 |
| 黑龙江 | 0.1262 | 0.2058 | 0.3138 | 0.3698 | 0.4676 | 0.5175 | 0.5706 | 0.5811 | 0.7215 | 0.7830 | 0.8047 | 0.8212 | 0.8295 | 0.8407 | 0.8560 | 0.8578 |
| 上海 | 0.1830 | 0.3451 | 0.4253 | 0.4893 | 0.5328 | 0.6090 | 0.6223 | 0.6649 | 0.8487 | 0.9123 | 0.9042 | 0.9079 | 0.9224 | 0.9361 | 0.9388 | 0.9433 |
| 江苏 | 0.1987 | 0.2217 | 0.3859 | 0.4507 | 0.5170 | 0.5871 | 0.6204 | 0.6457 | 0.8113 | 0.9273 | 0.8813 | 0.9008 | 0.9147 | 0.9111 | 0.9250 | 0.9291 |
| 浙江 | 0.2250 | 0.2675 | 0.3978 | 0.4609 | 0.5102 | 0.5960 | 0.6290 | 0.6540 | 0.8120 | 0.8704 | 0.8750 | 0.8783 | 0.8999 | 0.9132 | 0.9167 | 0.9182 |
| 安徽 | 0.1361 | 0.2177 | 0.3189 | 0.3651 | 0.4680 | 0.5478 | 0.5834 | 0.5996 | 0.7183 | 0.7895 | 0.8265 | 0.8574 | 0.8623 | 0.8666 | 0.8868 | 0.8890 |
| 福建 | 0.1798 | 0.2113 | 0.3687 | 0.4390 | 0.4962 | 0.5692 | 0.6066 | 0.6308 | 0.8199 | 0.8608 | 0.9056 | 0.9112 | 0.9205 | 0.9263 | 0.9294 | 0.9347 |
| 江西 | 0.1385 | 0.2248 | 0.3135 | 0.3837 | 0.4771 | 0.5314 | 0.5712 | 0.6023 | 0.6930 | 0.7875 | 0.8254 | 0.8377 | 0.8594 | 0.8721 | 0.8777 | 0.8834 |
| 山东 | 0.2365 | 0.3133 | 0.3317 | 0.4288 | 0.5100 | 0.5706 | 0.6252 | 0.6914 | 0.8367 | 0.8774 | 0.9163 | 0.9266 | 0.9235 | 0.9301 | 0.9382 | 0.9394 |
| 河南 | 0.1407 | 0.2397 | 0.3017 | 0.3739 | 0.4894 | 0.5409 | 0.5871 | 0.6185 | 0.7381 | 0.7704 | 0.8286 | 0.8532 | 0.8643 | 0.8695 | 0.8725 | 0.8778 |
| 湖北 | 0.1426 | 0.2333 | 0.2940 | 0.3644 | 0.4752 | 0.5263 | 0.5708 | 0.6054 | 0.7114 | 0.7807 | 0.8034 | 0.8441 | 0.8485 | 0.8607 | 0.8680 | 0.8731 |
| 湖南 | 0.1197 | 0.2215 | 0.2809 | 0.3555 | 0.4667 | 0.5126 | 0.5601 | 0.5985 | 0.7124 | 0.8033 | 0.8322 | 0.8483 | 0.8664 | 0.8687 | 0.8839 | 0.8865 |
| 广东 | 0.1806 | 0.2865 | 0.3574 | 0.4373 | 0.5014 | 0.5862 | 0.6196 | 0.7122 | 0.8186 | 0.8810 | 0.9256 | 0.9273 | 0.9216 | 0.9360 | 0.9482 | 0.9495 |

续表

| 地区 | 2003 | 2004 | 2005 | 2006 | 2007 | 2008 | 2009 | 2010 | 2011 | 2012 | 2013 | 2014 | 2015 | 2016 | 2017 | 2018 |
|---|---|---|---|---|---|---|---|---|---|---|---|---|---|---|---|---|
| 广西 | 0.1260 | 0.2049 | 0.2671 | 0.3290 | 0.4135 | 0.4907 | 0.5501 | 0.6528 | 0.6899 | 0.7783 | 0.7943 | 0.8121 | 0.8139 | 0.8191 | 0.8260 | 0.8271 |
| 海南 | 0.1910 | 0.2876 | 0.3426 | 0.4404 | 0.4936 | 0.5364 | 0.5907 | 0.6049 | 0.7412 | 0.7997 | 0.8399 | 0.8432 | 0.8488 | 0.8612 | 0.8733 | 0.8880 |
| 重庆 | 0.1436 | 0.2316 | 0.3201 | 0.4069 | 0.4805 | 0.5363 | 0.5837 | 0.5930 | 0.7665 | 0.8070 | 0.8455 | 0.8483 | 0.8522 | 0.8595 | 0.8708 | 0.8762 |
| 四川 | 0.1375 | 0.2233 | 0.3109 | 0.4004 | 0.4768 | 0.5218 | 0.5676 | 0.5848 | 0.7621 | 0.8105 | 0.8564 | 0.8704 | 0.8825 | 0.8842 | 0.8893 | 0.8897 |
| 贵州 | 0.1126 | 0.2355 | 0.3025 | 0.3681 | 0.4615 | 0.4920 | 0.5469 | 0.5605 | 0.6914 | 0.7814 | 0.8007 | 0.8036 | 0.8090 | 0.8129 | 0.8166 | 0.8208 |
| 云南 | 0.1091 | 0.2274 | 0.2606 | 0.3201 | 0.4220 | 0.4736 | 0.5465 | 0.5815 | 0.6943 | 0.8050 | 0.8293 | 0.8297 | 0.8331 | 0.8392 | 0.8545 | 0.8585 |
| 陕西 | 0.1158 | 0.2152 | 0.2725 | 0.3322 | 0.4356 | 0.4804 | 0.5520 | 0.5796 | 0.6814 | 0.8107 | 0.8087 | 0.8091 | 0.8107 | 0.8179 | 0.8282 | 0.8393 |
| 甘肃 | 0.1139 | 0.2219 | 0.2739 | 0.3551 | 0.4508 | 0.4951 | 0.5729 | 0.5891 | 0.6772 | 0.8047 | 0.8186 | 0.8199 | 0.8121 | 0.8087 | 0.8378 | 0.8442 |
| 青海 | 0.0948 | 0.2051 | 0.2640 | 0.3259 | 0.4387 | 0.4831 | 0.5592 | 0.5723 | 0.6148 | 0.7488 | 0.7723 | 0.7844 | 0.7901 | 0.7992 | 0.8055 | 0.8119 |
| 宁夏 | 0.0992 | 0.2165 | 0.2671 | 0.3459 | 0.4421 | 0.4917 | 0.5443 | 0.5636 | 0.6780 | 0.7040 | 0.7565 | 0.7607 | 0.7636 | 0.7685 | 0.7962 | 0.8031 |
| 新疆 | 0.0853 | 0.2099 | 0.2560 | 0.3391 | 0.4224 | 0.4886 | 0.5398 | 0.5609 | 0.6431 | 0.7510 | 0.7238 | 0.7352 | 0.7480 | 0.7521 | 0.7606 | 0.7817 |

中西部各省级地区之间制造业企业产品创新与工艺创新协同发展程度存在不均衡，在中部地区中，河南、安徽、江西等地制造业产品和工艺创新协同发展程度相对其他省份来说较强；在西部地区中，重庆、四川等地制造业产品和工艺创新协同发展程度较强。

为了更加清晰地比较中国各省域制造业产品和工艺创新协同发展程度的高低，本书首先计算了分省域制造业产品和工艺创新协同发展程度分析结果的平均值，然后在此基础上进行了聚类分析，按东部地区、中部地区、西部地区划分，确定了产品和工艺创新协同发展程度强、较强、较弱、弱的省级地区（表2-5）。

表2-5　各省域制造业产品和工艺创新协同发展程度强弱分布

| 产品和工艺创新协同发展程度 | 东部地区 | 中部地区 | 西部地区 |
| --- | --- | --- | --- |
| 强 | 上海、北京、山东、广东、浙江、江苏 | | |
| 较强 | 辽宁、福建、天津、海南、河北 | 河南、安徽、江西、吉林、湖北 | 重庆、四川 |
| 较弱 | | 湖南、黑龙江、山西 | 甘肃、贵州、广西、陕西 |
| 弱 | | | 云南、内蒙古、宁夏、青海、新疆 |

通过观察表2-5可以发现，中国制造业产品和工艺创新协同发展程度表现出明显的地区差异。东部地区所属的省级地区制造业产品和工艺创新协同发展程度处于强和较强的范围内，上海、北京、山东、广东、浙江、江苏的制造业产品和工艺创新协同发展程度排在前6位，辽宁、福建、天津、海南、河北的制造业产品和工艺创新协同发展程度紧随其后。

值得注意的是，江苏作为制造业大省，其制造业产品和工艺创新协同发展程度却落后于上海、北京、山东、广东、浙江。其可能的原因主要在于：江苏制造业虽然经济总量位列全国第一，但是占据其制造业主导地位的仍然是纺织服装、塑料制品和普通机械等科技含量低的劳动密集型产业，高新技术产业比重较低，技术水平相对薄弱，中心区域对周边地区的辐射力不强，区域内上下游制造业企业之间的协同性不够，从而导致江苏制造业企业产品创新和工艺创新发展程度受到限制，更为严重的是导致其制造业产品和工艺创新的协同性与东部沿海其他地区相比，存在一定的差距，进而使得其制造业产品和工艺创新协同发展程度不高。

中部地区所属的省级地区制造业产品和工艺创新协同发展程度处于较强和较

弱的范围内；除了重庆和四川两地制造业产品和工艺创新协同发展程度较强外，西部地区所属的省级地区制造业产品和工艺创新协同发展程度绝大多数处于较弱和弱的范围内。

### 2.2.3 促进制造业协同创新的路径与举措

本书已经阐述了产品创新和工艺创新的内涵，并分析了其协同性，且在此基础上构建了相应的制造业企业产品和工艺创新协同发展程度评价指标体系，并基于2003~2018年中国制造业数据，采用灰色关联理论和距离协同模型对产品和工艺创新协同发展程度进行了总体、东中西分区域以及分省域的比较研究。结果表明，中国制造业总体产品和工艺创新协同发展程度呈现持续提升态势，但产品和工艺创新的发展程度要小于其协同程度；东、中、西部的区域制造业产品和工艺创新综合协同发展程度差异显著，东部地区领先，中部地区次之，西部地区最低；各省域制造业产品和工艺创新协同发展程度也存在明显的地区差异，且东、中、西部各区域所属的省级地区之间制造业产品和工艺创新协同发展不均衡。基于以上研究结论，本书认为推动中国制造业产品和工艺创新协同发展，进而提升中国制造业创新绩效，最终实现中国制造业创新驱动发展，应当进一步明晰区域制造业产品创新和工艺创新的路径，采取正确举措积极推进。

首先，为了提高中国制造业企业自主创新能力，各地区应同时兼顾制造业企业产品创新和工艺创新，加强对制造业企业产品和工艺创新的有效组合和匹配，提高区域内制造业企业之间的协作性，强化产品创新和工艺创新发展的协同性，积极推进制造业企业产品和工艺创新的协同发展。

其次，中国制造业企业在强化产品创新和工艺创新协同性的同时，还需进一步加快其产品创新与工艺创新的发展速度，从而促进产品和工艺创新发展程度和协同程度的协调提升，进而更有效地实现中国制造业产品和工艺创新协同发展。

最后，还应适当兼顾各地区制造业产品和工艺创新协同发展程度之间的差异，进一步加强对中西部地区（特别是其所属的制造业产品和工艺创新协同发展程度较弱的省级地区）实施政策倾斜，加大政策扶持力度，在资金、人才、技术、政策等方面给予更多更广泛的支持，提高制造业企业产品和工艺创新能力，强化产品创新和工艺创新发展的协同性，从而带动中国制造业整体产品和工艺创新协同发展，进而实现中国制造业整体创新绩效的提升。

## 2.3 中国制造业创新效益分析：知识溢出影响分析

新经济增长理论表明，创新是经济增长的源泉，一方面可以提高经济增长的质量和效益，加快经济发展方式的转变，另一方面还可以降低能源消耗，减少环境污染，改善生态环境，从而实现经济增长与节能减排的双赢。因此，如何提高创新能力对于中国制造业的持续发展和节能减排至关重要。概括起来，一个国家或地区主要通过以下两种方式来提升创新能力：一是通过内生创新努力，主要是通过研发经费投入、研发人员投入等方式，依靠人力资本和知识积累提高创新能力；二是通过知识溢出，主要是通过促进和吸收各种知识溢出，依靠技术外部性来提高创新能力。知识溢出的方式有多种，主要分为国内知识溢出和国际知识溢出两大类。其中，国内知识溢出主要包括专业化溢出（产业内溢出）和多样化溢出（产业间溢出）；国际知识溢出主要包括外商直接投资溢出和国际贸易溢出。本书主要分析控制内生创新努力条件（研发经费和研发人员）下，各种知识溢出对区域制造业创新的影响及作用机制。

### 2.3.1 知识溢出内涵与溢出方式

知识溢出是内生增长理论与新经济地理学解释集聚、创新和经济增长的重要概念。Marshall（1920）在研究产业集聚问题时，最早提出涉及知识溢出的思想，认为知识溢出是导致产业集聚的三大原因之一。Dougall（1960）首次提出了知识溢出的概念，认为外商直接投资的知识溢出有利于东道国劳动生产率的提升。Arrow（1962）明确阐述了知识的累积过程（即知识存量），认为知识溢出可以通过累积效应和学习效应提高生产率。Romer（1986，1990）在这些研究的基础上发现，知识的非竞争性和部分排他性是知识溢出的根本原因，并将知识作为独立要素引入生产函数，建立了知识溢出的内生增长模型。但该内生增长模型主要分析了封闭经济下研发投入和国内知识溢出对创新的影响，并没有考虑国际知识溢出的影响。新经济地理学理论认为，随着全球经济一体化的不断深入，以外商直接投资（FDI）和国际贸易为主要途径的国际知识溢出对东道国创新产生了越来越重要的影响。因此，在分析知识溢出对区域制造业创新的影响效应问题时，必须将国际知识溢出也引入分析，这样得出的结论才更为准确和可靠。

许多学者分析了不同知识溢出方式对区域制造业创新的影响，已有文献主要沿着以下两条主线展开研究。一是分析国内知识溢出对区域制造业创新的影响。研究发现，国内知识溢出主要包括专业化溢出（同一产业在同一地区集聚形成知识和技术溢出效应）和多样化溢出（不同产业在同一地区集聚形成知识和技术溢出效应）两种方式。针对专业化溢出和多样化溢出现象，学者们进行了大量的实证研究，但研究结论却存在较大差异。Baptista 和 Swann（1998）利用英国制造业企业数据实证分析发现，专业化溢出有利于企业创新，多样化溢出作用不显著。但是，Feldman 和 Audretsch（1999）利用美国创新数据库研究发现，专业化溢出对制造业企业创新具有显著负影响，多样化溢出却有利于企业产品创新；Roberto 和 Giulio（2011）利用意大利制造业企业数据研究发现，多样化溢出有利于企业创新能力的提升；赖永剑（2012）利用中国制造业企业面板数据研究发现，多样化溢出更有利于企业技术创新。还有一些实证研究支持专业化溢出和多样化溢出都有利于区域制造业创新的观点，Paci 和 Usai（1999）与 Andersson 等（2005）分别对意大利和瑞典进行了实证检验，研究发现专业化溢出和多样化溢出均有利于制造业企业技术创新；彭向和蒋传海（2011）利用中国工业行业数据研究发现，专业化溢出和多样化溢出对中国区域制造业创新具有显著的促进作用，但影响程度不同。通过对上述文献的梳理可以发现，这些研究结论基本一致，认为国内知识溢出可以促进区域制造业创新能力的提升，但创新能力受益于专业化溢出还是多样化溢出尚存在一定争议，有待进一步的实证检验。

二是分析国际知识溢出对区域制造业创新的影响。在开放经济中，一个经济体创新能力不仅取决于内生创新努力和自身的知识溢出，其他经济体的研发行为也会通过各种渠道直接或间接影响该经济体的创新程度。国际经济活动中的研发活动的外部性现象称之为国际知识溢出。国际知识溢出主要包括以外商直接投资（FDI）和国际贸易为传输渠道的物化型知识溢出。FDI 能将知识和技术从一个经济体转移到另外的经济体，使它成为国际知识溢出重要的运输工具。一方面，按照知识溢出理论，FDI 的进入会直接或间接地给东道方带来技术上的溢出，从而有利于东道方创新能力的提升；但是，如果东道方只是简单地复制和模仿 FDI 技术，就会失去自主创新能力，反而会产生抑制了东道方创新能力提升的效果。另一方面，依据竞争理论，FDI 所带来的竞争压力会迫使东道方企业进行技术创新，从而有利于东道方科技创新进展；但是，如果 FDI 的竞争降低了东道方企业的利润，甚至挤垮了东道方企业，东道方企业就没有能力进行自主研发和创新，反而不利于东道方科技创新（王红领 等，2006）。因此，关于 FDI 知识溢出效应的研究结果存在一定的争议，较多研究认为 FDI 有利于区域制造业创新能力的提升（冼国明和严兵，2005；李晓钟和张小蒂，2008；赵树宽和胡彩梅，2012）；也有一些研究认为 FDI 的知识溢出效应并不显著（马野青和林宝玉，2007；陈继勇和盛杨怿，2008）；还有一些研究发现 FDI 不利于中国区域制造业创新能力的提升（Haskel et al., 2007; 侯鹏和刘思明, 2013)。通过对上述文献的梳理可以发现, 对于 FDI 的知识溢出效应还没有形成一致的结论, 需要进一步深化理论研究和进行实证检验。国际知识溢出的另一种途径是通过国际贸易来实现的。在国际贸易中, 一方通过进口国外先进的中间产品和最终制成品有利于自身开展创新活动, 可以不断提高创新能力。因此, 与出口贸易相比, 进口贸易可能更容易分享到贸易伙伴方 R&D 投入的成果, 是一种更为直接的技术溢出传递渠道。新经济增长理论强调国际贸易的知识溢出效应, 特别是进口贸易的知识溢出效应已被大量实证研究所证实 (Coe and Helpman, 1995; Keller, 2000; 方希桦 等, 2004; 舒元和才国伟, 2007; 侯鹏和刘思明, 2013)。

尽管国内外许多文献围绕知识溢出对区域制造业创新的影响展开了较为丰富的研究, 但仍然存在需要进一步研究的地方: 第一, 许多研究分别考察了专业化溢出、多样化溢出、外商直接投资溢出和国际贸易溢出对区域制造业创新的影响, 但是鲜有学者同时考虑四种不同途径的知识溢出效应, 这样可能会高估或扭曲知识溢出效应, 进而对知识溢出效应的研究结果缺乏科学全面的解释。本书同时考虑四种溢出效应对区域制造业创新的影响, 以期更加准确全面地解释知识溢出效应。第二, 许多学者分析创新产出时, 通常将各个区域看作独立系统, 并没有考虑空间因素对创新活动的影响, 这样可能会使得知识溢出效应的分析结果存在偏误 (李志宏 等, 2013)。本书采用静态和动态空间计量模型, 纳入空间因素分析空间溢出效应对区域制造业创新的影响, 以求更加全面准确。

### 2.3.2 模型的建立及指标说明

1. 空间计量模型的建立

Griliches-Jaffe 知识生产函数由于同时考虑了知识存量和知识溢出对区域制造业创新的影响, 是分析知识溢出与创新产出时较为常用的经验模型。本书以 Griliches-Jaffe 知识生产函数为基础, 并对其进行进一步扩展:

$$y_{it} = f(k_{it}, l_{it}, \text{spill}_{it}, Z_{it}) \tag{2-11}$$

其中, $y_{it}$ 表示第 $i$ 个地区第 $t$ 年的创新产出; $f$ 为知识生产函数; $k_{it}, l_{it}$ 分别表示第 $i$ 个地区第 $t$ 年的研发资本存量和研发人员投入; spill 表示知识溢出; Z 表示影响创新产出的其他因素。对于一个地区来说, 知识溢出既包括专业化溢出 (rzi) 和多样化溢出 (rdi), 还包括外商直接投资溢出 (fdi) 和国际贸易溢出 (im)。因此, 假定 $Z_{it}$ 不变, 则式 (2-11) 可扩展为

$$y_{it} = f(k_{it}, l_{it}, \text{rzi}_{it}, \text{rdi}_{it}, \text{fdi}_{it}, \text{im}_{it}) \tag{2-12}$$

本书采用具有可变替代弹性、易估计和包容性强的超越对数生产函数模型，用滞后一期的创新产出 $y_{i(t-1)}$ 准确度量前期相关因素对本期创新产出的影响，建立如下动态空间计量模型：

$$\ln y_{it} = \tau \ln y_{i(t-1)} + \rho \sum_{j=1}^{N} W_{ij} \ln y_{jt} + \beta_1 \ln k_{it} + \beta_2 \ln l_{it} + \beta_3 \cdot \frac{1}{2}(\ln k_{it})^2 + \beta_4 \cdot \frac{1}{2}(\ln l_{it})^2$$

$$+ \beta_5 \ln k_{it} \cdot \ln l_{it} + \gamma_1 \ln rzi_{it} + \gamma_2 \ln rdi_{it} + \gamma_3 \ln fdi_{it} + \gamma_4 \ln im_{it} + \alpha_i + v_t + \varepsilon_{it}$$

$$\varepsilon_{it} = \lambda \sum_{j=1}^{N} W_{ij} \varepsilon_{jt} + \mu_{it}$$

(2-13)

其中，$y_{it}$、$k_{it}$、$l_{it}$、$rzi_{it}$、$rdi_{it}$、$fdi_{it}$、$im_{it}$ 分别表示地区 $i$ 在第 $t$ 年的创新产出、研发资本存量、研发人员投入、专业化溢出、多样化溢出、外商直接投资溢出和国际贸易溢出；$\tau$ 表示创新产出一阶滞后的回归系数；$\beta_1$、$\beta_2$、$\beta_3$、$\beta_4$、$\beta_5$ 分别表示超越对数生产函数模型中研发资本存量和研发人员投入的相关弹性系数；$\gamma_1$、$\gamma_2$、$\gamma_3$、$\gamma_4$ 分别表示专业化溢出、多样化溢出、外商直接投资溢出和国际贸易溢出的弹性系数；$\alpha_i$ 为地区效应，$v_t$ 为时间效应，$\varepsilon_{it}$ 为随机扰动项，分别反映了影响区域制造业创新的不同维度随机干扰；$\rho$ 为空间滞后回归系数，$\lambda$ 为空间误差回归系数，反映了创新产出的空间溢出效应；$W_{ij}$ 表示空间权重矩阵，反映了省域单元之间的空间联系，本书以各省省会之间直线距离的倒数作为权重，这样能够考虑空间邻近但并不相邻的两个省份也可能存在相互作用的事实，而且省域单元距离越远，相互作用的程度越低。

2. 变量与指标说明

鉴于中国 2003 年起实施新的国民经济行业分类法，考虑到数据的科学性和一致性，本书的实证分析将以 2003 年作为起点，研究对象为中国 30 个省份，由于西藏、香港、澳门和台湾数据不全，未列入分析范围。数据来源于《中国统计年鉴》（2004～2019 年）和《中国科技统计年鉴》（2004～2019 年）。以下为各变量的指标说明。

（1）被解释变量，创新产出（$y$）。本书采用地区专利授权量作为创新产出的代理变量。

（2）核心解释变量，知识溢出指标（spill）。①专业化溢出（rzi），反映了各地区集聚经济的 MAR 外部性。其计算公式为 $rzi_i = \max_j(s_{ji}/s_i)$，其中，$s_{ji}$ 为 $i$ 地区中 $j$ 产业的就业人数占该地区总就业人数的比重；$s_i$ 为所有 $j$ 产业的就业人数

占全部地区就业人数的比重。②多样化溢出（rdi），反映了各地区集聚经济的 Jacobs 外部性，其计算公式为 $rdi_i = 1 / \sum_j |s_{ji} - s_i|$，这里的 $s_{ji}$ 和 $s_i$ 同上。③外商直接投资溢出（fdi），本书以各省实际引进的外商直接投资额来衡量 FDI 的溢出效应，同时按照当年汇率将美元转化为人民币，并以 2003 年为基期利用居民消费价格指数进行平减。④国际贸易溢出（im），本书利用各省份按经营单位所在地货物进口总额来衡量国际贸易的溢出效应，同时按照当年汇率将美元转化为人民币，并以 2003 年为基期利用居民消费价格指数进行平减。

（3）控制变量，研发资本存量（$k$）和研发人员投入（$l$）。其中，本书参考李婧等（2010），采用永续盘存法核算研发资本存量（$k$）；采用研发人员折合全时当量作为研发人员投入的代理变量（$l$）。

### 2.3.3 空间相关性检验与回归结果分析

1. 空间相关性检验

空间相关性和空间异质性的存在使得传统的估计方法不再有效。因此，在利用计量模型进行估计之前，通常需要检验统计数据是否存在空间相关性和空间异质性。我们首先采用 Moran $I$ 指数来进行全局空间相关性检验，其计算公式如下：

$$\text{Moran } I = \sum_{i=1}^{N} \sum_{j=1}^{N} W_{ij}(y_i - \bar{y})(y_j - \bar{y}) \bigg/ S^2 \sum_{i=1}^{N} \sum_{j=1}^{N} W_{ij} \quad (2\text{-}14)$$

其中，$y_i$ 表示地区 $i$ 的专利授权量；$\bar{y}$ 和 $S^2$ 分别表示专利授权量的平均值和方差；$N$ 表示省份总数；$W_{ij}$ 表示空间权重矩阵。如果 Moran $I$ 指数大于 0，表明省际制造业创新产出之间具有空间正相关性，即创新产出相似的地区存在空间集聚效应。另外，我们采用标准统计量 $Z$ 来检验 Moran $I$ 指数的显著性水平，其计算公式为

$$Z(\text{Moran } I) = \frac{\text{Moran } I - E(\text{Moran } I)}{\sqrt{\text{VAR}(\text{Moran } I)}} \quad (2\text{-}15)$$

其中，$E(\text{Moran } I) = -\dfrac{1}{n-1}$。

通过计算发现，中国省际制造业创新产出的 Moran $I$ 指数在 2003～2018 年间均为正，都通过了 1% 的显著性检验（表 2-6）。这表明中国省际制造业创新产出具有非常显著的全局空间自相关性，而且随着时间推移呈现出波动式递增趋势，

同时表明中国省级之间制造业创新产出的集聚效应正在不断增强,省域之间的差距越来越大,这意味着中国省际制造业创新能力正在出现强者更强、弱者更弱的"马太效应"。

表2-6 2003~2018年中国省际制造业创新产出的Moran *I*指数

| 年份 | Moran *I* | 年份 | Moran *I* |
| --- | --- | --- | --- |
| 2003 | 0.176*** | 2011 | 0.265*** |
| 2004 | 0.172*** | 2012 | 0.269*** |
| 2005 | 0.187*** | 2013 | 0.288*** |
| 2006 | 0.201*** | 2014 | 0.274*** |
| 2007 | 0.218*** | 2015 | 0.279*** |
| 2008 | 0.227*** | 2016 | 0.283*** |
| 2009 | 0.253*** | 2017 | 0.296*** |
| 2010 | 0.262*** | 2018 | 0.290*** |

注:***分别表示通过1%水平的显著性检验。

2. 回归结果分析

由于制造业创新产出在空间上表现出的空间相关性和空间异质性,传统的估计方法不再有效(方远平 等,2013),需要采用兼顾空间溢出效应和前期相关因素影响的动态空间计量模型,从而使得分析研究的结果更为准确和可靠。因此,本书采用动态空间计量模型进行回归分析,整个过程利用Matlab和Stata软件实现,模型估计结果见表2-7。

表2-7 空间计量模型回归结果

| | 静态空间计量模型 ||| 动态空间计量模型 |||||
| --- | --- | --- | --- | --- | --- | --- | --- | --- |
| | 模型(1) | 模型(2) | 模型(3) | 模型(4) | 模型(5) | 模型(6) | 模型(7) | 模型(8) |
| $\ln k$ | −0.314** | −0.452** | −0.334*** | −0.377*** | −0.304** | −0.329** | −0.295*** | −0.284** |
| | (−2.479) | [−2.206] | [−2.645] | [−3.48] | [−2.50] | [−1.98] | [−2.79] | [−2.44] |
| $\ln l$ | −0.625** | 0.422 | −0.622* | 0.187*** | 0.126*** | 0.165** | 0.186*** | 0.147** |
| | [−1.726] | [1.159] | [−1.739] | [4.21] | [3.39] | [2.21] | [3.27] | [2.15] |
| $1/2(\ln k)^2$ | 0.039* | 0.035 | 0.021* | 0.198** | 0.170*** | 0.139*** | 0.140*** | 0.144*** |
| | [1.732] | [1.036] | [1.755] | [2.32] | [3.46] | [3.94] | [2.69] | [2.80] |

续表

|  | 静态空间计量模型 |  |  | 动态空间计量模型 |  |  |  |  |
|---|---|---|---|---|---|---|---|---|
|  | 模型(1) | 模型(2) | 模型(3) | 模型(4) | 模型(5) | 模型(6) | 模型(7) | 模型(8) |
| $1/2(\ln l)^2$ | 0.129** | 0.033 | 0.096* | 0.151** | 0.111* | 0.138** | 0.113* | 0.107* |
|  | [1.963] | [0.378] | [1.713] | [2.22] | [1.99] | [2.09] | [1.74] | [1.89] |
| $\ln k \times \ln l$ | −0.020 | −0.002 | 0.003 | 0.057 | −0.136 | −0.085 | −0.087 | −0.108 |
|  | [−0.508] | [−0.031] | [0.101] | [0.67] | [−1.06] | [−0.99] | [−1.23] | [−1.41] |
| $\ln rzi$ | −0.213*** | −0.208*** | −0.165** | −0.116*** | −0.113** | −0.124*** | −0.112** | −0.131** |
|  | [−2.620] | [−4.868] | [−2.198] | [−2.96] | [−2.51] | [−2.99] | [−2.07] | [−2.55] |
| $\ln rdi$ | 0.131* | 0.033 | 0.094* | 0.075* | 0.071* | 0.064* | 0.065* | 0.070* |
|  | [1.676] | [0.740] | [1.754] | [1.67] | [1.82] | [1.86] | [1.69] | [1.78] |
| $\ln fdi$ | 0.096* | 0.128*** | 0.099* | 0.084* | 0.089* | 0.076* | 0.072* | 0.078* |
|  | [1.926] | [4.921] | [1.735] | [1.76] | [1.74] | [1.88] | [1.82] | [1.83] |
| $\ln im$ | 0.176*** | 0.208*** | 0.167*** | 0.170*** | 0.133*** | 0.165*** | 0.151*** | 0.154*** |
|  | [3.277] | [7.147] | [3.395] | [10.28] | [9.53] | [7.27] | [8.78] | [8.98] |
| $\ln k \times \ln rzi$ |  |  |  |  |  |  | 0.007** |  |
|  |  |  |  |  |  |  | [1.98] |  |
| $\ln l \times \ln rzi$ |  |  |  |  |  |  |  | 0.011** |
|  |  |  |  |  |  |  |  | [2.33] |
| $ll\_\ln y$ |  |  |  | 0.504*** | 0.506*** | 0.686*** | 0.618*** | 0.593*** |
|  |  |  |  | [4.19] | [4.25] | [5.53] | [5.29] | [4.94] |
| cons |  |  |  | −1.372* | −1.143** | −0.854* | −1.014* | −1.543* |
|  |  |  |  | [−1.85] | [−2.01] | [−1.76] | [−1.70] | [−1.71] |
| $\rho$ | 0.638*** | 0.430*** | 0.688*** | 0.039** | 0.041** | 0.036** | 0.043** | 0.046*** |
|  | [10.936] | [7.147] | [30.969] | [2.14] | [2.33] | [2.23] | [2.15] | [2.72] |
| Wald test |  |  |  | 2674.32 | 3036.34 | 1916.08 | 3319.02 | 3305.02 |
| Adj-$R^2$ | 0.962 | 0.935 | 0.981 | 0.991 | 0.993 | 0.987 | 0.994 | 0.993 |
| log L | −360.93 | −222.99 | −736.18 | −374.92 | −876.65 | −346.93 | −817.06 | −808.95 |
| 样本数 | 480 | 480 | 480 | 450 | 450 | 450 | 450 | 450 |

注：*、**、***分别表示在10%、5%、1%的显著性水平下显著；[ ]内为渐进的 $t$ 统计量。

表2-7中模型(1)、(2)、(3)分别为静态空间模型的地区固定时间不固定模型、时间固定地区不固定模型和地区与时间双固定模型的估计结果，模型(4)、(5)、(6)分别为动态空间模型的固定效应模型、随机效应模型和组间效应模型的估计结果，从模型(1)~(6)的估计结果可以看出模型具有很好的拟合度，超越对数生产函数能较为准确地刻画中国区域制造业创新的知识生产过程。6个模

型的空间自相关回归系数 $\rho$ 为正且都通过了 5%和 1%的显著性检验,这表明制造业创新产出在地理位置上存在显著的空间溢出效应,这主要是因为邻近地区在经济发展上存在空间关联和交互影响,地区之间技术贸易和技术合作使得创新产出存在显著的空间外溢效应,这说明考虑地理距离和空间溢出效应来分析知识溢出对区域制造业创新的影响效应较为合适。从静态空间面板模型估计结果看,前期的积累必然会通过技术水平、知识存量、人力资本等因素表现出来,并会作用于本期或滞后若干期的创新发展。在动态空间面板中加入创新产出一阶滞后变量作为自变量后,其系数显著为正且都通过了 1%的显著性检验,恰好验证了创新系统的动态连续性特征。比较空间溢出效应系数后发现,动态随机效应模型远小于静态双固定模型,这表明动态模型分离出了前期投入和产出、创新环境、制度等相关因素的影响,从而在一定程度上纠正了静态模型的偏差。因此,本书选择动态随机效应模型(5)作为最后的解释模型。

从模型(5)可以看出,专业化溢出对区域制造业创新具有显著负向影响,而多样化溢出显著促进了区域制造业创新能力的提升。这表明在中国产业集聚过程当中,同类企业的集聚导致竞争加剧,相对于自主创新来说,企业更愿意去模仿和复制周围企业的技术,从而导致创新效率低下,抑制了专业化溢出效应的发挥;而不同类型的企业集聚有利于知识交流,有利于产业链上下游企业开展协同创新,从而推动了区域制造业创新能力的提升。本书结论支持了 FDI"促进论"的观点,表明 FDI 通过示范效应、竞争效应和学习效应加速了知识和技术的外溢,推动了区域制造业创新能力的提升。以进口贸易为途径的国际贸易溢出也显著提升了区域制造业创新能力。这主要是因为中国在一些核心技术领域和关键技术领域,对外依存度较高,从境外进口中间产品或制成品有利于中国制造业开展技术创新活动。这也进一步证实了中国进口贸易知识溢出效应的客观存在。

从上述分析可以看出,专业化溢出抑制了创新能力的提升,这与空间集聚理论不一致。本书尝试从吸收能力角度进行进一步分析。根据 Cohen 和 Levinthal(1989),R&D 活动具有两面性,一方面可以提高企业的创新能力,另一方面还可以增强企业的吸收能力。本书在式(2-13)中进一步将吸收能力纳入其中,以考察吸收能力在获取知识溢出效应中的作用。本书参考吴延兵(2008)的做法,利用研发资本存量和研发人力资本来度量吸收能力,在式(2-13)中加入 $\ln k \times \ln rzi$, $\ln l \times \ln rzi$ 两个交叉项,以捕捉研发资本存量和研发人力资本所体现的吸收能力在获取专业化溢出效应中的作用。同时采用动态空间计量模型选取随机效应模型进行估计,估计结果详见模型(7)和(8)。从模型(7)的估计结果来看,$\ln k \times \ln rzi$ 交叉项的系数显著为正,这意味着本地区研发资本存量越高,就越有利于吸收来自专业化集聚的知识溢出，同时也说明专业化知识溢出效应的有效发挥存在研发资本存量门槛。在模型（7）中对 ln rzi 求偏导数，可以求得有效吸收专业化知识溢出的研发资本存量门槛值，当某地区的研发资本存量大于临界值时，该地区将获得正向专业化知识溢出效应。而从各省份研发资本存量来看，中国只有北京、上海、江苏、浙江、山东、广东 6 个省份的研发资本存量平均值高于门槛值。同理，根据模型（8）可以求得有效吸收专业化溢出的研发人力资本门槛值为 148611.52 人·年。而从各省份研发人力资本来看，中国只有北京、江苏、浙江、山东、广东 5 个省份的研发人力资本平均值高于门槛值。综上所述，吸收能力是连接专业化溢出和区域制造业创新的桥梁，当该地区的吸收能力突破门槛值之前，专业化溢出不利于区域制造业创新能力的提升；而当该地区的吸收能力突破门槛值之后，专业化溢出才能有效推动区域制造业创新能力的提升。因此，无论是研发资本存量还是研发人力资本，中国中西部地区整体还处于促进专业化正面溢出效应的门槛值以下。这说明吸收能力较低是导致专业化知识溢出效应为负的主要原因。

### 2.3.4 促进区域制造业知识溢出路径与举措

本书分析了不同知识溢出方式对区域制造业创新的影响效应，研究结论表明中国区域制造业创新之间存在显著的全局空间正相关性和局部空间集聚效应。专业化溢出对区域制造业创新能力的影响显著为负，吸收能力较低是导致专业化溢出效应为负的主要原因；多样化溢出、外商直接投资溢出和国际贸易溢出有利于区域制造业创新能力的提升，但影响程度不同。根据上述结论，本书应当采取积极举措，促进知识溢出，形成区域制造业协同发展的良好格局。

持续增加 R&D 投入。鼓励制造业产业专业化集聚发展，加强知识产权保护和技术创新激励，避免低技术的同质化恶性竞争，充分发挥企业在技术创新中的关键性作用，通过市场化机制激发企业创新活力；通过增加研发经费和研发人员投入不断提高自主研发能力和吸收能力，从而较好地发挥专业化溢出效应。

促进相关产业和互补产业的发展和集聚。加大教育财政投入，重视人力资本和知识的积累，不断改善教育科研环境；完善产学研合作体制，加强政府、高等院校、科研机构与企业的交流合作，以市场为导向，以政策为支持，引导企业、高校和科研院所联合从事创新研发和成果转化，从而更好地发挥多样化的知识溢出效应。

继续发挥外商直接投资的溢出效应。优化外商直接投资的布局结构和产业结构，鼓励外商投资中国高技术产业和装备制造业，从重视外商投资数量向重视外商投资质量转变；鼓励外资企业在中国设立研发中心和培训中心，采取各种措施激励外资企业与中国企业、高校和科研院所合作，充分发挥外商直接投资的集聚效应和带动效应。

更加注重进口贸易的知识溢出效应。完善进口贸易结构，加大资本品进口的比重，鼓励企业在引进国外先进技术的基础上进行消化、吸收、改进，形成技术的再创新，不断学习、消化和吸收进口产品中含有的技术知识和相应的研究成果；同时要避免重复进口，充分发挥国外先进制造业产品的知识溢出效应。

## 2.4 中国制造业创新方向分析：其中智能化是核心取向

《中国制造 2025》明确提出智能制造是建设制造强国的主攻方向，中国制造业发展取向主要是绿色化、智能化和数字化，其中智能化是核心取向。

### 2.4.1 绿色化：中国制造业持续发展必然

工业和信息化部《工业绿色发展规划（2016—2020 年）》指出，要紧紧围绕资源能源利用效率和清洁生产水平提升，以传统工业绿色化改造为重点，以绿色科技创新为支撑，以法规标准制度建设为保障，加快构建绿色制造体系，大力发展绿色制造产业，推动绿色产品、绿色工厂、绿色园区和绿色供应链全面发展，建立健全工业绿色发展长效机制，提高绿色国际竞争力，走高效、清洁、低碳、循环的绿色发展道路，推动工业文明与生态文明和谐共融，实现人与人自然和谐发展。《规划》要求，要从大力推进能效提升、扎实推进清洁生产、加强资源综合利用、消减温室气体排放、提升科技支撑能力、加快构建绿色制造体系等方面进行部署和落实。

绿色制造是一个综合考虑环境影响和资源效益的现代化制造模式，绿色制造的目标是使产品在设计、制造、包装、运输、使用到报废处理的整个产品全寿命周期中，对环境的影响最小，资源利用率最高，并使制造业企业经济效益和社会效益持续提高。

显然，中国从制造业大国走向制造业强国，必须彻底改变粗放的制造业发展方式，以绿色制造为重要取向，推行和构建绿色制造体系，全面实施清洁化改造、扎实推进污染源头防治，鼓励研发绿色产品、建设绿色工厂、发展绿色园区、打造绿色供应链以及强化绿色监管等，从而形成中国制造业绿色化高质量持续发展机制。

## 2.4.2 智能化：中国制造业转型升级核心

众所周知，生产力是劳动者借助劳动资料作用劳动对象的能力，社会生产力水平高低是由劳动者智力水平、劳动资料（如机床等）技术水平和劳动对象（原材料）等基础水平共同决定的。人类社会生产力水平持续提高的过程，通常是随着劳动者、劳动资料和劳动对象的水平层级提升而不断提高的。同理，各国制造业水平高低，本质是由参与制造业活动的劳动者、劳动资料和劳动对象的有机集成而决定的。从发达国家制造业发展进程来看，制造业水平提升可以通过科技创新和产业革命客观反映，制造业智能化的进程也随之不断提升。随着蒸汽机的发明及广泛使用，人类开始的劳动方式开始由纯农业而转变为农业与工业，制造业伴随着纺织工业兴起而诞生，并不断发展；随着发电机的发明及广泛使用，人类制造业门类迅速增加，机械加工行业迅速发展起来，制造业行业之间的联系开始出现；随着电子计算机的发明及广泛使用，电子产品制造业迅猛发展起来，制造业的智能化开始起步，数控机床诞生并不断提升数控加工水平；随着互联网的诞生及广泛使用，制造业智能化伴随单机互联及 CIMS 推广而迅速普及，制造业智能化程度不断提升；随着人工智能和大数据技术创新及广泛使用，制造业智能化进入系统集成和自组织阶段，制造业智能化实现制造单元的柔性智能化与基于网络的制造系统柔性智能化集成，诞生了可以适应高度变化环境的制造系统。

从制造业智能化进展来看，具有三个特征：①人机一体化。制造业智能化已经进入人机一体化智能系统阶段，数控机床类智能机器只具有逻辑思维（专家系统）能力，网络集成智能化可以完成基于形象思维（神经网络）的操作，但还做不到灵感（顿悟）思维。制造业智能化的数控阶段、网络阶段呈现了巨大能量，智能化的人工智能阶段也必然会带来更大制造业行为改变和相应系统生态的变化，人机一体化是典型特征。②虚拟现实技术。虚拟制造技术是实现高水平人机一体化的关键技术，虚拟现实技术是以计算机为基础，融信号处理、智能推理、预测、仿真为一体，并借助各种音像和传感装置，虚拟展示现实生活中的各种过程与物件等，同时也能虚拟现实制造过程和未来产品的系统集成技术。人机一体化的虚拟现实技术是制造业智能化技术创新的重要方向。③自学习能力与自我维护能力。制造业智能化的高级阶段，是制造系统中能够依据工作任务需要，自行组成最佳结构，并能够在实践中具有自学习功能，能够自行故障诊断并具备对故障自行排除、自行维护的能力，能够自我优化并适应各种复杂环境变化并及时做出最佳应对。

显然，智能化是新兴制造业发展的方向，也是传统制造业转型升级的必由之路。面对日新月异的科技创新和第四次产业革命大潮，中国制造业必须顺势而为，主动发力，借助绿色化和智能化的重大创新，加快传统制造业智能化转型升级和提升新兴制造业智能化程度，从而不断增强中国制造业的全球竞争能力，逐步把中国建设成为制造业强国。

### 2.4.3　数字化：中国制造业全球争先路径

数字经济是一种新的经济、新的动能、新的业态，制造业智能化与数字经济融合发展是制造业高质量持续发展的关键。作为高质量发展的重要引擎，数字经济与实体经济深度融合，为制造业提质增效和智能化转型提供了新动能。随着新一代数字技术的蓬勃发展，数字经济已经成为世界各国争夺的战略制高点。紧随数字经济发展脉络，制造业加速数字化转型升级已成浩浩大势（史丹，2022；乔晗 等，2023）。

制造业是中国国民经济主体产业。党的二十大报告强调，要加快发展数字经济，促进数字经济和实体经济深度融合，打造具有国际竞争力的数字产业集群。制造业智能化已经取得初步成效，不但显著促进了制造业全要素生产率的增长，而且通过技术创新的方式实现了智能化对全要素生产率的促进作用（李廉水 等，2020）。数字经济具有快捷性、高渗透性、膨胀性、外部性以及直接性等特点，融入数字经济大潮，有助于推动制造业智能化变革，构建更为强大的供应链，转变发展方式，赋能制造业转型升级。紧抓新一轮产业革命的契机，以数字经济与制造业深度融合为手段，实现高质量发展，已经成为中国制造业智能化的创新发展取向。

数字经济作为一种新的经济形态，在赋能国民经济高质量发展的同时，既是中国制造业转型升级的重要驱动力，亦是全球制造业竞争的核心领域。制造业数字化转型的主要特征是：数据资产取代传统要素成为新的关键要素，个性化定制和网络化协同取代了传统的链式规模化生产，制造业的价值源从供给侧效率提升转向需求侧价值激发。中国作为全球制造业大国，数字化转型不仅可以给制造业带来巨大动能，而且可以大幅提升制造业智能转型速率，促进中国制造业进入全球数字经济创新发展的主阵地，持续提升中国制造业的全球核心竞争能力。

## 2.5　结论与启示

改革开放 40 年来，中国坚持引进来和走出去并重。中国制造业快速发展，创造了制造业发展史上的增长奇迹,取得了举世瞩目的成就。

中国制造业在总体规模不断扩大的同时,科技创新能力也在逐步提高,产业结构不断优化,对外贸易规模不断扩大,国际竞争力逐步攀升。从内部要素来看,中国制造业的创新发展应当更多依赖制造业企业的产品创新和工艺创新,需要区域制造业企业创新协同;从外部因素来看,应当高度重视知识溢出效应,促进中国制造业的创新能力的持续提升。

随着新一轮科技革命和产业革命的到来,制造业发展模式正在深刻变革,全球产业竞争格局正在发生重大调整,中国制造业发展面临着新的形势和新的使命。必须牢牢抓住发展机遇,推动制造业向绿色化、智能化和数字化的方向发展,尽快实现由大到强的根本转变,建设成为世界制造强国。

# 第 3 章　全球制造业智能化实践：国际比较

在新科技革命和产业变革背景下，制造业智能化已经成为全球制造业发展的新态势，主要工业国家纷纷投入巨大资源推进智能技术研发与应用，制造业智能化进程正在全球范围内迅速展开。中国制造业规模最大、产业最全、品种最多，发展智能制造，推进制造业智能化，意义更加重大。其一，发展智能制造、推进制造业智能化是制造业升级的内在要求，是中国制造业从中低端向中高端发展的重要路径；其二，发展智能制造、推进制造业智能化符合绿色发展理念，有利于实现能源、资源节约以及环境友好，保持制造业的可持续发展；其三，发展智能制造、推进制造业智能化是应用最新科技成果、提升制造业质量和全球竞争力的必要举措。

美国长期以来都是全球制造业霸主。尽管信息化浪潮促进了制造业在全球范围内按照价值链进行了适度分工，但美国依然掌握着先进制造的核心技术并拥有优秀的人力资源。在遭受次贷危机和产业空心化等危机，以及在知识经济兴起等共同作用下，美国 2013 年提出"再制造业化"战略，希望通过构建美国国家制造业创新网络，发展智能制造实现重振制造业，再次引导世界制造业的未来发展。2022 年 10 月美国科技政策办公室（OSTP）发布了最新版《先进制造业国家战略（NSAM）》，明确提出"开发并应用先进的制造技术、培养壮大先进制造业劳动力队伍、提升制造业供应链韧性"的三大目标，并确定了 11 个具体目标和 37 项具体技术，希望通过引导先进制造业发展推动美国经济繁荣和保障美国国家安全。

德国是全球制造业强国，智能制造和精密制造是其保持全球竞争优势的基础。尽管德国制造业在全球的份额持续下降，但德国制造业创新步伐从未停息，历届政府持续推出 2006 高科技战略、2020 高科技战略和"工业 4.0"战略。"工业 4.0"战略的本质是全面推进智能化，明确把"智能工厂、智能生产、智能物流"作为"工业 4.0"战略的三大主题，明确把"自动机器人、工业物联网、模拟技术、水平垂直整合、增材制造、现实增强、大数据分析、云计算、网络安全"九大技术作为主攻方向。德国期望通过"工业 4.0"战略实施，推进制造业智能化升级并发展新兴产业，以此来捍卫德国制造业的国际竞争优势（张富禄，2019）。

面对美国《先进制造业国家战略》和德国"工业 4.0"战略，百余名院士专家联手制定了《中国制造 2025》战略规划，明确把发展智能制造作为转型升级方向，积极推进从中国制造向中国创造、从中国速度向中国质量、从中国产品向中国品牌的华丽转变，从根本上解决中国制造业大而不强的问题，实现制造业的高质量持续发展。2015年5月，中国政府印发了《中国制造2025》，提出坚持"创新驱动、质量为先、绿色发展、结构优化、人才为本"的基本方针，坚持"市场主导、政府引导，立足当前、着眼长远，整体推进、重点突破，自主发展、开放合作"的基本原则，明确了9项战略任务，提出了8个方面的战略保障，期望到中华人民共和国成立百年时，中国可以进入世界制造强国前列。党的十九大报告提出，加快建设制造强国，加快发展先进制造业，推动互联网、大数据、人工智能和实体经济深度融合。党的二十大报告提出，坚持把发展经济的着力点放在实体经济上，推进新型工业化，加快建设制造强国、质量强国、航天强国、交通强国、网络强国、数字中国。党的十九大报告和二十大报告为中国制造业的发展进一步指明了前进方向。

显然，深入研究美国重振制造业战略和德国推动制造业智能化的"工业4.0"战略的内涵、机制、重点和实现路径，并与《中国制造2025》战略部署进行比较分析，对于优化制造业智能化的发展路径，促进中国制造向全球价值链中高端攀升具有重要价值。

## 3.1 全球制造业智能化的实践回溯

美国是制造业实力最强大的国家，全球多数制造业核心或关键技术掌握在美国企业手中，美国制造业智能化进展走在全球各国前面。德国是发达的制造业国家，多年来在装备制造和精密制造方面领先全球，在制造业智能化领域的核心技术和关键配件方面具有垄断地位。本书选取美国和德国作为比较对象，与中国制造业智能化发展进程进行比较，其目的在于为中国制造业智能化发展提供借鉴，认清中国制造业智能化路径。

### 3.1.1 世界制造业智能化发展历程

纵观全球主要国家智能制造的发展历程，比较中国智能制造的独特道路，可以发现不少异同点，得到一些有益的启示。

纵观世界制造业智能化发展历程，主要经历了数控制造、集成制造和智能制造三个阶段。1952年，MIT实验室做出数控机床（三坐标铣床），1955年数控机床实现批量生产，标志着数控制造（1952～1963年）阶段到来。接下来的10年数控机床迅速占据全球市场。第二阶段为集成制造阶段（1964～2012年）。1962

年，美国 MIT 的博士研究生伊凡·萨瑟兰（Ivan Sutherland）发表了《Sketchpad 人机交互图形系统》的论文，首次提出计算机图形学、交互技术、分层存储的数据结构思路，形成了计算机辅助设计（CAD）概念；1964 年，美国通用汽车公司等应用 CAD 完成了汽车前玻璃的线性设计，标志着 CAD 系统进入商业化领域，进而，计算机辅助设计拓展到计算机辅助制造（CAM）。1974 年，美国 Joseph Harrington 博士论文 *Computer Integrated Manufacturing* 提出制造过程本质上可以抽象成一个数据的搜集、传递、加工和利用过程的 CAD 理念，进而扩展为计算机集成制造系统（computer integrated manufacturing system，CIMS），集成制造进入全面应用计算机辅助阶段，同时 CAD/CAM 一体化三维软件大量出现并应用于众多领域，分布式智能系统控制和机器人控制等技术得到快速发展，集成制造逐渐在全世界兴起。第三阶段为智能制造阶段（2013 年～现在），2013 年 4 月德国在汉诺威工业博览会正式推出"工业 4.0"战略，美国 2014 年发布《振兴美国先进制造业》，日本 2015 年初推出了《机器人新战略》。德国、美国、日本确立的制造业发展新战略的核心就是智能化，期望通过发展智能制造技术应对全球制造业变革，引领制造业发展潮流。

数控制造是以应用数码控制技术于机床生产，发展数控机床为标志的阶段。数控制造的典型特征是运用数字技术进行产品设计和制造流程再造。从设计环节来看，数控制造的应用使得传统的手工草图设计转换为计算机模拟设计，极大地提升了设计速度与精度。从制造环节来看，数控制造与传统制造的根本性区别是大幅度减少了工人岗位，实现了部分制造程序的自动化，提升了复杂加工程序的精准度。

集成制造是伴随着信息技术与通信技术发展而出现的，以协同生产为特征的新型制造模式。集成制造的标志是美国将多台数控机床连接成柔性制造系统，进而构建形成了 CIMS，从而极大地提升了制造过程的效率。集成制造与数控制造比较，其不同主要在于数控制造聚焦于企业内部生产过程，而集成制造聚焦于企业间协同生产，因而更容易实现企业间资源共享。

智能制造是将人工智能赋予生产运作系统，使其能够自感知、自决策和自执行的新型制造方式。智能制造与数控制造不同，智能制造不仅全面利用计算机进行设计，同时赋予制造过程的分析、推理与执行能力。智能制造与集成制造不同，智能制造通过互联网实现智能机器间互联甚至人机互联，通过大数据技术挖掘制造潜力，而不仅限于企业间的协同制造，从而能够更好地实现人机网高度融合和协同制造，典型特征在于自学习和自分析、自决策和自组织。

## 3.1.2 中国制造业智能化发展历程

中国的智能制造发展历程，大致也可分为三个阶段：第一阶段为工业化带动信息化阶段（1958～2006年），大致属于数控制造阶段，1958年成功研制第一台数控机床标志着中国工业化带动信息化的开端。1979年，中国把电子工业确定为优先发展行业，"863计划"确立了"工业智能工程计划"，标志着智能制造开始进入全面布局发展阶段，接着中国加强了信息基础设施建设，广泛接入国际互联网，发展起一批互联网公司，标志着信息化在全国范围内基本形成体系。第二阶段为两化融合阶段（2007～2014年），大致属于集成制造阶段，信息化与工业化融合进入提速发展阶段。第三阶段为信息化引领工业化阶段（2015年～现在），大致属于智能制造阶段，《国务院关于积极推进"互联网+"行动的指导意见》指出推动互联网与制造业融合，大力发展智能制造，接着出台了《中国制造2025》，明确把智能制造列为制造业创新发展主攻方向，自此中国智能制造进入全面高质量发展阶段。

中国制造业智能化发端的标志性事件是数控机床诞生，开启了中国工业化引入信息化的进程，标志着中国制造开始进入了数控制造阶段。这个时间大致比世界数控制造阶段起步晚了5年左右。随后中国制造业发展曲折缓慢，信息化进程更是与世界发达国家拉开了较大距离。

改革开放以后，国家确立电子工业作为优先发展行业，确定智能计算机系统、光电子器件与微电子、光电子系统集成技术、宽带综合业务数字网技术等为重点发展领域，20世纪90年代制造业领域开始引入CAD、CIMS，工业化与制造业信息化融合进程开始加速，标志着中国制造开始进入集成制造阶段。2002年11月，党的十六大提出以"信息化带动工业化，以工业化促进信息化"，进一步明确了新型工业化的重点是推进工业化和信息化融合。2007年10月，党的十七大报告正式将信息化列入"五化"（工业化、信息化、城镇化、市场化、国际化），并且明确提出要大力推进信息化与工业化融合，促进工业由大变强，振兴装备制造业。党的十八大报告提出，坚持走中国特色新型工业化、信息化、城镇化、农业现代化道路，推动信息化和工业化深度融合。

《国务院关于积极推进"互联网+"行动的指导意见》要求推动互联网与制造业融合，大力发展智能制造，标志着中国制造业进入信息化引领发展阶段，标志着中国数控制造、集成制造、智能制造融合发展的阶段来临，标志着中国制造业智能化与世界制造业智能化进入同步发展阶段。

### 3.1.3 中外制造业智能化历程比较

比较全球主要国家（美国和德国）制造业智能化进程和中国制造业智能化进程，分析异同点，可以得到一些有益的启示。

纵观全球和中国制造业智能化走过的发展历程，可以发现三个异同点：一是均经过了"数控制造、集成制造和智能制造"三个特点鲜明的发展阶段。二是经过三个阶段的时间跨度存在差异，发达国家的三个时段为1952~1963年、1964~2012年、2013年~现在，发达国家在"集成制造"阶段时间漫长，其原因主要是电子技术创新和信息网络创新技术主导和引领新产业孕育发展时间较长；中国制造业智能化的三个时段为1958~2006年、2007~2014年、2015年~现在，中国的三个阶段中初始阶段漫长，从数控阶段到集成制造阶段经过了48年之久，主要原因是中国制造业发展基础薄弱和经济发展过程曲折。三是发展的路径明显不同，发达国家通常以标志性的原始创新技术引领，经过技术群和新产业兴起过程而得以确立，以自然延伸型发展为主；中国通常以国家政策文件和规划引导为开端，技术创新和产业兴起的混合特点鲜明，以叠加型立体式发展为主。

深入探究发达国家制造业智能化进程和中国制造业智能化进程的异同，可以得到几点启示：其一，中国制造业智能化初始阶段的时间跨度较长，主要是因为中国制造业基础薄弱，采取的是后发国家的追赶型跟跑战略，走的是以引进消化吸收再创新为主的发展路径；其二，中国制造业智能化阶段时间跨度与发达国家存在较大差异，主要是因为中国制造业发展极为迅速，三个阶段交叉且同频共进，压缩了时间跨度间隔，体现了中国发展速度；其三，中国制造业智能化进入世界一流的并跑阶段，其发展的核心动力必然转化为创新驱动，中国制造业智能化能否从并跑突围到引领跑为主的阶段，其关键在于创新的速度和质量。

## 3.2 美国制造业智能化国家战略与举措

美国重振制造业战略，是由多部门联合制定、目标清晰、协同分工、措施明确的国家级战略。2009年9月，美国总统行政办公室、国家经济委员会和科技政策办公室联合发布《美国创新战略：促进可持续增长和提供优良工作机会》，提出了重振制造业推动经济发展的战略安排。2009年12月，美国总统行政办公室发布《重振美国制造业框架》，详细阐述了重振制造业的理论基础、优势及挑战，提出了七大方面政策措施（祝毓，2015）。2011年10月，美国制造商协会发布《美国制造业复兴计划》研究报告，从投资、贸易、劳动力和创新等方面提出了美国制造业复兴目标及对策措施。2011年11月，美国成立白宫制造业政策办公室，负责协调政府各个部门的制造业产业政策，以协同推动美国制造业振兴，促进美国制造业产品出口。

美国历届政府均高度重视并大力推进美国重振先进制造业。奥巴马政府于2014年提出了《振兴美国制造业和创新法案》，要求国防部与能源部等合作，通过建设45个制造业创新研究中心，形成美国全国性的创新网络体系，引领美国制造业发展。特朗普政府2018年发布了《美国先进制造业领先地位战略》，明确提出美国优先战略，并通过税制改革与关税保护相结合等手段，吸引制造业回流美国。拜登政府2021年发布了《关于确保未来由美国工人在美国制造》行政令和《2021美国创新和竞争法案》，2022年又发布《芯片与科学法案》，通过政策鼓励和资金支持，促进美国芯片产业发展，加快关键本土化进程，以明显提升美国制造业全球竞争能力。

### 3.2.1 重振制造业的国家战略框架

美国重振制造业，围绕投资、贸易、劳动力和创新设定了四大目标（图3-1）：一是扩大就业并抢占制造业的全球制高点，重点是创建支持就业和促进经济增长的动态环境，促进能源生产，保障能源供应，推动创新并创造有利于美国制造商的税收环境，帮助美国制造商更有效地吸引劳动力，生产具有全球竞争力的产品。二是开发美国制造新市场并扩大现有市场，重点是推动全球贸易政策改革，改进为加强国家安全设定的出口管制制度，解除约束美国高科技产品出口的限制，为

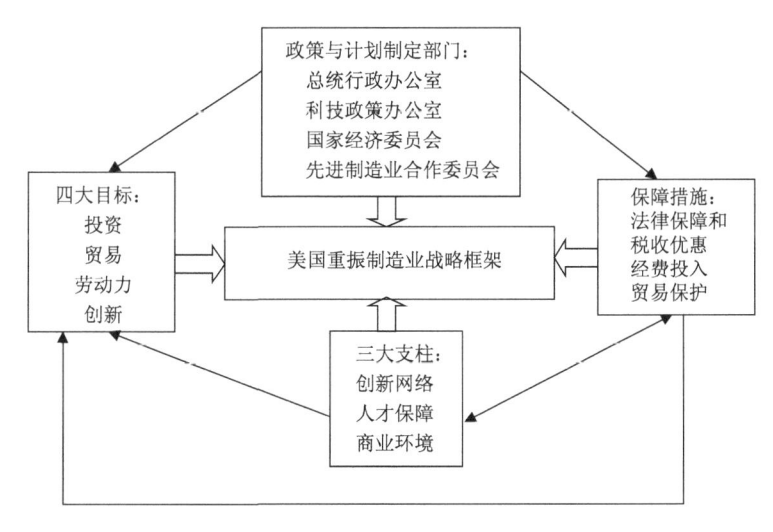

图3-1 美国重振制造业战略框架图

制造商提供出口信贷援助，通过展销会、营销援助和进出口银行担保等各种方式促进出口。三是提供满足先进制造业发展需要的劳动力，重点是培育和开发包括来自全球最优秀人才在内的熟练劳动力，通过增加签证数量及发放绿卡吸引全球最优秀的人才到美国就业，通过教育和培训鼓励创新，帮助劳动力掌握新技术以及快速变化的制造工艺能力。四是促进美国制造商成为全球创新引领者，重点是采取政策激励研发创新活动，通过加强税收信贷支持，持续关注和加强基础研发创新，增加知识产权积累，通过有效的知识产权保护法捍卫和刺激美国持续创新行为。

美国重振制造业，重点是加强三大支柱建设：一是加强创新网络建设，重点是建立国家制造创新研究机构网络，增加跨领域技术的研发投资，鼓励各地形成先进制造业技术的政企合作生态系统；实施企业投资大学设施的免税政策，促进产业界和大学进行先进制造业的合作研究；建设国家先进制造业信息门户，建立可搜索的制造业资源数据库，提供必需的基础设施帮助中小型制造企业创新发展。二是加强人才资源建设，重点是提升公众对制造业职业的兴趣，努力改变公众对制造业的认识偏差；加强先进制造业的大学项目，增加相关的教育模块和课程，增加制造业方面的奖学金和实习机会，培养先进制造业急需的技能人才；投资社区大学教育，发展伙伴关系，提供技能认证，缓解制造业人才严重不足的困境，为制造业规模扩张和创新发展提供持续有效的人才资源保障。三是加强商业环境建设，重点是推进税收改革，吸引制造业企业回流美国发展；强化政策修订与完善，不断优化先进制造业政策体系；改革贸易政策，推动制造业出口和提升国际竞争力。

美国重振制造业，采取了三大保障措施：一是运用法律手段和税收杠杆促进制造业回归。奥巴马在2010年1月《国情咨文》中提出，工作岗位转移到美国以外地区的企业将被取消税收优惠，鼓励制造业企业回流。2010年8月，奥巴马签署《美国制造业促进法案》，较大幅度降低了生产企业的进口零部件成本，以增加就业。2012年2月，美国政府再次推出企业税改方案，加大减税幅度，鼓励企业在美国本土投资，创造本国就业机会，同时大幅减少海外投资企业的税收优惠，并先后推出了"购买美国货"和"五年出口倍增计划"（余翔，2015）。奥巴马在2013年1月《国情咨文》中，重申制造业的核心地位，强调要打造美国制造业的磁极，号召跨国公司回归发展，为美国创造更多就业机会，以推动经济增长，降低失业率（王庭东，2013）。二是加大经费投入、完善基础设施和强化人才创新技能培养教育等。2013年4月，政府公布《2014财年预算案》，投入29亿美元用于先进制造业研发，支持创新制造工艺、先进工业材料和机器人技术。2014年3月，

《2015 财年预算案》鼓励中小企业创新，专门划拨款项解决小企业贷款难问题，协助小企业度过信贷紧缩难关，同时放宽对小企业贷款机构的薪资及其他限制，并敦促银行提供更多贷款支持有可能增加就业机会的中小企业。奥巴马政府执政以来，持续加大高速铁路、道路桥梁、智能电网、清洁城市基础设施，以及下一代航空管理系统的投资（余翔，2014）。努力强化科技、工程和数学教育，以培养出适应制造业创新发展的一流劳动力，并努力在 2020 年前再培养出 10 万名从事科技、工程和数学教育的教师。三是强化了贸易保护主义做法，加强了"反倾销"调查和"337 调查"力度。美国重振制造业以来，针对中国产品的反倾销和反补贴调查持续增加，广泛涉及钢材类、板材类、建材类、家电类、化工类等众多产品，在相当程度上削弱了中国制造产品在美国市场的竞争力，起到了保护美国相关产业产品的作用。2010 年至今，在美国"337 调查"中，涉及中国的案件数量始终占首位，比例保持在 30%左右，涵盖了冶金、金属制品、化学、机械、建筑材料、造纸、食品、汽车、农产品、轻工、纺织、电子等众多制造行业。美国大量启动"337 调查"，利用高额诉讼费等手段，将其他国家缺乏应诉能力的创新型中小企业的产品排斥在美国市场之外，同时如果胜诉，美国还会运用"普遍排除令"判决将败诉企业所在国的同类产品挡在美国市场之外，起到保护美国制造产品的目的。

### 3.2.2 推进制造业智能化战略举措

2022 年 10 月，美国国家标准与技术研究院发布《美国制造业创新亮点报告：2021 年成就与影响力概述》认为，美国制造业创新亮点主要在于构建了强大的公私合作创新网络和建设了良好的创新生态。归纳起来，美国政府重振制造业，推进制造业智能化发展，主要采取了三大举措。

一是建设制造业国家创新网络。2012 年以来，美国政府采纳总统科技顾问委员会的建议，创建了国家制造创新网络，将人、思想和技术连接起来，解决与行业有关的先进制造难题，该计划由国防部、能源部等牵头，广泛联合大学、工业界加盟，拟建设 45 个制造业产业创新中心，牵引制造业智能化带动产业链、价值链攀升，目前已经有数十所著名大学和 1300 余家高科技公司加盟。美国政府希望通过推出 ManufacturingUSA.com，建立起全球制造创新网络，保持美国制造业全球创新中心位置，维持全球制造业智能化的领导地位。

二是创新开放在线教育等学习体系。美国在高等教育方面不断倡导、鼓励学生主修科学、技术、工程和数学。110 多所著名高校和培训机构承诺：面向制造业，大规模开放在线课程。如麻省理工学院执行了"大挑战学者计划"，纽约制造业协会推出了 30 个涉及新型制造的学徒制度。

三是聚集研发创新资源构建创新生态系统。2021 年，美国制造业网络共有 2320 家成员机构，其中 63%为制造企业，22%为社区大学和主要研究型大学，15%为国家和地方经济发展实体。美国 75%的研究与开发机构、60%的员工集聚在制造业领域，美国制造业领域技术创新活动非常活跃。制造业创新活动不但促进了制造业智能进程，使美国制造业成本更具竞争力、技术领先度更高，也使制造业工人获得了高薪，而且溢出效益明显，带动了整体经济的高质量发展。

### 3.2.3 聚焦制造业智能技术创新突破

美国聚焦制造业成立了一批创新研究中心，引导大量高技术制造业公司参与研发并直接应用创新成果，推进制造业智能化的成效显著。

（1）新型增材技术创新方面。国防部和航空航天局牵头，设立了"增材制造业创新研究中心"，聚焦研发和推广 3D 打印技术等，国防部等联邦政府部门投入 3000 万美元，高技术制造公司、大学、非营利组织等 100 多个成员配比投资 4000 万美元。2012 年"增材制造业创新研究中心"成立以来，已经产生了大批技术创新成果，成为牵引智能化打印设备制造的重要载体。

（2）新能源与新材料方面。能源部牵头，2015 年成立"先进复合材料制造业创新研究中心"，聚焦研发和生产低成本、高速和节能材料，用于制造飞机、军用车辆。联邦政府投资 7000 万美元，参与研发的高技术制造业公司和相关机构投资已经超过 1.89 亿美元。美国能源部 2016 年公布有意投资 3000 万美元的氢燃料电池项目，以吸引高技术制造业企业参与，共同推进新能源新材料领域的制造业智能化进程。该制造创新研究中心于 2017 年举办一系列动手培训讲习班，引导在复合材料生态系统中采用尖端的节能技术，引起了大量制造业公司的积极响应。

（3）电力电子制造方面。能源部牵头，2014 年成立"下一代电力电子制造业创新研究中心"，聚焦智能化、可靠安全、低成本且节能环保的电力网络，能源部等联邦政府部门投入 7000 万美元，25 个成员单位配比投资 7000 万美元。2015 年成立"智能制造创新研究中心"，聚焦研发先进传感器和复杂工艺控制在内的智能制造新技术，以提升制造能效、节约成本和能源，联邦政府投入 7000 万美元，参与高技术制造业公司投资 7000 万美元。这两个创新研究中心运行以来，已经成为电力电子制造业和智能制造技术的重要创新源，提供了许多技术创新成果，促进了制造业智能化进程。

（4）新型数字制造方面。国防部牵头，2014 年，成立"数字制造和设计创新研究中心"，聚焦数字化设计、工程和制造等过程技术和流程研发与应用，联邦政府部门投入 7000 万美元，73 个参与的制造业公司配比投资超过 2.3 亿美元，2021年持续扩大合作伙伴至 110 多个。该创新研究中心已经与全国高级技术中心联盟和高等教育联盟建立起新战略联盟，从而实现了研究所技术、人力资源与培训机构的有机联系，强化了制造业数字化转型课程建设和操作技能培训，为新型数字制造提供了技术和人才支持。

## 3.3 德国制造业智能化国家战略与举措

21 世纪以来，德国政府一直努力建立部门间的高技术战略协调机制，以推动德国的技术革命和研发创新，并通过技术创新确保德国制造业的传统优势和竞争地位。为此，德国政府连续推动出台了三个重要战略（图3-2），阐明了政府重塑制造业的政策主张，采取了一系列举措激发创新活动，强化了德国制造业的品牌、技术和竞争优势。

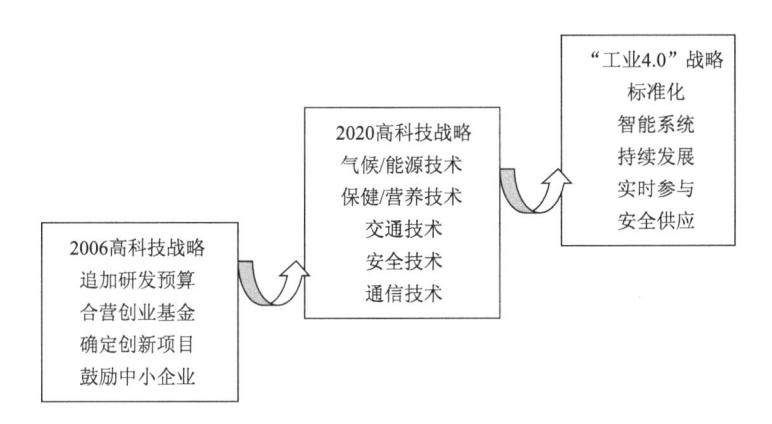

图 3-2  德国制造业创新发展的高科技战略重点举措

### 3.3.1 德国制造业智能化战略框架

2006 年 8 月德国政府颁布"2006 高科技战略"，提出四大举措，致力于促进研发创新，以保持德国产品和工艺流程的全球领先水平，保障可持续发展。一是追加研发预算，追加投入 60 亿欧元研发预算，以实现 2010 年研发投入占国内生产总值 3%的目标。二是成立以"公私合营模式"运营的高科技创业基金，通过参股方式扶持新成立的以研发为基础的企业，单项最高参股金额 100 万欧元，目标是 5 年里汇集 2.62 亿欧元用于促进 300 家高技术企业的创新发展。三是确定了主要涉及尖端及基础科技研究的 700 个创新项目，加快信息技术、生物技术、纳米技术和航天技术等领域的科研成果向生产转化。四是鼓励中小企业科技创新，鼓励中小企业申请创新项目，鼓励中小企业与高校、研究机构合作创新获得研究专项资金支持。总体来看，"2006高科技战略"着眼于未来，引导科研面向未来市场，通过政府和大企业提供资金扶持中小企业科技创新，强调高校、研究机构和经济界的联系与合作，起到了推动科研创新成果转化为生产领域先进技术的效果。

2010年7月德国政府颁布"2020高科技战略"，更加强调以人为本，以研究和创新为中心，聚焦五大技术领域，突出推进知识创新和创新成果商业化应用，促进经济增长和增加就业机会。一是聚焦气候/能源技术领域，重点是加强气候变化对人类生活条件影响的预测，明确可持续发展的气候政策及资源能源利用的发展方向，推动实施"$CO_2$能源有效利用和城市的气候适应""能源供应的智能转换""替代石油的再生产品"以及"多网络、低能耗"等项目。二是聚焦保健/营养技术领域，重点是针对常见疾病的研究、预防、治疗和个性化医疗，吸引和鼓励中小型企业参与预防战略和健康管理，提升卫生保健的质量与效果，推动实施"更好的个性化药物治疗""更健康的目标营养"以及"老龄化引导独立生活"等项目。三是聚焦交通技术领域，重点是发展高质量低碳技术，解决未来20年客运和货运增长带来的各种问题，推动实施"2020年拥有百万电动车"等项目，以期在电动汽车市场及相关技术创新领域中处于领先地位。四是聚焦安全技术领域，重点是防范世界各个角落的恐怖主义和犯罪组织的威胁，建立自然环境灾害和大面积流行病的快速反应机制，推动实施"知识让数码可触可得"等项目，以期建立新的技术基础、确立安全解决方案。五是聚焦通信技术领域，重点是构建适应全球化的现代社会人口流动和信息需求平台，发展信息通信技术，推动实施"能源供应的智能转换""多网络、低能耗""知识让数码可触可得"等项目。总体来看，"2020高科技战略"聚焦全球挑战、着眼未来，明确了五大技术领域发展的思路和建议，推动实施了集挑战性、创新性、开创性为一体的，满足国家需求的重点项目课题，已经初步发挥出引领全球科技创新、保持德国制造高端品牌优势的效果。

2013年4月德国政府推出"工业4.0"战略。"工业4.0"原本是德国政府"2020高科技战略"项目之一，旨在支持工业领域通信技术的研发创新，2013年《保障德国制造业未来：关于实施"工业4.0"战略建议》颁布，该项目上升为国家战略（丁纯，2014）。"工业4.0"战略，强调虚拟网络与现实实体的融合，核心是"互联网+制造业"，即建设信息物理融合系统，实现智能制造，重点是智能化生产系统和过程以及网络化分布式生产设施，涉及整个企业的生产物流管理、人机互动以及3D技术在生产过程中的应用等众多方面，其目的主要是通过互联网、物联网，整合物流资源，充分发挥现有物流资源供应方和物流快速服务的效率。"工业4.0"战略具有五个特征：一是以标准化为先导，推进不同公司间的网络连接和集成；二是以数据和信息的安全为前提，保护智能系统的成功运营；三是以培训与专业的持续发展为基石，强调以工作场所技能为基础的终身学习，提升劳动力人才技能；四是以协作工作方式为依托，通过虚拟或移动的广泛实时参与生产和价值创造过程，释放员工及用户的潜能；五是以环境与资源安全供应为制约条件，提高资源环境利用效率。总体来看，德国"工业4.0"战略倡导智能化、网络化与节能化的新型制造模式，积极应对资源能源利用效率、城镇化、人口结构变化等问题，特别重视给初创公司和小企业的创新发展提供机会，通过创新引领发展，保持德国制造业强国地位成效明显。

### 3.3.2 德国制造业智能化发展重要举措

德国 2017 年发布《"工业 4.0"白皮书》，提出了制造业智能化发展的三大重要举措。

一是加强制造业数字化基础建设。制造业数字化基础建设，包括硬件设施和软件两个方面，为了保证欧洲在下一代移动通信网（5G）的发展中保持技术领先地位，拟于 2025 年前建成千兆级的光纤网络；同时建立促进投资和创新的监管框架，包括实施国际电子认证、电子签名、企业与政府的电子印章等电子信托服务，完善《电信法》《电信媒体法》和《无线电设备与电信终端设备法》等在内的互联网相关规章制度。这些规章制度以公开竞争和公平竞争原则、信息安全性和信息主权原则以及欧洲适配性原则为基准。

二是支持中小企业数字化转型。德国 2016 年设立欧洲投资基金，用于支持初创企业数字化转型。支持方式主要是通过"数字创新创业者竞赛"给潜在的创业者提供资金支持，支持初创企业国际化，促进初创企业与成熟公司合作，充分利用初创企业的创新能力。德国希望通过"中小型企业数字化改造计划"激励中小型企业在数字化改造过程中投资，以惠及更广泛的人群。通过建设欧洲/国际数字化传输网络，促进德国中小型企业在欧洲数字化传输网络中的创新发展，帮助它们了解和运用信息通信技术，加速数字化进程。

三是推动智能网络建设。德国的智能网络包括智能电网、智能电表、智能家居、智能交通、智慧城市、电子医疗、电子政务等。为了实现智能网络化布局，2015 年联邦政府通过了智能网络战略构想，陆续实施了《数字化议程（2014—2017）》《能源转型期数字化法律草案》以及《电子卫生法》等。德国还采取了促进投资和保护投资环境的举措，推出泛欧洲市场环境标准、搭建开放创新平台等重要举措，近期还设立了智能网络试点地区扶持计划，建立了数字计划全国联盟，创建了智能网络项目的孵化器，为初创企业提供工作场地、战略性和技术支持等，以更深入持久地推进制造业智能化进程。

### 3.3.3 德国制造业智能化三大行动

德国制造业智能化的行动，根据"工业4.0"战略推进，在三个领域采取了果断举措。

一是制定制造业智能化标准。德国制造业在全球制造业领域内遥遥领先，与其长期重视制造业标准化密不可分。标准化是指整个行业都采用统一的制造标准。"工业4.0"战略首个关注的领域就是标准化。德国政府重视及时制定和修订标准，并通过在整个制造业行业的标准化制定，引领和规范制造业智能化发展进程。

二是加强制造业智能化流程再造。"工业4.0"战略通过构建智能工厂，推进智能车间和智能制造带动复杂制造系统的流程再造，主要集中在开放式虚拟工作平台和广泛应用的人机交互系统。制造业智能化流程再造，完全颠覆了传统的工厂车间管理模式，把大量智能设备、智能管理、智能监控等技术创新成果融入制造过程中，从而迅速提升了制造业智能化水平。

三是加强制造业智能化人才教育培训。随着"工业4.0"战略实施，德国智能工厂和智能制造进程加速，在智能制造模式、新业务流程再造和网络框架数据保护、个人数据处理等方面提出了许多新的挑战。原有的职业培训体系随着智能化带来的工作和技能的变化而必须创新变化。对于大量增加的智能制造人才需求，原有的专业人才培养体系显然不能适应，德国政府及时扩展了针对高校创业和就业的扶持项目，引导大学和培训机构提供了许多大型开放式网络课程，通过与工会和雇主协会保持联系，建立起了与之相适应的法律监管体系及技术培训体系，为制造业智能化人才培养奠定了基础，创造了条件。

## 3.4 中国制造业智能化国家战略与举措

《中国制造2025》明确提出，要推动中国制造向中国创造转变、中国速度向中国质量转变、中国产品向中国品牌转变，从而实现中国制造由大到强的发展目标（图3-3）。

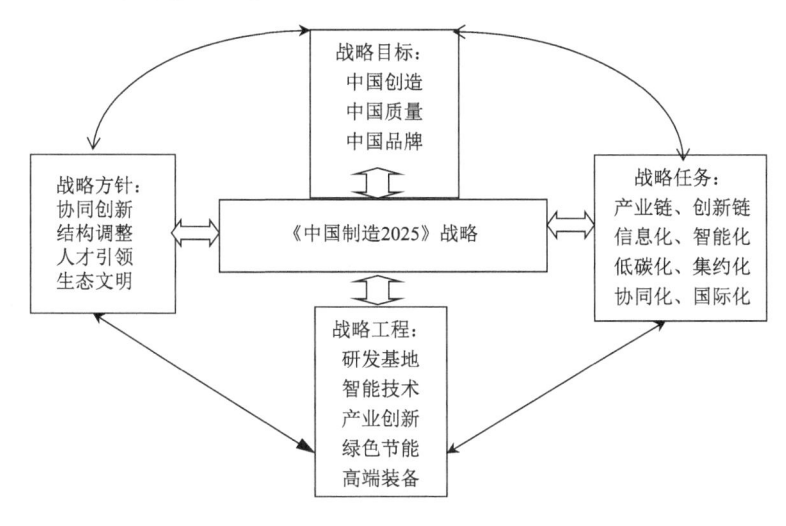

图 3-3 《中国制造2025》战略图

## 3.4.1 中国制造业智能化战略框架

《中国制造 2025》提出明确的战略方针：创新驱动、绿色发展。《中国制造 2025》提出坚持把创新摆在制造业发展全局的核心位置，围绕重点领域关键共性技术，推动跨领域跨行业协同创新，促进制造业智能化进程；坚持加强质量技术攻关和自主品牌培育，走以质取胜的发展道路；坚持结构调整，大力发展先进制造业，改造提升传统产业，优化产业空间布局；坚持以人才为根本，加快培养制造业发展急需的专业技术人才、经营管理人才和工艺技能人才，走人才引领的发展道路；坚持可持续发展，加强节能环保技术、工艺、装备研发和推广应用，构建绿色制造体系，走生态文明的发展道路（图 3-3）。

《中国制造 2025》提出明确的战略任务：两化深融、集成创新。《中国制造 2025》强调围绕产业链部署创新链，围绕创新链配置资源链，加强关键核心技术攻关，加速科技成果产业化，提升国家制造业创新能力；强调推进信息化与工业化深度融合，推进生产过程智能化，全面提升企业研发、生产、管理和服务的智能化水平；强调加强核心基础零部件（元器件）、先进基础工艺、关键基础材料和产业技术基础能力建设，着力破解制约重点产业发展的瓶颈，持续提升中国制造业质量水平；强调鼓励企业追求卓越品质，形成具有自主知识产权的名牌产品，不断提升企业品牌价值和中国制造整体形象；强调全面推行绿色制造，积极推行低碳化、循环化和集约化，提高制造业资源利用效率，构建高效、清洁、低碳、循环的绿色制造体系；强调聚焦信息技术、高端装备、新材料、生物医药等战略重点，推动优势和战略产业快速发展，推动传统产业向中高端迈进；强调加快制造与服务的协同发展，推动商业模式创新和业态创新，推动服务功能区和服务平台建设；强调统筹利用国内外两种资源和两个市场，实行更加积极的开放战略，提升国际合作水平和层次，推动重点产业国际化布局，引导企业提高国际竞争力（图3-3）。

《中国制造2025》提出明确的战略工程：增强基础、高端突破。《中国制造2025》明确提出建设五项重大工程：一是制造业创新中心（工业技术研发基地）建设工程，重点是新一代信息技术、智能制造、增材制造、新材料、生物医药等领域的重大共性技术需求，到2025年形成40家左右制造业创新中心（工业技术研发基地）。二是智能制造工程，重点是开发智能产品和自主可控的智能装置并实现产业化，建立智能制造标准体系和信息安全保障系统，搭建智能制造网络系统平台，到2025年制造业重点领域全面实现智能化。三是工业强基工程，重点是支持核心基础零部件（元器件）、先进基础工艺、关键基础材料的首批次或跨领域应用，突破关键基础材料、核心基础零部件的工程化和产业化瓶颈，到2025年实现70%的核心基础零部件、关键基础材料的自主保障，逐步形成整机牵引和基础支撑协调互动的产业创新发展格局。四是绿色制造工程，重点是组织实施传统制造业能效提升、清洁生产、节水治污、循环利用等专项技术改造，开展重大节能环保、资源综合利用、再制造、低碳技术产业化示范，到2025年制造业绿色发展和主要产品单耗达到世界先进水平。五是高端装备创新工程，重点是组织实施大型飞机、航空发动机及燃气轮机、民用航天、智能绿色列车、节能与新能源汽车、海洋工程装备及高技术船舶、智能电网成套装备、高档数控机床、核电装备、高端诊疗设备等一批重大技术创新和产业化重大工程，提升自主设计水平和系统集成能力，到2025年自主知识产权高端装备市场占有率大幅提升，核心技术对外依存度明显下降，基础配套能力显著增强，重要领域装备达到国际领先水平（图3-3）。

### 3.4.2 中国制造业智能化薄弱环节

中国制造业智能化发展是制造业高质量发展和持续发展的必由之路。然而，中国制造业智能化进程面临着巨大挑战，存在一些必须正视并尽快加强的薄弱环节。

第一，缺乏工业设计软件基础能力。由于中国制造业企业在CAD软件等工业信息软件方面起步较晚，研发能力薄弱，能够满足制造业智能化要求的数字化设计，尤其是工业软件设计的供应商非常稀少。

第二，缺乏提供智能化系统方案能力。目前许多优秀中国制造业企业已经在智能制造方面取得明显进展，积累了不错的技术基础，也能够完成具备一定技术含量的智能制造订单。但是与世界领先水平的大型跨国集团相比则差距巨大，很少有能够提供系统规划、结构模块、方法模型等保障制造业智能化整体效益的系统解决方案的能力。

第三，缺乏中高端制造业智能化的研发能力。中国制造业多数企业还处在通过制造订单实现利润收入阶段，大多处于追求温饱状态，缺乏创新技术的紧迫感，缺乏冒风险投资智能新技术研发和工业应用的热情，市场严重欠缺求新求变的研发氛围。

### 3.4.3 中国制造业智能化重要路径

中国制造业智能化进程起步较晚，尚处于初步发展阶段，当前应当聚焦强化四个方面的制造业智能化能力。

其一是数字化设计能力。数字化设计是制造业智能化升级的源头，是关键点。众所周知，传统的制造业流程设计，是按照产品设计、工艺设计、工艺优化、样品制造、检测检验顺序进行的，通常设计周期长且质量不稳定，而数字化设计借助计算机辅助设计软件、三维设计与建模工具等技术进行各环节全面贯穿的数字化与模型化设计，设计流程呈现高度集成、协同融合的特点，不但大幅缩短了设计周期，而且明显降低了设计错误和设计费用。

其二是生产全过程数字化能力。生产全过程数字化能力是将"人、机、料、法、环"五个层面的数据连接、融合并形成一个完整的闭环系统，通过对生产全过程数据的采集、传输、分析、决策，优化资源动态配置，提升产品质量管控的能力。生产全过程数字化要求打通各种数据壁垒，形成包括从生产计划到生产执行（ERP与MES）的数据流、MES与控制设备和监视设备之间的数据流、现场设备与控制设备之间的数据流。生产数字化集成平台可以将不同生产环节的设备、软件和人员无缝地集成为一个协同工作的系统，实现互联、互通、互操作，从而极大地提高制造业智能化程度和效益。

其三是大规模定制平台能力。通过建立定制平台，将用户提前引入产品的设计、生产过程中，通过差异化的定制参数、柔性化的生产，使个性化需求得到快速实现，以此提升品牌价值，增加用户黏性。定制平台与智能制造系统中的研发设计、计划排产、制造执行等模块，实现协同与集成，实现从线上用户定制方案，到线下柔性化生产的全定制过程；建立个性化产品数据库，应用大数据技术对用户的个性化需求特征进行挖掘和分析，并反馈研发设计部门，优化产品及工艺，基于用户需求新趋势开展研发活动。

其四是产品远程运维服务能力。智能制造视角下的产品服务是借助云服务、数据挖掘和智能分析等技术，捕捉、分析产品信息，更加主动、精准、高效地给用户提供服务，推动价值链向后延伸。远程运维服务是典型的制造企业智能化服务模式，企业利用物联网、云计算、大数据等技术对生产并已投入使用的智能产品的设备状态、作业操作、环境情况等维度的数据进行采集、筛选、分析、储存和管理，基于上述数据的分析结果为用户提供产品的日常运行维护、预测性维护、故障预警、诊断与修复、运行优化、远程升级等服务。远程运维服务可以有效降低设备故障率，提升设备使用率与使用寿命，既能减轻制造商的负担，又能显著提升产品价值。

## 3.5 中、美、德制造业智能化路径差异分析

在制造业智能化发展战略和举措方面，全球制造业主要国家的战略选择有着明显的共同点，均是在国家层面通过政府规划、法律、政策予以安排和推进。然而，由于各国资源禀赋不同、经济发展阶段和管理体制不同，在路径选择和具体举措方面均有各自特色。比较中国与美国、德国制造业智能化战略与路径差异，有助于认清规律、把握特色，更好地推进中国制造业智能化进程。

### 3.5.1 制造业智能化总体差异分析

美国制造业智能化总体特征是：立法先行、财政支持、战略重点明确、推进路径清晰。2010年颁布《美国制造业促进法案》，明确增加制造业智能化经费投入并为相关企业减税，之后每年的政府预算案，均列出制造业智能化推进专门款项，鼓励创新和创新成果商业化应用，从而使新型电动汽车、3D打印、生物制药等技术领域的制造业企业发展迅猛，制造业智能化进程不断加速，创新技术和创新生态领跑全球。

德国制造业智能总体特征是：国家战略定位、技术体系聚焦、突破重点明确、持续持久发力。德国具有长期的创新传统，先后在2006年、2010年和2013年先后推出"2006高科技战略""2020高科技战略"和"工业4.0"战略，聚焦制造业的智能化五大技术领域集成发力，持续围绕"智能工厂"和"智能生产"进行系统性创新突破，制造业智能化程度整体领先欧洲、部分领跑全球，成为全球制造业智能化创新发展的重要样板。

中国制造业智能化总体特征是：战略规划先行、聚焦高端装备、激发研发主体、实施双重推进。中国制造业智能化战略，是通过《中国制造业2025》体现出来的，规划目标、战略重点和主导产业均比较明确，制造业智能化首先聚焦高端

装备，即装备制造业，采取研发基地和企业自主创新并重，围绕绿色节能、环境友好，发挥政府和市场两个推动作用，突破核心智能技术，促进制造业智能化整体水平提升。

美国、德国和中国制造业智能化总体上的差异是：美国重视立法引导推进，德国重视技术体系推进，中国重视规划战略推进。

### 3.5.2 制造业智能化侧重点差异分析

美国制造业智能化侧重点在构建新的创新优势，超前布局"先进制造"和"工业互联网"。为此，美国先后发布了《国家制造业创新网络》《先进制造伙伴计划（AMP）》等国家级规划与计划，吸纳研究机构和大型企业参与，着力开展政府主导下的核心技术研发创新，比如美国国家标准与技术研究所牵头的"智能制造系统互操作性"重大项目，AT&T、CISCO、IBM和INTEL等著名企业领衔的"工业互联网联盟"，纷纷把最新智能技术融入到工业设计、研发制造、营销服务等公司运营活动中。建立基于大规模公私合作机制的，强大的制造业创新网络，确保美国在先进制造业的全球竞争优势，以及在人工智能、大数据、物联网等智能技术方面的全球领先地位，确保美国制造业智能化进程始终走在全球前列，走在技术创新最前端，从而能够获得源源不断的巨额创新收益。

德国制造业智能化侧重点在于智能工厂和智能生产，构建和推广嵌入式智能创新模块。德国推进制造业智能化发展进程时，注重研发创新虚拟现实技术以及智能传感器等，以保证智能工厂和智能生产的智能化程度不断提高。实施"工业4.0"战略，德国聚焦人机交互系统的集成创新，以改变传统制造模式中人与设备间的单纯控制与被动反应关系，实现人与机器实时精准交互。因此，德国制造业智能化进程中，特别重视把智能终端和智能传感器广泛地植入原材料、零部件和其他制造设备，追求终端之间的实时交互、信息自交换以及自动触发动作决策，以达到生产过程的全智能化，形成了特色路径。

中国制造业发展速度快、规模大，但自主创新能力弱，制造业智能化程度总体上落后，中国制造业智能化既需要强化基础又需要直击前沿。首先，强化基础，在制造业领域全面推进数控机床技术，大幅度引用CAD、CIMS等基础性智能技术，在一些行业龙头企业推进智能集成制造技术；接着，在制造业领域全面数控化基础上，推进供应链智能化配套，推进制造业和服务业融合的智能化体系，全面推进数字化战略，期望在制造业智能化方面走出新路，从而使得中国制造业智能化进程得到全面高质量发展。

美国重振制造业战略、德国"工业4.0"战略和《中国制造2025》，都致力于实现信息技术与制造业深度融合，但从侧重点来说则有所不同，美国注重构建制造业创新网络，力求保持创新优势引领制造业智能化进程；德国强调生产制造环节智能化，重在构建智能工厂和实现智能生产，以保持制造业的先进水平；中国围绕制造业由大到强的历史性跨越，注重从制造业数字化基础升级向全面智能化整体推进。

### 3.5.3 制造业智能化主导方式差异分析

美国制造业智能化的主导方式是通过工业互联网战略实施的。从阿帕网到互联网再到工业互联网，美国牢牢把握着网络主导权。网络优势是美国制造业智能化的首要优势，也是制造业智能化的主导方式。美国推出工业互联网战略，就是希望借助网络优势打通从软件到硬件的制造业智能化通道，实现通信、控制和计算的深度融合，抢占制造业智能化竞争的制高点，保持制造业在全球的技术领先优势，维持获取巨额利益的基础。

德国制造业智能化的主导方式是通过智能生产环节带动整体进程的。德国是装备制造强国，特别是在智能装备及部件、工控系统领域，具有明显优势。因此，德国制造业智能化偏重于生产制造过程，注重从设备端出发，打通从硬件到软件的通道，保持德国企业在智能制造系统供应商中的主导地位。

中国制造业智能化的主导方式是国家战略规划和重点突破。中国制造业智能化的主导方式是战略引领，更加注重目标达成，稳步推进制造业智能化的数字基础工程、网络突破工程和全面智能工程建设，从具有比较优势的领域逐步拓展攀升，逐步实现中国制造业全面智能化。《中国制造2025》战略，已经设定"三步走"目标，即 2025 年迈入制造强国行列，2035 年整体达到制造强国中等水平，中华人民共和国成立百年时综合实力进入世界制造强国前列。

从主导方式来看，制造业智能化路径的特色是：美国注重利用网络优势贯穿制造业智能化进程，德国专注于智能生产环节带动智能化，中国通过规划引领企业转型升级实现智能化。

## 3.6 结论与启示

借鉴美国和德国的制造业智能化战略和实施举措，本书认为中国制造业智能化进程应当更加重视从三个方面发力推进。

一是持续实施创新驱动发展战略。美国重振制造业，推进制造业智能化，采取的主要措施是聚焦高端制造领域，加强研发投入，推进创新网络建设，提升制造业智能化整体创新能力。德国促进制造业智能化发展，依靠的是雄厚的工作基础和长期重视技术创新及创新成果转化的传统。中国制造业智能化，必须聚焦基础数控和高端装备制造的创新能力，持续深入实施创新驱动发展战略，强化激励创新政策，鼓励和推动制造业龙头企业组建产业技术创新战略联盟，贯通制造上、中、下游技术创新链，鼓励创新投入和创新成果的商业化应用，鼓励全球专利申请和知识产权保护，不断向制造业价值链中高端攀升，努力构建形成中国制造的全球创新网络，推动中国制造业智能化高质量推进，从而实现中国制造业由大到强的飞跃。

二是充分发挥政府政策杠杆的引导激励作用。美国重振制造业，推进制造业智能化，政府部门采取的主要举措是通过立法、规划和提供经费支持等发挥引导制造业智能化方向和促进创新网络形成的作用。德国通过实施700个创新项目支持引导大量中小企业投身制造业智能化创新，带动企业发展和保障就业。中国制造业智能化发展，必须发挥市场决定性作用和政府调控的优势，围绕制造业智能化关键和核心技术，如工业机器人、3D打印、网络制造等智能集成制造技术，采取战略联盟或龙头企业集群方式组建技术创新网络，形成创新成果迅速商业化应用的机制；通过政府政策、规划和经费的直接支持，尤其是加大对中小型制造业企业创新的投资扶持，激发制造业企业创新主体的潜力和活力，引导全社会力量协同推进中国制造业智能化创新跨越；推进制造业智能化全球创新资源集聚，迅速提升中国制造业的全球竞争能力。

三是建立终身学习与培训制度保障人才供给。借鉴美国强化科技、工程和数学教育的做法，学习德国依托工作场所持续提升员工创新技能的培训模式、建立终身学习及培训制度的成功经验，构筑适应中国制造业智能化创新发展的培训和继续教育机制，在"大众创业、万众创新"体系中，突出制造业龙头企业在产业技术创新联盟的牵头作用，持续优化制造业智能化人才培养与培训体系，切实从根本上解决制造业智能化发展人才不足问题，持续提升制造业智能化的创新发展水平。

# 第4章　中国制造业智能化整体程度：实证评价

改革开放 40 多年来，中国制造业规模由小到大，发展质量逐步提升，带动中国经济持续奇迹般增长，创造了举世瞩目的发展成就。但比较美、日、德等发达国家，从全球制造业价值链的视角来看，中国制造业整体上还处于全球生产体系的中低端，规模大但整体的创新能力还不够强，智能化水平还不够高。面对迅猛发展而不断创新变革的信息技术，借鉴发达国家持续利用新知识和新技术不断提升制造业智能化程度的战略安排，中国要实现制造业的持续高质量发展，保持制造业持续向中高端价值链攀升，持续提高中国制造业的生产效率和核心竞争力，唯一的战略路径是走制造业智能化道路，全面推进制造业智能化，持续提升中国制造业智能化整体水平。因此，系统研究并清晰解答中国制造业智能化程度，认清哪些因素如何影响着中国制造业的智能化进展，无论是对于国家创新驱动发展战略的深入实施，还是中国制造业智能化的整体布局，以及各区域的协同创新合作发展均具有重要理论价值和重大实践意义。

根据系统论思想，本书将制造业智能化作为一个系统来进行研究。实际上，制造业智能化就是一个系统进化的过程，也是制造业创新发展的过程。系统论认为一个系统包括要素、结构和环境，系统的进化是三者相互作用和变动的过程。鉴于此，从系统论思想和制造业智能化的概念出发，本书可以将制造业智能化划分为智能技术（基础要素）、智能应用（运行要素）和智能效益（动力要素）三个部分，并得到三点基本认识：一是制造业智能化落实于智能技术，智能化的生产运作设施设备是其基本的技术投入，离开智能技术，制造业智能化无从谈起（周济，2015）；二是制造业智能化水平的提升在于智能应用，通过智能应用来支撑智能技术运行，以人工智能为代表的智能应用是生产制造各个环节效率提升的主要手段（Gil et al.，2014），以新一代信息通信技术和先进制造技术与生产的融合归根结底需要落实到智能应用方面，通过智能应用构建智能技术运行的结构；三是制造业智能化带来的社会效益与经济效益是社会进化的重要体现，反映了制造业智能化的发展环境，制造业智能化有利于大幅提升劳动生产率，通过赋"智"于生产设备来释放生产潜力，从而创造巨大市场经济利益，智能效益是促进制造业智能化的重要动力。

## 4.1 制造业智能化程度评价指标体系

根据制造业智能化的内涵分析，从智能技术、智能应用、智能效益三个层面（表4-1）进行主要指标选择和体系构建，并进而进行分析和评价。

表4-1 制造业智能化程度评价指标体系

| 一级指标 | 具体指标 | 指标单位 |
| --- | --- | --- |
| 智能技术指标 | 智能设施固定资产投资 | 亿元 |
| 智能应用指标 | 电子及通信设备制造业专利申请数 | 项 |
| 智能效益指标 | 电子及通信设备制造业利润 | 亿元 |

### 4.1.1 智能技术指标

智能技术是智能制造的基础，只有具备良好的智能技术才能为智能应用和智能效益提供基本保障，是智能制造不断向前推进和发展的动力源泉。因此，智能技术是衡量制造业智能化程度的重要一维。

智能技术指标反映制造业智能化的物理基础，是制造业智能化的前提和保障。鉴于固定资产投资是技术进步的发展源泉，本书采用智能设施固定资产投资衡量智能技术指标。智能设施指任何一种具有计算处理能力的设备、器械或者机器，例如计算机网络设备、通信设备、可视会议系统设备、车间管理系统设备等（张礼立，2017）。

### 4.1.2 智能应用指标

智能应用是制造业智能化的能力提升的关键环节。"智能"的核心是智能技术的应用与开发，通过特定的智能算法模仿人类的思考和行为，从而构建更优的生产结构，并改进生产效率，保障制造活动以更加高效的方式进行（Lee et al., 2015）。因而，智能应用是制造业智能化的技术与效率保障。

智能应用指标反映制造业智能化进程中的技术开发与应用情况，本书采用电子及通信设备制造业专利申请数衡量。

### 4.1.3 智能效益指标

智能效益是制造业智能化在市场环境上的反映。制造业智能化是否能够发挥其应有的作用，加速制造业发展进程，主要在于产品的市场盈利能力情况。同时，智能效益还是制造业智能化追求的目标，是制造业智能化是否真正成功的检验标准。因此，智能效益是制造业智能化的重要动力。

智能效益指标反映制造业智能化进程中的市场盈利情况，本书采用电子及通信设备制造业利润衡量。

## 4.2 中国制造业智能化程度评价方法

制造业智能化程度评价指标体系，具有多层次、多指标特征，评价这类多属性问题关键在于确定的各个指标权重。本书利用客观赋权法捕捉各指标的客观属性，尽量避免主观赋权的随意性。熵权法是常用的客观赋权法。熵值一般用来度量事物的不确定性和随机程度，也用以判断事物的离散程度。离散程度越大，影响综合评价程度也越大。因而，本书通过熵权法确定指标权重，进而对评价对象进行客观评判和分析。

### 4.2.1 归一化处理

假设评价对象存在 $n$ 个样本，每个样本存在 $m$ 个指标，则 $x_{ij}$ 表示第 $i$ 个样本的第 $j$ 个指标的值。考虑各指标的计量单位的非一致性，在计算权重前需要进行标准化处理，将指标的绝对数值转化为相对数值，使得各指标具有可比性。另外，正向指标和负向指标具有不同的属性（正向指标数值越大越好，负向指标数值越小越好），因而需要设置不同算法使得正向指标和负向指标具有可比性。

$$\text{正向指标：} X'_{ij} = \frac{x_{ij} - \min(x_{1j},\cdots,x_{nj})}{\max(x_{1j},\cdots,x_{nj}) - \min(x_{1j},\cdots,x_{nj})} \quad (4\text{-}1)$$

$$\text{负向指标：} X'_{ij} = \frac{\max(x_{1j},\cdots,x_{nj}) - x_{ij}}{\max(x_{1j},\cdots,x_{nj}) - \min(x_{1j},\cdots,x_{nj})} \quad (4\text{-}2)$$

### 4.2.2 熵值的计算

在归一化处理的基础上，计算第 $j$ 个指标下第 $i$ 个样本值占该指标的比重：

$$p_{ij} = \frac{X'_{ij}}{\sum\limits_{i=1}^{n} X'_{ij}}; i=1,\cdots,n; j=1,\cdots,m \quad (4\text{-}3)$$

进而计算得到第 $j$ 个指标的熵值：$e_j = -k \times \sum\limits_{i=1}^{n} p_{ij} \ln p_{ij}$ ； $j=1,\cdots,m$；

$$k = \frac{1}{\ln n} > 0, e_j \geq 0 \, 。$$

### 4.2.3 权重的确定

根据得到的熵值计算信息熵冗余度：

$$d_j = 1 - e_j; j = 1, \cdots, m$$

计算得到各指标的权重：

$$W_j = \frac{d_j}{\sum_{j=1}^{m} d_j}; j = 1, \cdots, m$$

利用各指标的权重分别进行加权，最终得到相应上级指标的量化数值。

## 4.3 中国制造业智能化程度综合评价

2001 年加入 WTO 以来，随着中国制造业规模的迅猛扩张，中国制造业的工业化与信息化融合进程开始，并在国家推进下得到持续进展，中国制造业智能化进程步入正轨。因此，本书运用 2001 年以来的数据资料进行中国制造业智能化评价。

### 4.3.1 制造业智能化的态势评价

采用熵权法计算得到各指标权重后，分别对各指标数值进行赋权，得到 2001~2020 年中国制造业智能技术水平、智能应用水平、智能效益水平的评价值，并在此基础上得到中国制造业总体智能化水平的评价值，反映出中国制造业总体智能化态势（图 4-1），呈现出如下特征。

其一，智能技术水平稳步上升并呈现加速态势。沿着时间轴线看，智能技术水平持续稳定上升，2009 年后呈现快速提升态势，与中国制造业总体智能化水平提升速度相近。这说明智能技术水平是总体制造业化的重要基础。沿着纵向成长性看，智能技术水平尽管在个别年份出现波动，但稳步上升态势明显。若从发展速度分阶段看，智能技术水平提升可分为两段：一是 2001~2009 年，智能技术水平缓慢提升期，属于中国制造业智能技术的全面起步阶段，呈现波动式上升态势；二是 2010~2020 年，是智能技术水平快速提升期，尤其是 2012 年以后呈现指数式增长态势，这可能是由于中国互联网规模和质量不断提高，智能人才增长明显、智能技术研发投入迅猛增长。智能技术的持续提升为中国制造业智能化程度持续提高奠定了基础，创造了条件。

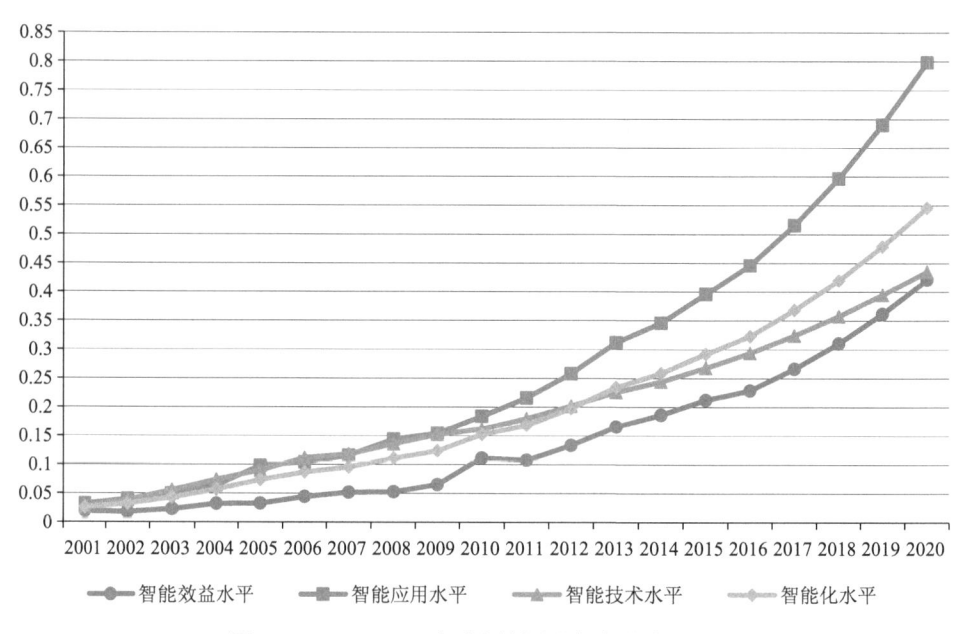

图 4-1　2001～2020 年中国制造业智能化发展态势

其二，智能应用水平持续提升且呈现超前态势。沿着时间轴线看，智能应用水平经过 2001～2004 年的启动积累后，即呈现持续加速并继而领先于智能技术水平和智能效益水平的态势，表明中国制造业智能化重心聚焦在应用层面，也许这就是中国制造业智能化的特色路径，"中间突破、两头延伸"，也是成功路径。沿着纵向成长性看，经过 2001～2004 年平缓积累后，智能应用水平逐年攀升，尤其在 2009 年之后呈现出快速增长态势，智能应用水平持续高速攀升。若从发展速度分阶段看，智能应用水平提升也可分为两段：一是 2001～2008 年，智能应用水平的平缓积累增长期，大量智能软件开始持续涌现并逐步应用到制造业产业，带动中国制造业智能化应用程度平缓提升；二是 2009～2020 年，大量高质量智能软件涌现出来并深度应用到各制造业行业，尤其是国家积极推进信息化与工业化融合发展，激发了制造业日益增长的对于智能软件应用的强烈需求，促进智能应用水平进入高速提升期，带动了中国制造业智能化程度的显著提升。

其三，智能效益水平缓慢增长但提升幅度不尽如人意。沿着时间轴线看，智能效益水平经过 2001～2004 年的应用积累，在 2005～2008 年出现逐步提升态势，但 2009 年随着受国际金融危机影响，出现明显回落，2011 年以后呈现出效益加速提升态势。智能效益提升速度较慢在一定程度上影响到了中国制造业总体智能化的进展水平。从发展速度分阶段看，智能效用水平提升也可分为两段：一是2001~2009年，智能效益水平的平缓积累增长期，大量制造业智能技术开始持续涌现并逐步投入制造业产业，带动中国制造业智能化效益程度平缓提升；二是2010~2020年，随着工业化与信息化融合程度的不断提高，国内制造业运用智能技术的程度越来越高；通过将智能技术运用到生产流程中，制造业企业不仅可以把控质量，提高生产效率，还可以加速产品和服务的研发，制造业智能化带来的利润也快速增长。

其四，中国制造业智能化水平呈现出缓慢上升转向逐步增速态势。纵观制造业自2001年以来，尤其伴随着国家"自主创新、重点突破、支撑发展、引领未来"中长期科技规划颁布实施和国家促进"两化融合"力度不断加大，中国制造业总体智能化水平呈现出平稳上升到逐步增速势头。总体来看，中国制造业智能化进程中，智能技术创新速度持续在加快，核心技术创新突破的层面不断提高，为智能应用水平提高奠定了坚实基础；而智能应用水平的适度超前，既有利于带动中国制造业智能化的效益提升，也有利于引导智能技术的创新发展。智能应用这个中间环节的强大，呈现出了中国制造业智能化发展与发达国家不同的路径，更加符合中国制造业规模世界第一但创新能力有待提升的现状，更加有利于中国制造业总体智能化水平的持续稳定提升，有利于某些重点制造业产业智能化程度快速攀升，进入世界先进甚至领先行列。

### 4.3.2 制造业智能化的区域评价

为了对中国制造业智能化发展做进一步的分析，本书通过对三大区域内的省份各指标的平均值进行计算得到各区域制造业智能化水平及其子指标水平。

从制造业智能技术水平来看，东部地区最强，中部地区略强于西部地区（图4-2）。东部地区最强并且显著领先于中西部地区，主要原因是：一方面，东部地区经济发达，制造业发展水平高，企业能够将更多的资本用于研发、智能设施设备投入；另一方面，东部地区集聚了大量的科研院所，为制造业培养了大量的智能化所需的各类人才，促进了该地区的技术创新水平的提高，从而有效地支撑了东部地区制造业智能化的发展。中部地区由于其地理因素等原因，能够承接东部地区制造业产业转移，制造业取得了较好发展，在满足企业自身发展的同时也能在智能化方面进行一定的基础投入，形成了一定的智能技术基础积累。而西部地区制造业基础水平差，同时由于地处内陆，难以大规模发展对外贸易，仅以主要满足国内市场需求为主，对于智能化基础设施设备的投入相对较少。

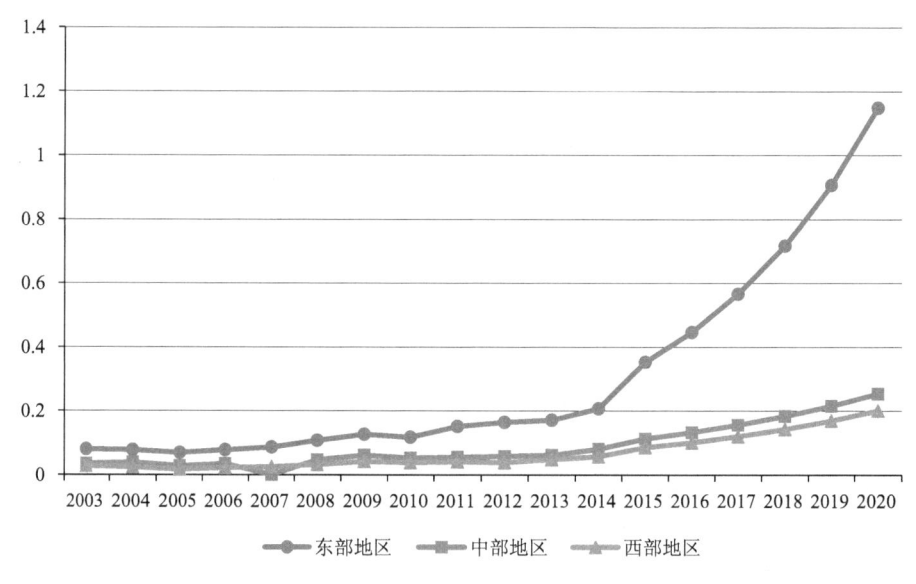

图 4-2 中国制造业智能技术水平区域对比

从制造业智能应用水平来看，东部地区最强，中部次之，西部地区最弱（图 4-3）。东部地区最强，并且与中西部地区的差距逐年扩大，可能的原因在于东部地区的良好地理优势有利于高校、科研院所与大型软件开发企业集聚，不仅能够

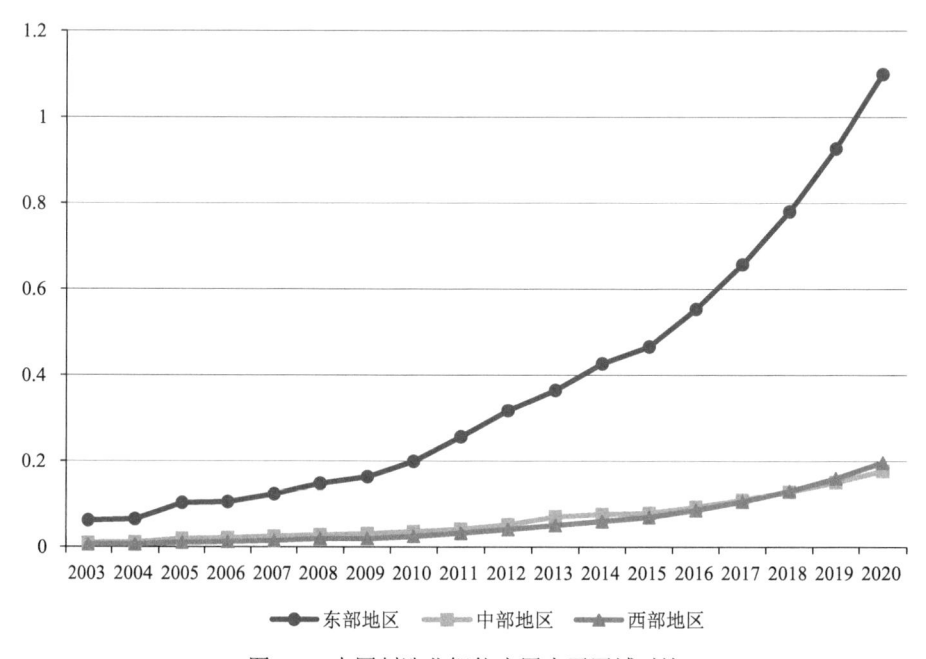

图 4-3 中国制造业智能应用水平区域对比

服务于本土制造业企业，同时也承接国外软件开发外包业务，软件产业的集聚吸引了更多的软件企业集中，产生了软件行业发展的"马太效应"，极大地提升了中国制造业的软件开发水平和软件服务水平。而对于中部地区和西部地区来说，薄弱的软件行业发展基础加上东部地区集聚效应的加强，使得两个地区在长期发展中处于劣势地位，难以获得进一步提升，而中部地区由于邻近东部地区，地理优势使其软件应用水平稍强于西部地区。

从制造业智能效益水平来看，东部地区最强，中部地区次之，西部地区最弱（图 4-4）。东部地区智能效益水平最高，主要是因为东部地区集聚了大量的制造业企业，当前市场竞争不断加剧，劳动力成本不断提升，环境规制力度不断加大，智能化发展是制造业企业寻求转型升级的重要路径。正是由于企业存在智能化转型需求，推进了生产流程的自动化、流程管理的数字化和企业信息的网络化。这一系列的转变提升了东部地区制造业的劳动效率和利润，使得智能化市场不断改善和发展。中部地区制造业的智能效益水平平稳上升，而西部地区则增长缓慢。从区域对比来看，2009 年以后东部地区、中部地区和西部地区之间的智能效益水平差距呈扩大趋势，这可能是因为金融危机爆发以来，东中部地区制造业以此为发展契机进行转型升级，刺激了制造业智能化市场的发展，而西部地区囿于地理限制，难以取得进一步的突破。此外，西部地区的智能效益水平在 2008 年暂时性超越东中部地区。这可能的原因是西部地区中陕西省制造业发展最为突出，陕西规模以上工业总产值同比上年增加 31.9%，装备制造业增长 24.7%，汽车制造业同比上年增长 59.1%，而装备制造业和汽车制造业是智能化需求量较大的行业，因而促进了西部地区智能效益水平的短时间提升。

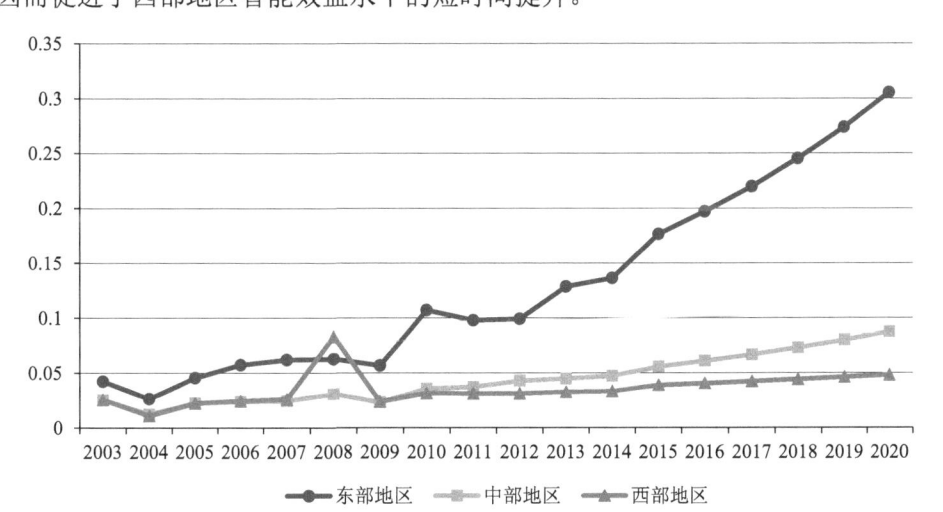

图 4-4 中国制造业智能效益水平区域对比

从制造业智能化水平来看，东部地区最强，其次是中部地区，西部地区发展最慢（图 4-5）。东部地区制造业智能化水平最高，并且与中西部地区之间的差距不断加大，这主要是因为东部地区在智能基础、智能应用和智能效益层面均显著领先于其他地区。东部地区具有良好的制造业基础，同时积极发展制造业国际贸易，其制造业智能化水平能够与发达国家市场接轨，良好的内外部环境使得东部地区制造业智能化水平取得了明显提升。中部地区由于其地缘优势，因而承接了东部地区制造业部分的产业转移，取得了较快发展。西部地区在制造业智能化各方面均落后于东中部地区，发展最为缓慢。

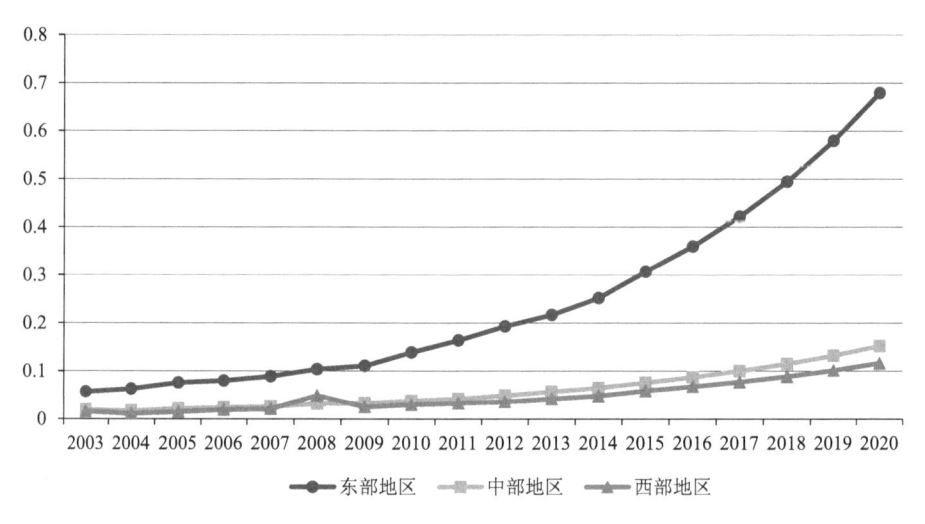

图 4-5 中国制造业智能化水平区域对比

### 4.3.3 制造业智能化的省际评价

中国制造业区域分布广、发展程度差异大，智能化程度也具有显著的省际差异，本书根据 4 个评价指标并选取历年数据平均值，可以得到各省份（不含港澳台）制造业智能化水平（表 4-2）。

表 4-2 中国制造业智能化水平的省际对比

| 省份 | 智能技术 | 智能应用 | 智能效益 | 智能化水平 |
| --- | --- | --- | --- | --- |
| 广东 | 0.6190（2） | 1.0000（1） | 0.9726（1） | 0.9073（1） |
| 江苏 | 0.8440（1） | 0.2706（2） | 0.7626（2） | 0.5667（2） |
| 上海 | 0.4407（3） | 0.1439（6） | 0.2187（6） | 0.2368（3） |
| 山东 | 0.3268（4） | 0.1488（4） | 0.3083（3） | 0.2317（4） |

续表

| 省份 | 智能技术 | 智能应用 | 智能效益 | 智能化水平 |
|---|---|---|---|---|
| 浙江 | 0.2331（10） | 0.1648（3） | 0.2903（4） | 0.2077（5） |
| 北京 | 0.1693（16） | 0.1466（5） | 0.2370（5） | 0.1670（6） |
| 天津 | 0.2180（11） | 0.0558（9） | 0.1989（7） | 0.1286（7） |
| 四川 | 0.2173（12） | 0.0786（7） | 0.1408（9） | 0.1253（8） |
| 福建 | 0.2026（13） | 0.0641（8） | 0.1794（8） | 0.1239（9） |
| 河南 | 0.2348（9） | 0.0346（14） | 0.1210（10） | 0.1014（10） |
| 湖北 | 0.2362（8） | 0.0522（10） | 0.1020（11） | 0.1007（11） |
| 安徽 | 0.2579（6） | 0.0490（11） | 0.0703（17） | 0.0954（12） |
| 江西 | 0.2614（5） | 0.0277（16） | 0.0814（13） | 0.0877（13） |
| 湖南 | 0.2448（7） | 0.0380（13） | 0.0777（14） | 0.0826（14） |
| 辽宁 | 0.1898（14） | 0.0324（15） | 0.0923（12） | 0.0814（15） |
| 陕西 | 0.1765（15） | 0.0390（12） | 0.0763（16） | 0.0710（16） |
| 河北 | 0.1454（19） | 0.01620（19） | 0.0763（15） | 0.0562（17） |
| 重庆 | 0.1648（17） | 0.0270（17） | 0.0529（19） | 0.0558（18） |
| 广西 | 0.1631（18） | 0.0122（22） | 0.0496（20） | 0.0416（19） |
| 吉林 | 0.0879（27） | 0.0115（23） | 0.0643（18） | 0.0373（20） |
| 黑龙江 | 0.1372（20） | 0.0136（20） | 0.0370（21） | 0.0310（21） |
| 云南 | 0.1279（22） | 0.0128（21） | 0.0315（22） | 0.0288（22） |
| 山西 | 0.1330（21） | 0.0044（24） | 0.0229（25） | 0.0275（23） |
| 贵州 | 0.0679（29） | 0.0163（18） | 0.0264（23） | 0.0236（24） |
| 内蒙古 | 0.1126（23） | 0.0009（29） | 0.0232（24） | 0.0220（25） |
| 宁夏 | 0.0993（24） | 0.0028（26） | 0.0146（27） | 0.0151（26） |
| 甘肃 | 0.0754（28） | 0.0039（25） | 0.0144（28） | 0.0132（27） |
| 海南 | 0.0637（30） | 0.0023（27） | 0.0176（26） | 0.0125（28） |
| 新疆 | 0.0991（25） | 0.0007（30） | 0.0074（29） | 0.0122（29） |
| 青海 | 0.0902（26） | 0.0013（28） | 0.0063（30） | 0.0113（30） |
| 西藏 | - | - | - | - |
| 平均值 | 0.2147 | 0.0824 | 0.1458 | 0.1235 |

从制造业智能技术视角看，最强的3个省份分别为江苏、广东、上海，其网络设施投资和智能人才投入均位居全国前列。然而，制造业发达的天津、河北、福建却排在10名以外，而处于中部地区的湖北和河南却挤进前10位，其原因主要是网络设施投资和智能人才拥有数量的差异。从制造业智能应用视角看，广东、江苏、浙江、山东、北京、上海、四川、福建排名前8，显然是因为其经济发展

水平高，智能软件开发和服务能力强。从制造业智能效益视角看，广东、江苏、山东、浙江、北京、上海、天津、福建8个东部地区的省份进入前10位，其原因应当是这些省份不但制造业规模较大、能力较强，而且拥有丰富的教育资源，提供了高素质的劳动力和生产效率，比较容易从制造业智能化进程中获得较好收益。需要关注的是地处西部地区的四川和中部省份河南也进入前10位，其原因可能是这2个省份是高质量制造业较集聚的地区，如四川省的装备制造业和电子信息产业一直在国内外拥有良好声誉，而且高等教育资源丰富可以提供高质量创新人才，支撑创新发展，因而转向制造业智能化并获得应有收益的能力强劲。

从制造业智能化综合能力视角看，广东、江苏、上海处于第一梯队，是中国制造业智能化水平最高的省市；处于第二梯队的是山东、浙江、北京、天津4个省份，它们均强于多数省份但又稍稍落后于前3位的省份；第三梯队是四川、福建、河南、湖北、安徽、江西、湖南、辽宁、陕西、河北、重庆、广西12个省份，它们制造业智能化进程已经启动并处于逐步加速之中，智能技术和智能应用方面均有较明显的进展，除四川外，显现还需时日。第四梯队是吉林、黑龙江、云南、山西、贵州、内蒙古、宁夏7个省份，这些省份的制造业整体相对落后，但均有少量制造业或产业部门在国内外享有盛誉，如内蒙古的能源产业、贵州的数据产业、山西的煤炭产业、云南的烟草制造业等，在推进智能化过程中均创造出较好业绩，带动了制造业智能化水平的提升。处于第五梯队的是甘肃、海南、新疆、青海、西藏5个省份，均具有某些严重影响制造业发展的不利因素，主要是地理位置、气候条件、工业基础和高质量劳动力供应不足等。这些省份的制造业智能化水平提升还需要从基础条件、智能人才、政策供给、财税支持等多种途径入手，综合推进拉升。简言之，中国制造业智能化程度具有区域特点，也出现了中部省份超越东省份、西部省份赶上中部省份的情况，但总体上东部先进、中部次之、西部相对落后的状况没有实质性变化。中国制造业发展和制造业智能程度提升具有广阔的区域梯度空间。

## 4.4　中国制造业智能化影响因素分析

众所周知，制造业智能化程度不但会受到制造业自身发展和智能应用的影响，还会受到政府推动力度以及经济社会因素的影响，可以归结为内外因素和环境因素的影响，具体表述为内源因素、外源因素、政府因素和市场因素（熊湘辉和徐璋勇，2018），因此，本书进一步分析这些因素对制造业智能化的影响。

## 4.4.1 变量说明与描述

被解释变量包括制造业智能化水平（ZNH）、智能技术水平（ZNJS）、智能应用水平（ZNYY）和智能效益水平（ZNXY）。

具体解释变量说明如下：

(1) 内源因素。内源因素包括技术研发（JSYF）、成本压力（CBYL）和人力资本（RLZB）。技术研发能够有效地促进智能技术与装备的创新与应用，对制造业智能化起到促进作用和支撑作用。随着中国人口红利的逐渐消失，劳动力成本逐渐成为制造业成本的重要组成部分，形成成本压力，从而直接影响制造业企业在智能化方面的投入（林炜，2013）。制造业智能化需要较高素质水平的劳动力参与才能有效地推进实施，而人力资本是劳动力素质水平的重要体现。技术研发以专利申请数量的对数值表示，成本压力以制造业人均工资的对数值表示，人力资本以人均受教育年限对数值表示（李强和郑江淮，2013）。

(2) 外源因素。仅凭丰富的劳动力资源和潜在市场难以促进制造业的发展，因而 FDI 成为技术和资本引进的重要方式。FDI 产生的知识与技术溢出可能有助于制造业智能化的深入推进（鲁钊阳和廖杉杉，2012）。FDI 以外商企业投资总额的对数值来表示。

(3) 政府因素。政府因素包括环境规制（ENRE）和政府干预（ZFGY）。目前环境保护愈加成为政府和企业的关注重点。在环境规制下，企业需要通过一些措施减少能源消耗与污染排放（黄清煌和高明，2016），智能化改造是其中一种重要方式，因而环境规制可以作为影响制造业智能化的一个主要制度因素。通过市场经济来引导产业发展常常存在"失灵"情况，因而政府干预成为了一种调节市场机制的重要手段，因而在一定程度上也会对制造业智能化产生影响（肖文和林高榜，2014）。环境规制以各地区工业污染治理投资完成额与该地区工业总产值的比值表示。政府干预以政府财政支出与生产总值的比值表示。

(4) 市场因素。市场因素包括规模化（GMH）和金融发展（JRFZ）。通常来说，大中型企业具有较强的管理能力，因而其在成本投入时更容易获得规模经济，产生规模报酬递增（周方召 等，2014），从而对制造业智能化产生影响。金融市场的发展有利于制造业企业获取金融支持，用于购买智能设备和技术（芦锋和韩尚容，2015），推动企业的智能化改造。规模化水平以大中型工业企业主营业务收入占规模以上工业企业主营业务收入的比重表示，金融发展以金融机构存贷款总额的对数值表示。

本书选择 2001~2020 年中国省级面板数据进行实证研究。数据来源于《中国电子信息产业统计年鉴》《中国高技术产业统计年鉴》《中国环境统计年鉴》《中国统计年鉴》《中国工业统计年鉴》《中国劳动统计年鉴》，以及国家数据网站（http://data.stats.gov.cn/）。相应指标的描述性统计如表4-3所示。

表4-3 描述性统计

| 变量 | 样本数 | 平均值 | 标准差 | 极小值 | 极大值 |
| --- | --- | --- | --- | --- | --- |
| ZNH | 600 | 0.123 | 0.189 | 0 | 1 |
| ZNJS | 600 | 0.215 | 0.261 | 0 | 1 |
| ZNYY | 600 | 0.0824 | 0.186 | 0 | 1 |
| ZNXY | 600 | 0.146 | 0.221 | 0 | 1 |
| ln JSYF | 600 | 9.719 | 1.733 | 4.820 | 13.78 |
| ln CBYL | 600 | 10.32 | 0.712 | 8.804 | 11.90 |
| ln RLZB | 600 | 2.187 | 0.109 | 1.842 | 2.502 |
| ln FDI | 600 | 6.246 | 1.697 | 1.946 | 12.31 |
| ENRE | 600 | 0.00147 | 0.00136 | 1.90e-05 | 0.0108 |
| ZFGY | 600 | 0.109 | 0.0536 | 0.0101 | 0.349 |
| GMH | 600 | 0.683 | 0.0957 | 0.355 | 0.880 |
| ln JRFZ | 600 | 10.19 | 1.206 | 6.710 | 12.95 |

### 4.4.2 回归分析

为了对中国制造业智能化的影响因素进行深入分析，本书运用面板数据进行回归分析。根据制造业智能化影响因素模型进行固定效应和随机效应估计，从两种模型结果来看，各变量系数及显著性基本一致。根据Hausman检验结果，P值小于0.01，所以固定效应模型更加稳健，因而选择固定效应模型进行分析。回归结果如表4-4所示。

表4-4 面板数据的回归结果

| 解释变量 | | 智能化 | 智能技术 | 智能应用 | 智能效益 |
| --- | --- | --- | --- | --- | --- |
| 内源因素 | ln JSYF | 0.0438*** | 0.0769*** | 0.0196*** | 0.0591*** |
| | | （0.0079） | （0.0246） | （0.0057） | （0.0099） |
| | ln CBYL | 0.2057*** | 0.4213*** | 0.0631*** | 0.1414*** |
| | | （0.0332） | （0.1028） | （0.0239） | （0.0414） |
| | ln RLZB | 0.6275*** | 0.5806 | 0.6446*** | 0.6001** |
| | | （0.2138） | （0.6629） | （0.1539） | （0.2668） |

续表

| 解释变量 | | 智能化 | 智能技术 | 智能应用 | 智能效益 |
|---|---|---|---|---|---|
| 外源因素 | ln FDI | 0.0064 | 0.0263 | -0.0006 | 0.0032 |
| | | (0.0070) | (0.0217) | (0.0050) | (0.0088) |
| 政府因素 | ENRE | -0.0145*** | -0.0675*** | 0.0015 | -0.0074 |
| | | (0.0040) | (0.0124) | (0.0029) | (0.0050) |
| | ZFGY | 0.6319*** | 0.0871 | 0.8768*** | 0.5775*** |
| | | (0.1546) | (0.4792) | (0.1113) | (0.1929) |
| 市场因素 | GMH | -0.1533*** | -0.3858*** | -0.0714*** | -0.1549*** |
| | | (0.0353) | (0.1096) | (0.0254) | (0.0441) |
| | ln JRFZ | 0.0229 | -0.0283 | 0.0603*** | -0.0118 |
| | | (0.0246) | (0.0763) | (0.0177) | (0.0307) |
| | Cons | -3.7350*** | -5.6920*** | -2.5645*** | -2.7898*** |
| | | (0.5762) | (1.7866) | (0.4149) | (0.7191) |
| | $N$ | 600 | 600 | 600 | 600 |
| | id | Yes | Yes | Yes | Yes |
| | 年份 | Yes | Yes | Yes | Yes |
| | $F$ | 9.6636 | 22.9451 | 7.7029 | 6.7413 |
| | $R^2$ | 0.2552 | 0.4852 | 0.2026 | 0.1741 |

注：***、**分别表示变量系数通过了0.01、0.05水平的显著性检验；括号内数值为$T$值。

### 4.4.3 结果分析

从制造业智能化的影响因素来看，技术研发、成本压力、人力资本以及政府干预是促进制造业智能化的主要因素，环境规制和规模化是抑制制造业智能化发展的主要因素，而FDI和金融发展的影响不显著。结果说明内源因素是促进制造业智能化的主要动力，其中人力资本的影响最为明显，反映于现实就是中国部分制造业企业向低劳动力成本的东南亚地区转移。成本压力的提高使得企业需要将大量资本用于劳动力支出，减少对于技术与设备的投入，减弱制造业企业的市场竞争力，那么制造业企业就会通过智能化改造提升其劳动生产率和实现劳动力替代，从而释放其成本压力。政府干预促进了制造业智能化的发展，原因在于政府为了促进制造业转型升级采取了一系列措施，使得相关企业加大了智能设备投资，有利于提高技术进步水平。随着智能产业市场化程度以及竞争程度的提高，政府干预提供的资金支持在一定程度上促进智能软件开发行业的良性发展，从整体上强化了市场的配置作用，加快智能化发展进程。

从制造业智能技术的影响因素来看，技术研发、成本压力是促进制造业智能技术发展的主要因素，环境规制和规模化是抑制制造业智能技术发展的主要因素，而人力资本、FDI、政府干预和金融发展对制造业智能技术发展影响不显著。结果说明，制造业智能技术的发展受到多方面因素影响，其中成本压力的影响最大。成本压力是知识、劳动和管理技能等方面的综合反映。一方面，诸多研究表明人力资本的积累有助于创新能力的形成，促进制造业智能设施设备的改善；另一方面，人力资本的提高有助于智能生产潜力释放，从而有效地推进制造业智能化进程。

从制造业智能应用的影响因素来看，技术研发、成本压力、人力资本、政府干预和金融发展是促进制造业智能应用发展的主要因素，规模化是抑制制造业智能应用发展的主要因素，而FDI和环境规制对制造业智能应用发展影响不显著。其中，成本压力提高了制造业智能应用水平，这是由于通过提高智能应用水平可以显著提升附加值，降低成本压力。在劳动力成本的作用下，提高智能应用水平是减轻成本压力并有效提升制造业智能化水平的可靠路径。政策的干预引导和金融发展支持，有助于制造业智能应用范围扩大和程度深化，从而更为迅速地提高制造业智能应用的能力和水平。

从制造业智能效益的影响因素来看，技术研发、成本压力、人力资本和政府干预是促进制造业智能效益提升的主要因素，规模化是抑制制造业智能效益提升的主要因素，而其他因素对制造业智能效益影响不显著。其中，技术研发的持续投入有利于促进智能技术开发，加速"智能"价值转移，从而提高智能设备市场的产品附加值和运作效率。

根据上述三方面分析，本书发现人力资本、成本压力和技术研发是提升智能技术、智能应用和智能效益，促进制造业智能化水平发展的关键因素，反映内源因素是制造业智能化发展的主要动力。

## 4.5 结论与启示

本书从智能技术、智能应用和智能效益三个指标的综合作用视角，评价了中国制造业智能化程度；在此基础上，从内源视角和外源视角对中国制造业智能化的影响因素进行了分析。研究发现，中国制造业智能化水平呈现出逐年递升的态势，但存在明显地区差异；以技术研发、成本压力和人力资本为主的内源因素发挥了促进中国制造业智能化的重要作用。根据研究过程和研究结果，本书可以得出促进中国制造业智能化进程的重要结论。

提升中国制造业智能化水平，需要加强技术基础设施建设。应当积极鼓励和引导制造业智能化基础设施建设，尤其是网络信息平台、移动贸易平台、互联网制造平台建设等，以构建先进强大的制造业智能化网络支撑平台；应当扩大互联网基础设施建设的投入，建设高速、安全和泛在的网络制造体系，加大制造业智能化关键技术装备、重大成套设备的开发与应用，以及先进感知、高精度运动控制、高可靠智能控制和工业互联网安全等系列关键技术的研发创新；以互联网为纽带，实现人机物的互联互通，形成"物联网"为基础的制造业智能化和智能传输体系，全方位提升制造业智能化水平；系统强化职业人才培养和培训体系，培养复合型全产业链的技术技能人才，为中国制造业智能化进程提供足够的高质量劳动力人才，保障制造业智能化的人才供给。

提升中国制造业智能化水平，需要加大投入力度。制造业智能化进程取决于智能技术创新、智能软件开发应用和智能化改造效益增进等方面。目前，中国制造业智能效益相对滞后影响了制造业智能化进程，减缓了制造业智能化的相关投入力度。因此，应当通过政府主管部门、产业技术创新联盟和产业协会等积极引导，促进制造业企业提升智能化意识，聚焦智能化巨大的潜在后续效益，促进制造业上中下游链条上的核心企业共同加大智能化经费和人员投入，为制造业智能进程不断加速奠定坚实基础。

提升中国制造业智能化水平，需要加强中小型制造业企业智能化支持力度。大量中小型高技术制造业企业是中国制造业智能化进程中的重要力量。但囿于其融资能力难以进行大规模智能化改造，因而政府应当给予中小型制造业企业更多关注和支持，比如加大"科创板"的支持力度，给予中小型高技术制造业企业进入市场直接融资的发展机会；应当运用公共资金和鼓励风险投资支持中小型制造业企业进行智能化改造，鼓励制造业产业龙头企业带领中小型制造业企业共同推进全产业链的智能化改造，发挥中小型企业在中国制造业智能化的独特作用，鼓励它们为全面提升中国制造业智能化程度添砖加瓦、贡献力量。

提升中国制造业智能化水平，需要协同区域制造业智能化进程。根据评价结果可以发现，东部地区制造业智能化水平远高于其他地区，说明中国制造业智能化发展极不均衡，需要区域协调发展来共同推进制造业智能化进程。打造中国制造业智能化增长极，分别为以智能软件和工业互联网为特色的环渤海地区，以智能装备产业集群为特色的长三角地区，以机器换人和个性化智能产品生产为特色的珠三角地区，以光电产业和高精尖制造业为特色的鄂渝川地区，形成区域发展特色，并建立起以四大增长极为中心、向周边城市扩散的制造业智能化产业链，并积极引导东部地区制造业向中西部地区梯度转移，逐步提升中西部地区制造业智能化水平，使得区域协调发展，形成制造业智能化的发展合力。

# 第5章　中国制造业智能化细分评价：产业评价

　　加快推进智能制造是实施信息化和工业化深度融合战略的重要举措，更是实施《中国制造2025》、加快制造强国建设的重要突破口。20世纪90年代以来，通信设备、计算机及其他电子设备制造业成为国民经济的先导产业，担当着重要角色，已经成为中国经济发展的第一支柱产业。作为经济增长"倍增器"、发展的"转换器"和产业升级"助推器"，通信设备、计算机及其他电子设备制造业既是国民经济的重要组成，更是提升国民经济发展层次与效益的重要支柱，对国家核心竞争力的形成和国际竞争博弈的成败有着决定性意义。这在国际金融危机后体现得尤为明显。制造业智能化是当前全球新一轮科技和产业革命的制高点，对通信设备、计算机及其他电子设备制造业重要作用和地位的进一步凸显有着显著的积极影响。

　　根据国家统计局数据，2018年，通信设备、计算机及其他电子设备制造业主营业务收入达到116296.5亿元，占中国工业主营业务收入的11.00%，总量比2000年增长了24.73倍。更为重要的是在市场需求的快速增长和科技进步的有力推动下，通信设备、计算机及其他电子设备制造业已经成为制造业智能化的先进产业与重要支撑，不仅是制造业智能化应用的重点领域，在促进电子信息技术与装备制造融合、扩大制造业智能化推广应用方面也发挥着显著作用（蔡跃洲和陈楠，2019）。

　　根据国研网关于通信设备、计算机及其他电子设备制造业的智能化方面数据，本书选择能较为客观全面反映该行业智能化水平的6个指标，并使用熵权法计算各指标的权重，依据各指标的原始数据、规范化数据和权重，分析评价2005～2018年中国通信设备、计算机及其他电子设备制造业智能化进展程度及发展态势。

## 5.1　通信设备、计算机及其他电子设备制造业智能化评价指标体系

　　依据第4章的指标层次法，本书从智能技术层、智能应用层和智能效益层3个层面，构建了通信设备、计算机及其他电子设备制造业智能化评价指标体系，

具体选择了 6 个评价指标（表 5-1）。根据评价指标体系的具体评价指标，本书选取 2005~2018 年的数据，采用熵权法分别对通信设备、计算机及其他电子设备制造业智能技术、智能应用、智能效益以及综合智能化水平进行评价，揭示通信设备、计算机及其他电子设备制造业智能化水平趋势。

表 5-1　通信设备、计算机及其他电子设备制造业"智能化"评价指标体系

| 指标 | 要素 | 序号 | 子指标 |
| --- | --- | --- | --- |
| 智能技术 | 投入要素 | A1 经费强度 | R&D 经费内部支出/万元 |
|  |  | A2 人员强度 | R&D 人员数全时当量/（人·年） |
| 智能应用 | 应用要素 | B1 专利申请 | 专利申请数/项 |
|  |  | B2 专利拥有 | 有效发明专利数/项 |
| 智能效益 | 产出要素 | C1 创新强度 | 新品销售收入与主营业务收入占比 |
|  |  | C2 经济效益 | 软件业务收入/亿元 |

### 5.1.1　制造业产业智能技术指标

制造业产业智能技术指标反映智能化的物理基础，是智能化的前提和保障，而经费强度和人员强度直接反映了智能技术的水平。其中，经费强度用 R&D 经费内部支出表示（孟凡生和赵刚，2018）。R&D 经费内部支出是指调查单位在报告年度用于内部 R&D 活动的实际支出，包括 R&D 项目（课题）活动的直接支出以及间接 R&D 活动管理费、服务费、与 R&D 相关的基本建设支出和外协加工费等，不包括生产活动支出、偿还贷款费用、与外部单位合作或委托外单位进行 R&D 活动而转拨给对方的经费支出。人员强度用 R&D 人员数全时当量表示。R&D 人员数全时当量是指 R&D 全时人员（全年 R&D 活动累积工作时间占全部工作时间 90%或更多的人员）工作量与非全时人员按实际工作时间折算的工作量之和。

### 5.1.2　制造业产业智能应用指标

制造业产业智能应用指标反映智能化进程中的技术开发与应用情况，本书采用通信设备、计算机及其他电子设备制造业专利申请数和有效发明专利数衡量（孙早和侯玉琳，2019）。其中，专利申请数指专利机构受理技术发明申请专利的数量，是发明专利申请量、实用新型专利申请量和外观设计专利申请量之和。有效发明专利数指经国内外知识产权行政部门授权且在有效期内的专利件数量。

### 5.1.3 制造业产业智能效益指标

制造业产业智能效益指标反映智能化进程中的市场盈利情况，借鉴孙早和侯玉琳（2019）的研究，采用通信设备、计算机及其他电子设备制造业新产品收入与主营业务收入占比衡量创新强度。其中新产品指采用新技术原理、新设计构思研制生产，或结构、材质、工艺等某一方面有所突破或较原产品有明显改进，从而显著提高了产品性能或扩大了使用功能，对提高经济效益具有一定作用的产品，并且在一定区域或行业范围内具有先进性、新颖性和适用性的产品。同样借鉴孙早和侯玉琳（2019）的研究，采用软件业务收入衡量经济效益。软件业务收入指的是企业从事软件产品、信息系统集成服务、信息技术咨询服务、数据处理和运营服务、嵌入式系统软件、IC 设计 6 项业务收入的合计。

## 5.2 通信设备、计算机及其他电子设备制造业智能化评价

依据制造业产业智能化评价指标体系，本书主要通过研发经费和研发人员投入、专利申请数和有效发明专利数、新产品收入和软件收入 6 个指标，评价通信设备、计算机及其他电子设备制造业智能化状况和趋势。

### 5.2.1 通信设备、计算机及其他电子设备制造业智能技术评价

制造业产业智能技术评价主要包括 R&D 经费内部支出和人员数全时当量，主要反映制造业产业智能化的创新驱动能力。

1. R&D 经费内部支出

R&D 经费内部支出反映了制造业企业的研发活动支出，是企业实现技术创新，形成技术创新能力的基本保证，反映一个企业、行业，乃至国家的智能制造水平和核心竞争力。它在企业中的创新作用体现在研发链条的各个环节，只有依靠持续不断的资金支持，企业才能将创新工作顺利开展并实现创新成果的转化。通信设备、计算机及其他电子设备制造业 R&D 经费内部支出持续增长，由 2005 年的 276.67 亿元增长至 2018 年的 2279.90 亿元，增长了 8.24 倍。这说明通信设备、计算机及其他电子设备制造业非常重视科技研发和创新工作，《中国制造 2025》、《新一代人工智能发展规划》和"十三五"战略规划中也明确提到要加强基础研究和体系建设，可以预见未来一段时间通信设备、计算机及其他电子设备制造业的 R&D 经费内部支出将会进一步加速。

## 2. R&D 人员数全时当量

研发人员是突破技术创新的实践者与创造者，技术创新的发展即是研发人员不断研发新成果并将其市场化的过程，研发人员的配置和质量在很大程度上决定了企业技术创新的水平和效率。从图 5-1 可以看出，通信设备、计算机及其他电子设备制造业 R&D 人员数全时当量呈现上升趋势，由 2005 年的 111 486 人·年增长至 2018 年的 552 618 人·年，年平均增长率 13.6%，其中 2007 年的增长率最大，达到 40.0%。在政策、文件的引导和制造业本身竞争压力的双重作用下，通信设备、计算机及其他电子设备制造业的创新升级和跨越发展加快了相关前沿技术和装备的研发，R&D 人员数全时当量稳步增长。

图 5-1 通信设备、计算机及其他电子设备制造业 R&D 人员数全时当量

### 5.2.2 通信设备、计算机及其他电子设备制造业智能应用评价

制造业产业智能技术评价主要包括专利申请数和有效发明专利数，主要反映制造业产业智能化活动的创新成果。

## 1. 专利申请数

2005~2018 年通信设备、计算机及其他电子设备制造业发明专利申请数总体呈现增长趋势（图 5-2）。特别是 2010 年后，通信设备、计算机及其他电子设备制造业专利申请数迅速提升，2011 的增长率达到 55.58%。2015 年，专利申请数小幅下降后，2016 年、2017 年和 2018 年连续快速增长，年均增长率为 21.22%。专利申请数与 R&D 经费内部支出和 R&D 人员数全时当量的提升成正比。这与中国行业主管部门和政府发布相关专利申报的鼓励扶持政策密切相关,不仅调动了企业和科技人员的积极性,也支持了企业知识产权工作。此外,建议在指导政策中增加智能制造专利评估的重要性,并呼吁在智能制造领域建立专利等知识产权,合理使用专利、发挥专利作用,关注于智能制造,并利用专利凝聚新动能,从知识产权的角度出发,推动建设制造强国。

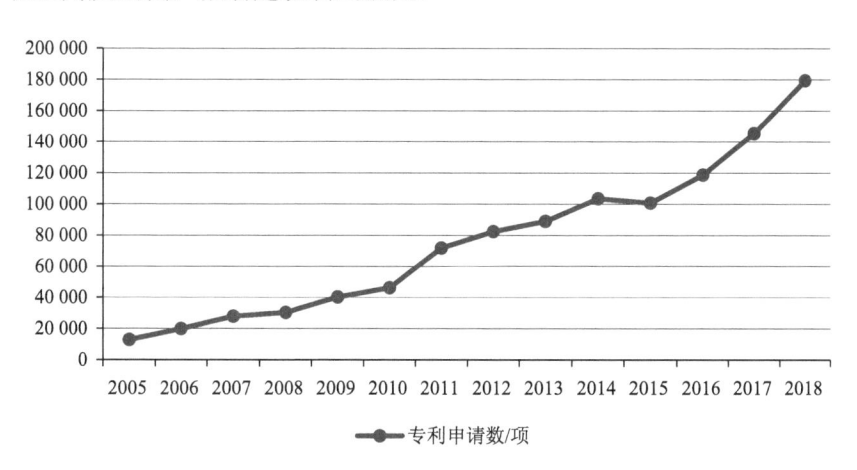

图 5-2 通信设备、计算机及其他电子设备制造业专利申请数

**2. 有效发明专利数**

从创新成果看,中国专利数量与质量有所提升,有效发明专利数不断增长。由图 5-3 可知,2005～2018 年通信设备、计算机及其他电子设备制造业有效发明专利数呈现增长趋势,可分为两段:一是,2005～2009 年,有效发明专利数呈平

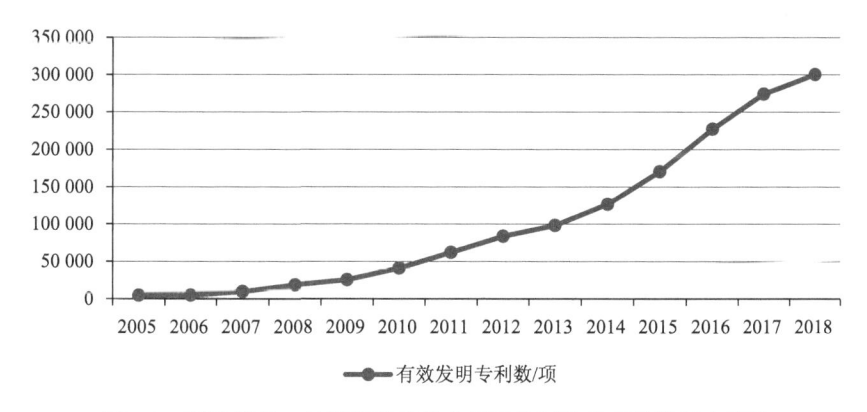

图 5-3 通信设备、计算机及其他电子设备制造业有效发明专利数

稳增长的趋势；二是，2010~2018 年，有效发明专利数爆发期，尤其是 2015 年以后呈现指数式增长态势。这是由于 2008 年《国家知识产权战略纲要》的颁布和实施，知识产权工作已上升到国家战略层面，引导中国知识产权事业发展，取得了历史性成就，"中国智造"已经走向世界。

### 5.2.3 通信设备、计算机及其他电子设备制造业智能效益评价

制造业产业智能技术评价主要包括新品销售收入与主营业务收入占比和软件业务收入，前一个指标反映制造业产业智能化创新的实际收益，后一个指标反映制造业产业智能化发展能力和创新成效。

1. 新品销售收入与主营业务收入占比

通过图 5-4 可见，2005~2018 年通信设备、计算机及其他电子设备制造业新品销售收入与主营业务收入占比呈现波动上升的趋势。2005~2012 年，通信设备、计算机及其他电子设备制造业新品销售收入与主营业务收入占比有所回落，总体波动不大。2013~2018 年，新品销售收入与主营业务收入占比呈现显著上升趋势，年平均增长率为 34.13%。这说明通信设备、计算机及其他电子设备制造业的专利转化率得到显著提高，并为企业的发展提供了动力。

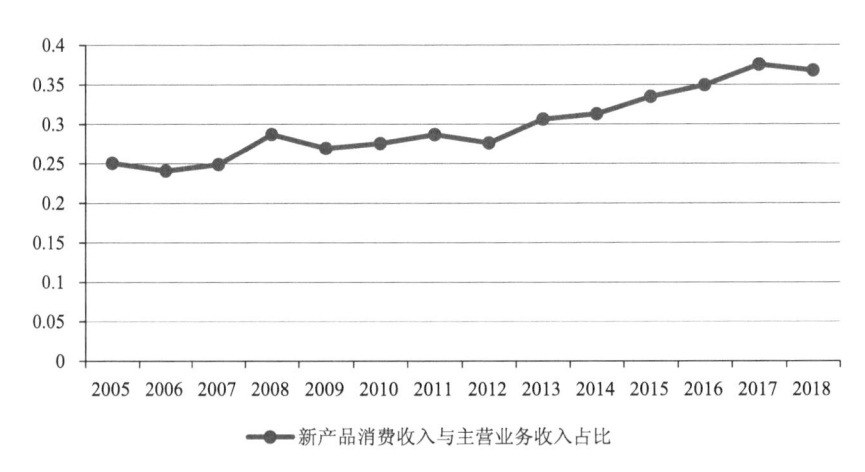

图 5-4　通信设备、计算机及其他电子设备制造业新品销售收入与主营业务收入占比

2. 软件业务收入

通过图 5-5 可知，2005~2018 年通信设备、计算机及其他电子设备制造业软件业务收入保持稳定的增长。特别是 2010 年后，平均年增长 6040 亿元，平均年

增长率为 21.19%。"十三五"期间，通信设备、计算机及其他电子设备制造业的最大增长动力无疑来自于2015年上半年推出的《中国制造2025》。《中国制造2025》明确提出，未来十年中国将把智能制造作为两化深度融合的主要方向，加快发展新一代信息技术与制造技术融合发展，重点发展智能装备和智能产品，促进生产过程智能化，培育新型生产方式，全面提高企业研发、生产、管理和服务的智能化水平。

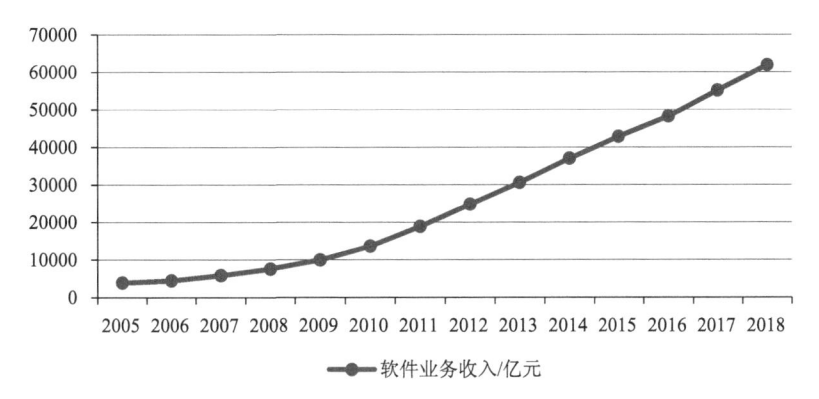

图 5-5 通信设备、计算机及其他电子设备制造业软件业务收入

### 5.2.4 通信设备、计算机及其他电子设备制造业智能化综合评价

通过计算通信设备、计算机及其他电子设备制造业智能技术、智能应用、智能效益各指标的权重，对其进行综合评价（表 5-2）。

表 5-2 通信设备、计算机及其他电子设备制造业智能化评价结果

| 年份 | 智能技术评价 | 智能应用评价 | 智能效益评价 | 智能化综合评价 |
| --- | --- | --- | --- | --- |
| 2005 | 0.0499 | 0.0528 | 0.0525 | 0.0518 |
| 2006 | 0.0514 | 0.0537 | 0.0511 | 0.0521 |
| 2007 | 0.0546 | 0.0553 | 0.0532 | 0.0544 |
| 2008 | 0.0572 | 0.0565 | 0.0605 | 0.0581 |
| 2009 | 0.0589 | 0.0585 | 0.0587 | 0.0587 |
| 2010 | 0.0639 | 0.0610 | 0.0615 | 0.0621 |
| 2011 | 0.0695 | 0.0665 | 0.0660 | 0.0672 |
| 2012 | 0.0743 | 0.0701 | 0.0670 | 0.0704 |
| 2013 | 0.0774 | 0.0725 | 0.0749 | 0.0749 |
| 2014 | 0.0804 | 0.0774 | 0.0792 | 0.0790 |
| 2015 | 0.0842 | 0.0817 | 0.0857 | 0.0838 |

续表

| 年份 | 智能技术评价 | 智能应用评价 | 智能效益评价 | 智能化综合评价 |
|---|---|---|---|---|
| 2016 | 0.0872 | 0.0900 | 0.0907 | 0.0894 |
| 2017 | 0.0912 | 0.0984 | 0.0984 | 0.0962 |
| 2018 | 0.0998 | 0.1056 | 0.1005 | 0.1020 |

通信设备、计算机及其他电子设备制造业智能化趋势如图 5-6 所示。智能技术层面，2005～2018 年计算通信设备、计算机及其他电子设备制造业智能技术指数呈稳步上升趋势，年平均增长率为 5.50%。计算通信设备、计算机及其他电子设备制造业智能技术的持续提升为中国制造业智能化程度持续提高奠定了基础，创造了条件。在智能应用层面该行业也呈稳步上升趋势，年平均增长率为 5.51%，略高于智能技术增长率。智能效益层面，2005～2018 年计算通信设备、计算机及其他电子设备制造业智能效益指数在 2009 年短暂下降，这可能与 2008 年的全球金融危机有关，其余年份均保持增长的态势，年平均增长率为 5.50%。在综合评价方面，与智能技术、智能应用与智能效益趋势一致，2005～2018 年计算通信设备、计算机及其他电子设备制造业智能水平呈上升趋势，年平均增长率为 5.38%。

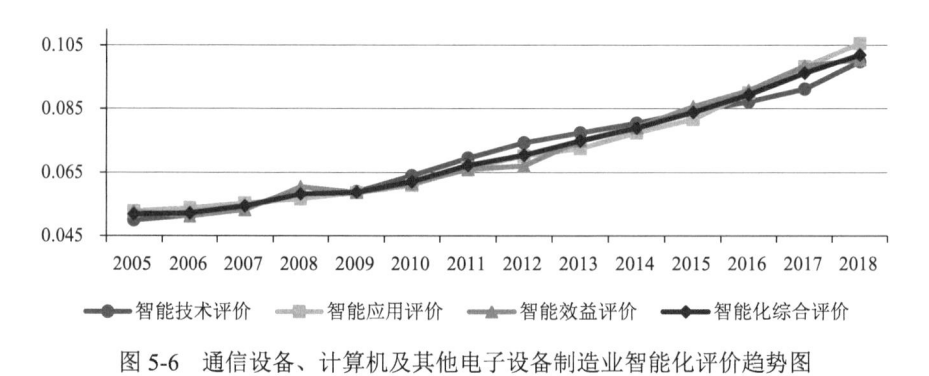

图 5-6 通信设备、计算机及其他电子设备制造业智能化评价趋势图

总的来说，中国通信设备、计算机及其他电子设备制造业智能化发展的基本面相对稳定，智能技术、智能应用、智能效益与智能化综合评价等方面总体呈现稳步上升的趋势。这一方面得益于《中国制造 2025》、《新一代人工智能发展规划》和"十三五"战略规划等对通信设备、计算机及其他电子设备制造业的大力扶持。另一方面，其他制造业的智能化转型升级也间接促进了通信设备、计算机及其他电子设备制造业智能化的水平提升。

## 5.3 制造业智能化与数字经济产业融合实证分析

数字经济是全球经济增长的重要驱动力，在加速我国经济发展和实现传统产业转型升级中正发挥着重要作用。中国信通院发布的《中国数字经济发展白皮书（2020 年）》显示，截至 2020 年，中国数字经济增加值规模已达 39.2 万亿元，依然保持 9.7%的高位增长，远高于同期 GDP 名义增速约 6.7 个百分点。与农业经济、工业经济剥离的数字经济，可以实现经济增长红利、就业创造红利和优质公共服务红利，同时数字经济的高成长性也推动了新旧动能的转换和资源优化利用（李晓华，2019；杨伟 等，2022）。党的十九届五中全会明确提出：要推动数字经济和实体经济深度融合，建设数字中国。国务院印发的"十四五"数字经济发展规划中指出要以数字技术与实体经济深度融合为主线，协同推进数字产业化和产业数字化，不断做强做优数字经济。2022 年全国两会《国务院政府工作报告》再次强调要促进数字经济发展，加强数字中国建设总体布局，以数字经济产业助力各行各业的数字化转型，实现传统实体经济提质增效。因此，深入推进数字经济与实体经济的融合发展，既是贯彻新发展理念的内在要求，也是推进经济高质量发展的现实需要。

### 5.3.1 制造业智能化与数字经济产业融合发展

相较于数字经济在电子商务、公共服务和交通领域的应用广度和推进速度，中国其他产业的数字化转型仍处于起步阶段。制造业作为中国实体经济的核心产业，是实现实体经济再上新台阶的重要发力点，其智能化程度亟须全面提高。制造业过去几十年的快速发展致使资源约束日趋紧张，尽管中国一直倡导实施环境友好型的新型工业化道路，但客观上资源环境仍然难以承受如此迅速的大国经济增长。在经济转型时期，过去制造业企业以牺牲环境来获取经济增长的发展模式已经不再被允许。因此，在数字经济发展高歌猛进和制造业智能化转型升级背景下，定量测度中国制造业智能化与数字经济之间的关联融合效应不仅能为数字经济拓宽实践范围提供理论依据和数据支撑，而且有助于中国制造业突破传统代工角色，加快智能化转型升级，从而推进数字中国和制造业强国建设，进而推动经济高质量发展。

当前，关于制造业智能化与数字经济关联融合的学术文献，主要集中在以下两个方面：一是制造业智能化与数字经济关联融合的定性探讨。目前比较一致的看法为数字经济是"融合经济"，数字经济与传统产业的相互融合不仅是首要之义，也是数字经济发展的落脚点，实体经济是数字经济的主战场（陈晓红 等，2022；李柏洲 等，2021；余江 等 2017）。虽然中国数字经济与实体经济的发展之间存在一定"错位"关系，但二者本质上并不相斥（赵振和彭毫，2018）。在数字经济的框架下，制造业产业组织的分工边界趋向模糊化，并且数字技术与制造业智能化进程的高度融合甚至会超越传统创新理论的边界（黄群慧 等，2019；史宇鹏，2021）。二是制造业智能化与数字经济关联融合的定量测度。①在制造业的关联融合研究方面，学者们大多聚焦于制造业智能化与其他实体产业的关联效应测度。贺正楚等（2013）采用投入产出模型量化分析了中国生产性服务业与战略性新兴产业的互动融合关系。方来等（2016）通过计算甘肃省生产性服务业与制造业智能化的关联效应，发现制造业智能化对非知识密集型服务业的需求水平比知识密集型服务业更高。梁红艳（2021）基于改进距离的融合协同模型测算了中国制造业智能化与物流业的融合发展水平及其演化特征。②在数字经济的定量研究方面，由于数字经济产业分类此前尚未达成共识，针对数字经济的产业分类、产业规模以及综合发展水平测度的研究层出不穷（许宪春和张美慧，2020；吴翌琳和王天琪，2021；潘为华 等，2021；周晓辉，2021）。同时，也有学者从不同角度测算了数字经济与实体经济的融合发展水平。韩君和高瀛璐（2022）运用投入产出分析方法，以数字产业化和产业数字化为基础，定量分析了中国省域的数字经济与国民经济的产业关联效应。国家统计局发布《数字经济及其核心产业统计分类（2021）》后，学者们开始依据该权威分类进行数字经济产业的关联融合研究。武晓婷和张恪渝（2021）将数字经济产业划分为数字产品制造业、数字要素驱动业、数字产品服务业和数字技术应用业四大类，采用投入产出法定量测度数字经济产业与不同类型制造业智能化的前向融合效应及融合互动程度。沈晓平等（2022）采用数字产品制造业和数字技术应用业为数字经济产业代表，探讨中国数字经济与国民经济各部门的关系。

　　本书认为已有研究的贡献毋庸置疑，但仍存在一定的深化空间。首先，现有文献通常将制造业智能化与数字经济产业的关系当作模糊地带，鲜有从制造业分类和数字经济产业内部的角度出发，研究不同类别制造业智能化与不同数字经济产业的关联融合效应。其次，已有文献构建的产业融合评价指标体系虽较为完备，但在使用投入产出法分析时，往往只从数字经济产业对制造业智能化的需求拉动角度或数字经济产业对制造业智能化的供给分配角度出发，测算产业之间的关联融合效应，较少地兼顾制造业智能化与数字经济产业的后向和前向双向关联融合效应。而且，传统的影响力和感应力系数无法准确刻画产业之间的综合作用效果，从而致使研究结论有所偏颇。鉴于此，本书主要聚焦在三个方面：①根据《数字经济及其核心产业统计分类（2021）》和投入产出表产业分类，选取数字产品制造业和数字技术应用业作为数字经济产业代表，同时将制造业细分为资源密集型、劳动密集型和技术密集型三大类，从而分别测算数字产品制造业和数字技术应用业与资源密集型、劳动密集型和技术密集型制造业智能化的关联融合效应。②基于需求拉动和供给驱动双重维度，不仅对制造业与数字经济产业的后向关联融合效应进行测度分析，还对制造业智能化与数字经济产业的前向关联融合效应进行研究。此外，进一步结合影响力系数和感应力系数的经济含义（边际效应），采用加权的方法对其进行修正，以期更加精确地测算制造业智能化与数字经济产业之间的融合波及效应。③选择合理的产业关联融合路径，从加快制造业智能化与数字经济的深度融合进程出发，为数字中国和制造业强国的建设提供新思路与行动方案。

### 5.3.2 制造业智能化与数字经济产业融合模型

产业关联是产业融合和产业间相互作用的前提，具有一定关联性的产业才能寻求进一步的融合发展，并影响与之关联的产业（吴开亚和陈晓剑，2003；夏明和张红霞，2019）。产业关联波及效应是指当某产业部门的变化会引起与其相关的其他部门变化，从而对这些部门产生的波及影响。

投入产出法最初由经济学家 Leontief（1936）提出，通过矩阵形式的投入产出表描述国民经济各部门在一定时期内生产活动的投入来源以及使用去向，能够较好地揭示国民经济各部门（产业）之间相互依存和相互制约的数量关系，被广泛地应用于产业的关联融合效应研究。因此，本书运用投入产出法中的产业关联模型分析制造业智能化与数字经济产业的关联效应。其中，产业关联模型包括需求拉动模型和供给驱动模型，需求拉动模型即 Leontief 模型，属于后向关联模型；供给驱动模型最早由 Ghosh（1958）首次提出，此后经学者们修正发展而来，属于前向关联模型。

1. 需求拉动模型

需求拉动模型基于投入结构的视角，对投入产出表矩阵进行列向分析，可研究数字经济产业对制造业产品的需求拉动状况以及中间投入与总投入之间的联系，体现了产业间的后向关联效应和拉动作用。

（1）后向融合系数又称消耗系数或投入系数，可反映数字经济产业部门与向其提供生产投入要素的制造业部门之间的消耗联系：

$$a_{ij} = \frac{x_{ij}}{X_j}, \quad i = j = 1, 2, \cdots, n \tag{5-1}$$

其中，$x_{ij}$ 为 $j$ 部门产品生产中消耗 $i$ 部门产品的价值量；$X_j$ 为 $j$ 部门的总投入。$a_{ij}$ 越大，表明 $j$ 部门对 $i$ 部门的消耗越大，生产依赖度越高。

（2）加权影响力系数。数字经济对制造业的影响力系数是一种边际作用的体现，它反映了当数字经济产业部门增加一单位产品或服务的最终使用时，需要制造业部门为数字经济部门的生产提供的产出量，在作用力上表现为数字经济产业对制造业部门的需求拉动作用。借鉴刘起运（1986）的研究，本书引入加权平均系数替换平均权重系数，得到影响力系数权重计算公式为

$$\alpha_j = \frac{f_j}{F} = \frac{f_j}{\sum_{j=1}^{n} f_j} \tag{5-2}$$

其中，$\alpha_j$ 表示 $j$ 部门的最终产品量 $f_j$ 占国民经济最终产品量 $F$ 的比例。参照王琪延和徐玲（2014）的做法，得到产业之间的加权影响力计算公式：

$$e_{lj} = \frac{\overline{b_{lj}}}{\sum_{j=1}^{n} \left( \sum_{i=1}^{n} \overline{b_{ij}} \right) \alpha_j}, \quad i, j = 1, 2, \cdots, n \tag{5-3}$$

其中，$\overline{b_{lj}}$ 是 Leontief 逆矩阵 $(\boldsymbol{I} - \boldsymbol{A})^{-1}$ 中的元素；$e_{lj}$ 表示某产业（数字经济产业）$j$ 部门对某产业（制造业）$l$ 部门的影响力系数，影响力系数越大，说明数字经济产业对制造业智能化的需求拉动作用越大，后向波及效应越强。

2. 供给驱动模型

供给驱动模型则立足产出结构的视角，对投入产出表的矩阵进行分析，可研究数字经济部门产品在生产过程中对制造业部门产品的供给推动作用以及中间产出与总产出之间的联系，体现了产业之间的前向关联效应和推动作用。

（1）前向融合系数。前向融合系数又称分配系数，它可以反映数字经济产业部门与其提供生产投入要素的制造业部门之间的分配关系：

$$h_{ij} = \frac{x_{ij}}{X_i}, \quad i, j = 1, 2, \cdots, n \tag{5-4}$$

其中，$x_{ij}$ 为 $i$ 部门产品分配给 $j$ 部门产品的中间价值量；$X_i$ 为 $i$ 部门的总产出。$h_{ij}$ 越大，表明 $i$ 部门对 $j$ 部门的分配程度越大，前向关联融合效应越强。

（2）加权感应力系数。数字经济产业对制造业的感应力系数同样具有边际含

义，它反映了当制造业部门的最终使用每增加一个单位时，数字经济产业部门所受到的需求感应程度，在作用力上表现为数字经济产业对制造业的供给驱动作用。修正方法同影响力系数，得到权重计算公式为

$$\beta_i = \frac{v_i}{V} = \frac{v_i}{\sum_{i=1}^{n} v_i} \tag{5-5}$$

其中，$\beta_i$ 表示第 $i$ 部门的初始投入量 $v_i$ 占国民经济初始投入总量 $V$ 的比例。结合式（5-5）可以得到产业间的加权感应力系数的计算公式为

$$e_{il} = \frac{\overline{h_{il}}}{\sum_{i=1}^{n}\left(\sum_{j=1}^{n} \overline{h_{ij}}\right)\beta_i}, i,j=1,2,\cdots,n \tag{5-6}$$

其中，$\overline{h_{il}}$ 表示 Ghosh 逆矩阵中 $(I-H)^{-1}$ 的元素；$e_{il}$ 为某产业（数字经济产业）$i$ 部门对某产业（制造业）$l$ 部门的感应力系数。感应力系数越大说明数字经济产业对制造业智能化需求的感应越敏感，供给驱动作用越大。

### 5.3.3 制造业智能化与数字经济产业融合实证分析

本书使用 2012 年、2015 年、2017 年和 2018 年中国投入产出表研究中国总体数字经济产业与制造业智能化之间的关联融合效应，数据来自国家统计局和《中国投入产出表》《中国地区投入产出表》等统计年鉴。为保证数据统一口径，首先将 2017 年（149 部门）和 2018 年（153 部门）投入产出表整理合并为与 2012 年和 2015 年部门划分标准一致的 42 部门投入产出表。其次对数字经济产业进行划分，《数字经济及其核心产业统计分类（2021）》中明确将数字经济产业范围确定为数字产品制造业、数字产品服务业、数字技术应用业、数字要素驱动业和数字化效率提升业 5 个大类，并明确前 4 个大类为数字经济核心产业。依据上述分类，对照投入产出表中的行业部门及分类解释，发现通信设备、计算机和其他电子设备业与数字产品制造业较为对应，信息传输、软件和信息技术服务业与数字技术应用业较为对应，而其他 3 个数字经济产业与投入产出表的部门对应不够吻合或存在杂糅[①]。因此，提取上述 2 个部门作为数字产品制造业与数字技术应用业的

---

① 数字产品制造业，包括 6 个中类：计算机制造、通信及雷达设备制造、数字媒体设备制造、智能设备制造、电子元器件及设备制造、其他数字产品制造业。数字技术应用业，包括 5 个中类：软件开发、电信/广播电视和卫星传输服务、互联网相关服务、信息技术服务、其他数字技术应用业。

表征，以此代表数字经济产业。最后，再将剩下的 40 个部门进行制造业划分，根据数据可得性和一致性等原则，提取出 15 个制造业细分行业，并按照要素密集度将上述制造业部门划分为资源密集型、劳动密集型和技术密集型三大类。需要说明的是，本书选取的制造业主要为非数字化或数字化程度较低的行业（部门），与数字经济产业中的数字产品制造业并无包含关系，具体分类结果见表 5-3。

表 5-3　制造业与数字经济产业分类

| 制造业类型 | 部门 | 数字经济产业类型 | 部门 |
| --- | --- | --- | --- |
| 资源密集型 | 食品和烟草制造业（R1）<br>石油、炼焦产品和核燃料加工品制造业（R2）<br>化学产品制造业（R3）<br>非金属矿物制品制造业（R4）<br>金属冶炼和压延加工品制造业（R5） | 数字产品制造业 | 通信设备、计算机和其他电子设备业（D1） |
| 劳动密集型 | 纺织品制造业（L1）<br>纺织服装鞋帽皮革羽绒及其制品制造业（L2）<br>木材加工品和家具制造业（L3）<br>造纸印刷和文教体育用品制造业（L4）<br>金属制品制造业（L5） | 数字技术应用业 | 信息传输、软件和信息技术服务业（D2） |
| 技术密集型 | 通用设备制造业（T1）<br>专用设备制造业（T2）<br>交通运输设备制造业（T3）<br>电气机械和器材制造业（T4）<br>仪器仪表制造业（T5） | | |

1. 关联融合效应

根据式（5-1）和式（5-4），首先计算制造业智能化与数字经济产业的后向和前向关联融合系数，结果见表 5-4。

表 5-4　制造业智能化与数字经济产业的关联融合系数

| 类型 | 部门 | 后向关联融合系数 ||||||||
| --- | --- | --- | --- | --- | --- | --- | --- | --- | --- |
| | | 2012 年 || 2015 年 || 2017 年 || 2018 年 ||
| | | D1 | D2 | D1 | D2 | D1 | D2 | D1 | D2 |
| 资源密集型 | R1 | 0.0040 | 0.0080 | 0.0043 | 0.0074 | 0.0055 | 0.0063 | 0.0057 | 0.0060 |
| | R2 | 0.0021 | 0.0019 | 0.0009 | 0.0009 | 0.0008 | 0.0012 | 0.0008 | 0.0015 |

续表

| 类型 | 部门 | 后向关联融合系数 |||||||| 
| | | 2012 年 || 2015 年 || 2017 年 || 2018 年 ||
| | | D1 | D2 | D1 | D2 | D1 | D2 | D1 | D2 |
|---|---|---|---|---|---|---|---|---|---|
| 资源密集型 | R3 | 0.0566 | 0.0067 | 0.0505 | 0.0062 | 0.0322 | 0.0026 | 0.0328 | 0.0033 |
| | R4 | 0.0112 | 0.0005 | 0.0112 | 0.0004 | 0.0144 | 0.0001 | 0.0152 | 0.0001 |
| | R5 | 0.0322 | 0.0000 | 0.0267 | 0.0000 | 0.0296 | 0.0000 | 0.0294 | 0.0000 |
| 劳动密集型 | L1 | 0.0004 | 0.0001 | 0.0003 | 0.0001 | 0.0004 | 0.0001 | 0.0004 | 0.0001 |
| | L2 | 0.0006 | 0.0011 | 0.0007 | 0.0009 | 0.0014 | 0.0011 | 0.0015 | 0.0011 |
| | L3 | 0.0005 | 0.0004 | 0.0005 | 0.0004 | 0.0007 | 0.0009 | 0.0007 | 0.0009 |
| | L4 | 0.0073 | 0.0318 | 0.0068 | 0.0313 | 0.0041 | 0.0265 | 0.0045 | 0.0239 |
| | L5 | 0.0144 | 0.0002 | 0.0130 | 0.0001 | 0.0125 | 0.0006 | 0.0128 | 0.0006 |
| 技术密集型 | T1 | 0.0049 | 0.0002 | 0.0048 | 0.0001 | 0.0056 | 0.0005 | 0.0052 | 0.0005 |
| | T2 | 0.0044 | 0.0001 | 0.0043 | 0.0000 | 0.0190 | 0.0002 | 0.0175 | 0.0001 |
| | T3 | 0.0005 | 0.0054 | 0.0005 | 0.0057 | 0.0004 | 0.0003 | 0.0004 | 0.0003 |
| | T4 | 0.0459 | 0.0570 | 0.0450 | 0.0387 | 0.0501 | 0.0133 | 0.0490 | 0.0138 |
| | T5 | 0.0035 | 0.0032 | 0.0031 | 0.0025 | 0.0059 | 0.0014 | 0.0056 | 0.0014 |
| 均值 | | 0.0126 | 0.0078 | 0.0115 | 0.0063 | 0.0122 | 0.0037 | 0.0121 | 0.0036 |

| 类型 | 部门 | 前向关联融合系数 ||||||||
| | | 2012 年 || 2015 年 || 2017 年 || 2018 年 ||
| | | D1 | D2 | D1 | D2 | D1 | D2 | D1 | D2 |
|---|---|---|---|---|---|---|---|---|---|
| 资源密集型 | R1 | 0.0001 | 0.0034 | 0.0001 | 0.0031 | 0.0008 | 0.0048 | 0.0007 | 0.0041 |
| | R2 | 0.0008 | 0.0005 | 0.0015 | 0.0009 | 0.0001 | 0.0002 | 0.0001 | 0.0002 |
| | R3 | 0.0019 | 0.0061 | 0.0026 | 0.0073 | 0.0021 | 0.0074 | 0.0020 | 0.0071 |
| | R4 | 0.0004 | 0.0039 | 0.0006 | 0.0065 | 0.0006 | 0.0023 | 0.0006 | 0.0025 |
| | R5 | 0.0005 | 0.0030 | 0.0006 | 0.0037 | 0.0007 | 0.0018 | 0.0006 | 0.0018 |
| 劳动密集型 | L1 | 0.0001 | 0.0015 | 0.0001 | 0.0016 | 0.0001 | 0.0013 | 0.0001 | 0.0012 |
| | L2 | 0.0002 | 0.0023 | 0.0002 | 0.0027 | 0.0001 | 0.0022 | 0.0001 | 0.0022 |
| | L3 | 0.0001 | 0.0013 | 0.0002 | 0.0018 | 0.0001 | 0.0009 | 0.0001 | 0.0009 |
| | L4 | 0.0019 | 0.0020 | 0.0024 | 0.0027 | 0.0024 | 0.0021 | 0.0023 | 0.0021 |
| | L5 | 0.0006 | 0.0028 | 0.0009 | 0.0041 | 0.0007 | 0.0018 | 0.0007 | 0.0019 |
| 技术密集型 | T1 | 0.0342 | 0.0046 | 0.0349 | 0.0059 | 0.0256 | 0.0036 | 0.0209 | 0.0034 |
| | T2 | 0.0177 | 0.0031 | 0.0167 | 0.0031 | 0.0173 | 0.0020 | 0.0187 | 0.0021 |
| | T3 | 0.0168 | 0.0021 | 0.0199 | 0.0023 | 0.0177 | 0.0032 | 0.0170 | 0.0031 |
| | T4 | 0.0411 | 0.0032 | 0.0442 | 0.0037 | 0.0415 | 0.0038 | 0.0402 | 0.0039 |
| | T5 | 0.0160 | 0.0007 | 0.0171 | 0.0010 | 0.0162 | 0.0007 | 0.0169 | 0.0008 |
| 均值 | | 0.0126 | 0.0736 | 0.0088 | 0.0027 | 0.0095 | 0.0034 | 0.0084 | 0.0025 |

由表 5-4 可见，首先在后向关联融合效应中：①2012～2018 年制造业智能化与数字经济产业的后向融合系数整体上大于 0，这表明制造业智能化与数字经济产业存在后向关联融合效应，即制造业的产品已经作为中间投入要素进入数字经济产业的价值链中。同时，2012～2018 年数字经济产业与制造业智能化的后向融合系数浮动，先后表现为平稳—波动—平稳。其中，2012～2015 年和 2017～2018 年后向融合系数变动较小，处于平稳期；2015～2017 年出现部分部门的明显波动：如数字产品制造业对专用设备制造业的融合系数上升，对化学产品制造业的融合系数回落；数字技术应用业对电气机械和器材制造业的融合系数下降更显，此阶段为波动期。其主要原因可能在于早期数字经济的发展以扩大产业规模为主，依赖数字化技术的革新以及信息产业链条的衔接，对制造业智能化等实体经济数字化的需求尚未全面激活。随着数字经济版图不断拓展，数字经济开始渗入实体经济，与制造业的各部门逐渐从无序融合发展至有序融合共振。②制造业智能化与数字经济产业的后向关联融合效应存在显著的行业间差异。资源密集型和技术密集型制造业与数字经济产业的后向融合系数最高。就数字产品制造业来看，融合度较高的三个制造业部门是化学产品、金属冶炼和压延加工品、仪器仪表，最高融合系数分别为 0.0566、0.0322、0.0490，对照部门分类可知这些部门属于资源密集型制造业和技术密集型制造业。就数字技术应用业来看，其与资源密集型和技术密集型制造业的融合系数较高，除个别部门如造纸印刷和文教体育用品制造业外，与劳动密集型制造业的融合系数普遍偏低。融合度最高的三个制造业部门为食品和烟草、造纸印刷和文教体育用品、电气机械和器材，最高融合系数分别为 0.0080、0.0318、0.0570。③制造业智能化与数字经济产业的后向关联融合效应还存在明显的部门间差异。例如在资源密集型制造业中，数字产品制造业与化学产品制造业的后向融合系数显著高于其与石油、炼焦产品和核燃料加工品制造业的融合系数；在技术密集型制造业中，数字技术应用业与通用设备和专用设备制造业的融合系数与电气机械和器材制造业相比极低。

其次，在前向关联融合效应中：①2012～2018 年制造业智能化与数字经济产业的前向融合系数均大于 0，说明制造业智能化与数字经济产业存在前向关联融合效应，即数字经济的产品已经作为中间投入要素嵌入制造业的价值链中。制造业智能化与数字经济产业的前向融合效应先后经历波动期和平稳期。其中，2012～2017 年融合系数的波动呈倒"U"形，即先涨后落，此时处于波动期；而 2017～2018 年的融合系数变化平缓，如数字产品制造业与资源密集型、劳动密集型制造业的前向融合系数波动仅在 0.0001 左右,此时制造业与数字经济产业的前向融合状态比较稳定,处于平稳期。②制造业智能化与数字经济产业的前向关联融合效应存在显著的行业间差异。总体上技术密集型制造业与数字经济产业的前向融合系数较高。具体而言,技术密集型制造业与数字产品制造业的前向融合程度最高,资源密集型和劳动密集型制造业与数字产品制造业的前向融合程度处于较低水平。与数字产品制造业前向融合程度最高的三个部门均属于技术密集型制造业,包括通用设备、专用设备、电气机械和器材,最高融合系数分别达到 0.0349、0.0187、0.0442,数字产品制造业为这些高技术制造业部门分配了更多生产要素,因此产业间的前向关联融合较为紧密。而数字技术应用业与各类型制造业的前向融合状态大体一致,融合系数排名前三的制造业部门为化学产品、通用设备、食品和烟草,其中数字技术应用业与化学产品的前向融合最为紧密,融合系数最高为 0.0074。同样地,制造业智能化与数字经济产业的前向关联融合效应也存在部门间差异。例如,资源密集型制造业中,2018 年数字技术应用业与化学产品制造业的融合度为 0.0071,而与石油、炼焦产品和核燃料加工品制造业的融合系数仅为 0.0002。

此外,观察 2012~2018 年关联融合系数均值可知,制造业智能化与数字产品制造业的后向和前向关联融合系数显著高于数字技术应用业,这表明数字产品制造业是数字经济产业与制造业智能化关联融合的优势产业。究其原因可能在于数字产品制造业能够提供制造业智能化发展所需的各类电子元件、通信设备、雷达等硬件设施和光纤电缆通信基础设施,与制造业能够产生硬件互通;而数字技术应用业侧重互联网服务、软件服务和信息通信技术等数字经济的服务性能,与制造业智能化的融合通道尚未完全敞开(段永琴 等,2021)。

2. 融合波及效应分析

为了进一步反映制造业部门产出增加时数字经济产业所受到的需求感应程度和数字经济产业部门产出增加时对制造业智能化产生的辐射影响作用,我们探究了制造业智能化与数字经济产业的融合波及效应。由公式(5-3)和式(5-6)计算得到 2012~2018 年制造业智能化与数字经济产业的影响力和感应力系数,结果见表 5-5。

表 5-5 制造业智能化与数字经济产业融合波及效应系数[①]

| 部门 | 2012 年 影响力 | 2012 年 感应力 | 2015 年 影响力 | 2015 年 感应力 | 2017 年 影响力 | 2017 年 感应力 | 2018 年 影响力 | 2018 年 感应力 |
|---|---|---|---|---|---|---|---|---|
| $D_1$_M（R） | 0.2120 | 0.0555 | 0.1891 | 0.0741 | 0.1740 | 0.0469 | 0.1751 | 0.0431 |
| $D_1$_M（L） | 0.0521 | 0.0212 | 0.0513 | 0.0287 | 0.0491 | 0.0215 | 0.0504 | 0.0204 |
| $D_1$_M（T） | 0.0834 | 0.1496 | 0.0837 | 0.1617 | 0.1147 | 0.1571 | 0.1094 | 0.1507 |
| $D_2$_M（R） | 0.0927 | 0.0505 | 0.0791 | 0.0606 | 0.0513 | 0.0442 | 0.0529 | 0.0461 |
| $D_2$_M（L） | 0.0423 | 0.0202 | 0.0409 | 0.0246 | 0.0362 | 0.0196 | 0.0360 | 0.0209 |
| $D_2$_M（T） | 0.0593 | 0.0311 | 0.0498 | 0.0349 | 0.0297 | 0.0325 | 0.0297 | 0.0342 |

由表 5-5 可见：①2012~2018 年数字经济产业对制造业智能化的影响力和感应力系数大多经历了不同程度的下降，说明制造业智能化与数字经济产业的融合波及效应仍不稳定，数字经济产业对制造业智能化的牵引和支柱地位尚未完全建立。但 2018 年数字产品制造业对技术密集型制造业的影响力系数较 2012 年有较大幅度提升，即数字产品制造业对技术密集型制造业的需求拉动作用增强；并且 2018 年数字产品制造业和数字技术应用业对技术密集型制造业的感应力系数较 2012 年均有所上升，说明数字经济产业对技术密集型制造业的供给驱动作用增强。②制造业智能化与数字经济产业的融合波及效应存在行业间差异。其中，数字产品制造业对资源密集型制造业的影响力系数最高，均在 0.17 以上；对技术密集型制造业的感应力系数最高，最高达 0.1617。而数字技术应用业对资源密集型的影响力系数最高，在 0.0513~0.0927，且对资源密集型制造业的感应力系数也最高，最高为 0.0606。③数字经济产业对制造业智能化的影响力系数总体上大于感应力系数，这表明数字经济产业对制造业的需求拉动作用强于供给驱动作用。值得注意的是数字产品制造业对技术密集型制造业的感应力系数大于影响力系数，说明数字产品制造业对技术密集型制造业的需求较为敏感，这可能与技术密集型制造业对数字电子设备、电子元器件的需求耗散大，数字产品制造业的技术外溢和升级能撬动技术密集型制造业的发展等原因有关（周晓辉，2021）。2017 年和 2018 年数字技术应用业对技术密集型制造业的感应力系数大于影响力系数，说明中国数字技术应用业与技术密集型制造业之间逐渐以供给驱动作用为主。

依据《数字经济及其核心产业统计分类（2021）》，本书首先选取数字产品制

---

① M（R）、M（L）和 M（T）分别代表资源密集型制造业、劳动密集型制造业和技术密集型制造业。例如：$D_1$_M（R）表示数字产品制造业对资源密集型制造业的融合波及效应。

造业和数字技术应用业作为数字经济产业代表,同时将制造业细分为资源密集型、劳动密集型和技术密集型三大类,然后采用投入产出法中的需求拉动模型和供给驱动模型,分别测度 2012 年、2015 年、2017 年和 2018 年制造业与数字经济产业的后向和前向关联融合效应以及融合波及效应。研究结果表明,制造业智能化与数字经济产业之间存在正向的后向和前向关联融合效应,且后向关联融合效应呈平稳—波动—平稳的变化趋势,前向关联融合效应则先后经历波动期和平稳期。同时,制造业智能化与数字经济产业的后向和前向关联融合效应不仅存在显著的行业间差异,而且也存在明显的部门间差异。其中,数字经济产业与资源密集型和技术密集型制造业的后向关联融合系数较高,且总体上数字经济产业与技术密集型制造业的前向融合系数较高。

## 5.4 结论与启示

近年来,信息技术与工业领域发生了重大变革,如大数据、云计算、3D 打印、工业机器人等,其中智能制造作为信息化与工业化深度融合的产物,更是得到了各国政府的广泛关注和普遍重视。与此同时,中国经济发展进入新常态,制造业面临资源和环境约束的不断强化。在此背景下,《中国制造 2025》规划出台,坚持创新驱动、智能转型,加快从制造大国转向制造强国。

本书围绕"制造业产业智能化发展"主题,选取通信设备、计算机以及其他电子设备制造业,从智能技术层、智能应用层、智能效益市场层 3 个层面选取能客观全面反映制造业智能化的 6 项指标,采用熵权法计算各指标的权重,得到 2005~2018 年通信设备、计算机以及其他电子设备制造业智能化水平的综合评价值,分析通信设备、计算机以及其他电子设备制造业智能化能力发展态势。总的来说,中国通信设备、计算机及其他电子设备制造业智能化发展的基本面相对稳定,智能技术、智能应用、智能效益与智能化综合评价等方面总体呈现稳步上升的趋势。但是,在加速转型升级的关键阶段,长期结构性问题、关键技术制约问题和国际市场竞争力不强问题尚未得到根本解决。它还与短期新格局演变中出现的新困难和新问题交织在一起,使得形势更加复杂,提高产业发展质量和效益、增强竞争力的任务仍较为艰巨。未来 10 年,通信设备、计算机及其他电子设备制造业应紧紧围绕"构建现代产业体系,支撑服务《中国制造 2025》"这项中心任务,以智能制造为基础,大力推动"互联网+"制造为手段,通过"强化支撑、培育生态、推动融合、完善体系、深化合作、保障安全"六大发展路径,实现软硬融合、两化融合、产业与服务融合,以全面提升的整体产业能力为全面实现《中国制造 2025》与"互联网+"的战略目标奠定良好基础。

本书研究了制造业智能化与数字经济产业的融合问题，得到两个方面的重要启示：一是推进制造业智能化与数字经济产业关联融合，是中国制造业由大到强的核心环节。应当清晰理解数字经济产业对制造业智能化的生产依赖度，确保优质制造业部门，如化学产品制造业、通用设备和专用设备制造业为数字经济产业提供相应的原料供应，从而扩大数字经济对制造业智能化的需求。同时，应当深度理解数字经济产业对制造业智能化的要素分配机制，积极运用数字化技术对制造业智能化的设计研发、生产制造、仓储物流和销售服务等进行全流程、全链条和全要素的改造，实现数字红利惠及制造业智能化各个环节。二是优先发展数字产品制造业，加快补齐数字技术应用业短板，是中国制造业智能化进程持续优化的基础。应当努力打通制造业智能化与数字经济产业关联融合的堵点，积极构建双向关联融合架构，既要破除数字技术应用业在实体经济中的融合困局，也要保证数字产品制造业与制造业智能化的高效融合，从而在数字经济发展的大潮中写好制造业产业智能化的"大文章"。

# 第 6 章　中国制造业智能化细分评价：企业评价

信息化、网络化、智能化发展已经成为社会经济生活领域的重要组成部分。目前中国制造业已实现从小到大跨越式发展，建立了相对完备的产业链体系，但仍然受到复杂的国际竞争格局、突发的社会经济事件以及产品技术贸易壁垒等问题的较大影响，存在较多发展困境。为此，我国提出了高质量发展要求，通过持续推进智能制造，开展"互联网+"、智能制造试点示范、人工智能、新基建等一系列项目工程，升级完善基础设施，推广应用 5G、人工智能、物联网和云计算等相关智能应用新技术、新模式，鼓励支持企业实现信息化、网络化、智能化转型升级，推动企业优化资源配置、提升研发生产效率，实现企业社会经济效益大发展。

本章将继续开展中国制造业企业智能化细分评价工作，主要针对部分制造业企业智能化转型发展状况进行分析，剖析智能制造企业发展问题，为制造业企业推进智能化发展提供思路，也为政策制定者和企业管理者制定智能制造企业发展规划提供借鉴与参考。为此，本章构建了多维度制造业企业智能化发展水平评价指标体系，以智能制造上市企业为研究对象，评价分析智能制造上市企业智能化发展状况，为持续推进制造业企业信息化、网络化和智能化全面深入发展提供科学依据。

## 6.1　中国制造业企业智能化评价指标体系

制造业企业智能化发展成为企业高质量发展的重要方向。为持续推进制造业企业智能化发展，本章借鉴智能制造企业智能化发展特征，分析制造业企业自身在智能化技术、智能化应用以及智能化效益等方面的潜力和优势，支持制造业企业更好地实施智能化发展。依据投入、应用、产出三个持续贯通的评价思路设计评价指标，具体说，就是中国制造业企业智能化评价指标体系 3 个方面 6 个具体指标。为尽量避免主观赋权的随意性，本章仍通过熵权法确定指标权重，进而进行客观评判和分析（俞立平，2020）。

### 6.1.1　制造业企业智能技术指标

智能技术是智能制造的基础，只有具备良好的智能技术才能为智能应用和智能效益提供基本保障，也是智能制造不断向前推进和发展的动力源泉。资金投入和人才投入是制造业企业智能化发展的前提条件,没有一定的资金和人才积累就难以进行智能制造的顶层设计与产业布局(胡俊和杜传忠,2020)。因此,本书选取研发强度和人才强度两大子指标衡量,研发强度指标以企业 R&D 费用与主营业务收入的比例来表示,人才强度指标以企业 R&D 人员数与职工总数的比例来表示。

### 6.1.2 制造业企业智能应用指标

智能应用是制造业企业智能化能力提升的关键环节,智能的核心是智能技术的应用与开发,通过特定的智能算法模仿人类的思考和行为,从而构建更优的生产结构并改进生产效率,保障制造活动以更加高效的方式进行(Lee et al.,2015)。因而,智能应用是制造业企业智能化的技术与效率保障。智能应用指标反映制造业企业智能化进程中的技术开发与应用情况,本书采用专利应用与软件应用两个子指标衡量(孙早和侯玉琳,2019),专利应用指标以(实用新型专利数量+发明专利数量)与员工人数的比例来计算,软件应用指标以软件账面价值与员工总数的比例来计算。

### 6.1.3 制造业企业智能效益指标

智能效益是制造业企业智能化在市场环境的反映,制造业企业智能化是否能够发挥其应有的作用和加速制造业发展进程主要在于产品的市场盈利能力情况。同时,智能效益还是制造业企业智能化的追求目标,是制造业企业智能化是否真正成功的检验标准。因此,智能效益是制造业智能化的重要动力。智能效益指标反映制造业企业智能化进程中的市场盈利情况,本书采用成本利润率与资产收益率两个子指标衡量(孙早和侯玉琳,2019)。成本利润率指标为净利润与成本费用之和的比例,资产收益率指标为净利润与总资产的比例。制造业企业智能化发展水平评价指标体系如表 6-1 所示。

表 6-1 制造业企业智能化评价指标体系

| 指标 | 要素 | 子指标 | 计算方法 |
| --- | --- | --- | --- |
| 智能技术 | 投入要素 | A1 研发强度 | 企业 R&D 费用/主营业务收入 |
|  |  | A2 人才强度 | 企业 R&D 人员数/职工总数 |
| 智能应用 | 应用要素 | B1 专利应用 | (实用新型专利数量+发明专利数量)/员工人数 |
|  |  | B2 软件应用 | 软件账面价值/员工总数 |
| 智能效益 | 产出要素 | C1 成本利润率 | 净利润/(成本+费用) |
|  |  | C2 资产收益率 | 净利润/总资产 |

## 6.2 中国制造业企业智能化发展水平评价

根据制造业企业智能化的评价目标、评价指标和方法，收集整理相应的数据，数据主要从如下渠道获取：①上市公司官方网站，通过官方网站收集企业概况、行业发展动态、业务情况以及新闻动态等资料。②百度搜索引擎，通过百度搜索关于制造业上市公司智能化发展方面的新闻媒体报道、专家评论以及相关主题报道等。③有关企业智能化方面的报告和书籍。④学术期刊文献，在 CNKI 上以企业名称和"智能"为关键词检索已公开发表的文章。⑤专利数据库（国家知识产权局，http://pss-system.cnipa.gov.cn/）。⑥同花顺金融数据库。基于以上数据，本书主要对工信部智能制造试点示范企业中的制造业行业上市公司的智能化水平进行比较和评价。

样本的筛选过程为：①统计 2015～2018 年工信部智能制造试点示范企业名单共计 305 家和截至 2020 年 5 月 31 日 2483 家制造业上市企业名单。②考虑数据可得性，将上述智能制造试点示范企业名单与上市企业名单进行匹配，若为上市企业，则保留并进行行业分类，否则予以剔除。③结合智能制造企业内涵，最后选择归属于制造业行业和工信部智能制造试点示范上市企业 131 家，涵盖了 22 个制造业行业。这些智能制造试点示范上市企业相对其他企业来说，具有一定发展规模、较高的市场认可度、领先的智能制造发展能力，可以成为其他制造业企业发展智能制造的标杆。

本书选取 2019 年数据，首先对所选择制造业上市企业的智能技术、智能应用和智能效益指标的各子指标进行单项比较，再分别对 3 个层面进行综合比较。

### 6.2.1 典型制造业企业智能技术评价

制造业企业智能技术指标包括研发强度和人才强度，是推动制造业企业智能化发展的基础条件。较高层次的研发投入和人才投入可以极大推动制造业企业高质量的智能化发展，使其更具有智能化发展潜力。

#### 1. 研发强度评价

从智能制造企业价值链而言，企业产品的智能技术水平取决于研发强度，采用研发强度反映智能制造企业智能技术的研发状况。其中，2019 年 2483 家制造上市企业的研发费用总额达到 0.51 万亿元，平均研发费用 2.08 亿元；131 家智能制造企业研发费用总额达到 0.13 万亿元，占 2483 家制造业上市企业的 1/4 左右；

而平均研发费用达到了 10.27 亿元，为 2483 家制造业上市企业的近 5 倍，数据显示，智能制造企业研发投入力度大。图 6-1 仅列出指标前 30 强智能制造企业研发投入状况。

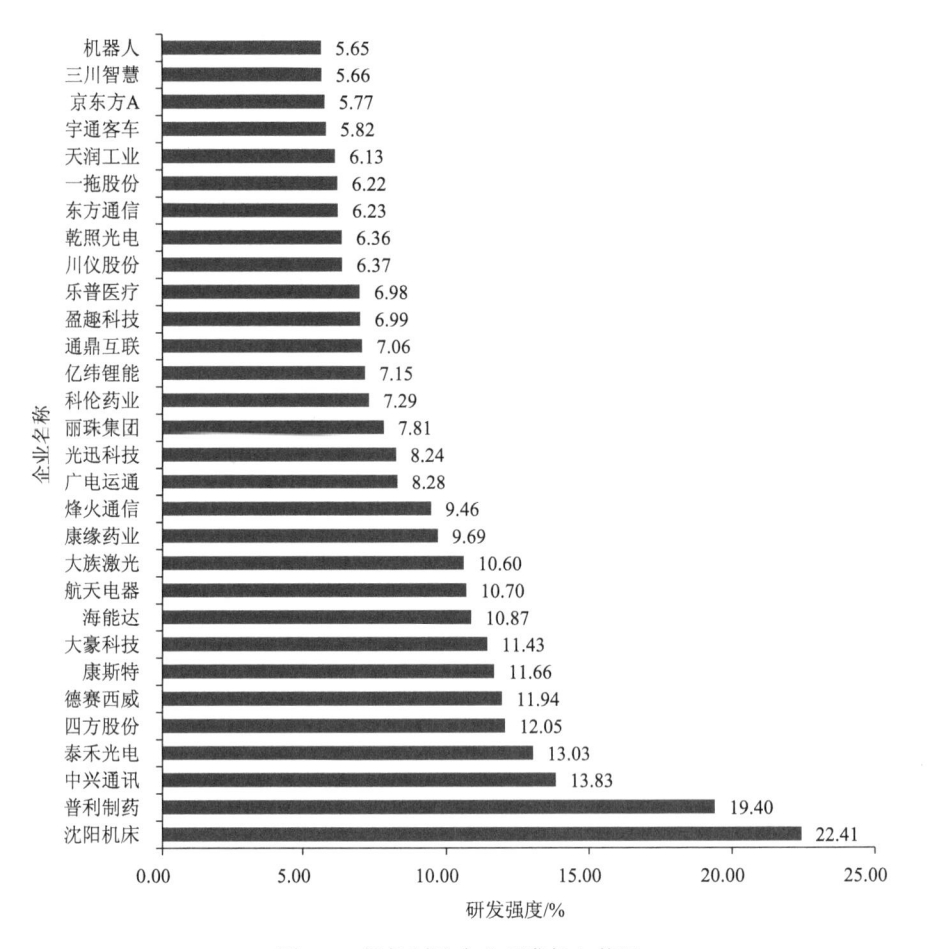

| 企业名称 | 研发强度/% |
|---|---|
| 机器人 | 5.65 |
| 三川智慧 | 5.66 |
| 京东方A | 5.77 |
| 宇通客车 | 5.82 |
| 天润工业 | 6.13 |
| 一拖股份 | 6.22 |
| 东方通信 | 6.23 |
| 乾照光电 | 6.36 |
| 川仪股份 | 6.37 |
| 乐普医疗 | 6.98 |
| 盈趣科技 | 6.99 |
| 通鼎互联 | 7.06 |
| 亿纬锂能 | 7.15 |
| 科伦药业 | 7.29 |
| 丽珠集团 | 7.81 |
| 光迅科技 | 8.24 |
| 广电运通 | 8.28 |
| 烽火通信 | 9.46 |
| 康缘药业 | 9.69 |
| 大族激光 | 10.60 |
| 航天电器 | 10.70 |
| 海能达 | 10.87 |
| 大豪科技 | 11.43 |
| 康斯特 | 11.66 |
| 德赛西威 | 11.94 |
| 四方股份 | 12.05 |
| 泰禾光电 | 13.03 |
| 中兴通讯 | 13.83 |
| 普利制药 | 19.40 |
| 沈阳机床 | 22.41 |

图 6-1 智能制造企业研发投入状况

从这个指标数据情况来看，制造业企业智能化发展在研发强度方面存在两个特点。

其一，智能制造企业研发强度普遍保持在 5%左右。其中 131 家智能制造企业产品研发强度平均值为 4.37%，而指标数值前 30 强智能制造企业则达到了 9.37%，其中有 11 家企业产品研发强度都超过 10%，包括沈阳机床 22.41%、普利制药 19.40%和中兴通讯 13.83%，反映了智能制造智能技术发展须保持一定强度的产品研发。

其二，产品研发水平较高的智能制造企业行业集中度高。30 家研发强度较高的智能制造企业所在制造业行业主要集中在计算机、通信和其他电子设备制造业（10 家）、医药制造业（4 家）、专用设备制造业（4 家）、通用设备制造业（3 家）、电气机械和器材制造业（3 家）、汽车制造业（3 家）和仪器仪表制造业（3 家）7 个行业。其中，通用设备制造业行业平均研发强度高达 12.11%，医药制造业平均研发强度也达到了 11.05%，反映了相对较高的企业智能技术水平具有较高行业集中度特征，也说明多数行业制造业企业智能技术发展创新还有很大潜力可供挖掘。

2. 人才强度评价

制造业企业智能技术发展需要高层次人才，采用研发人员占比指标反映制造业企业智能技术发展在人才投入方面的发展状况。图 6-2 仅列出指标前 30 强智能制造企业人才投入的发展状况。

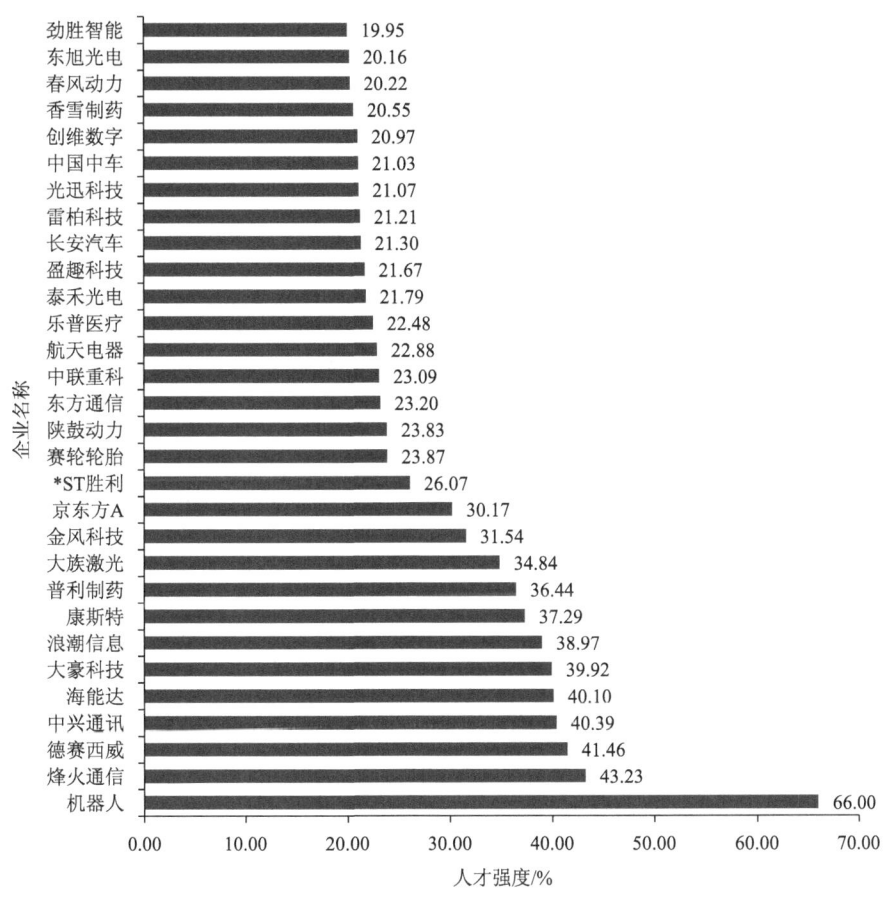

| 企业名称 | 人才强度/% |
|---|---|
| 劲胜智能 | 19.95 |
| 东旭光电 | 20.16 |
| 春风动力 | 20.22 |
| 香雪制药 | 20.55 |
| 创维数字 | 20.97 |
| 中国中车 | 21.03 |
| 光迅科技 | 21.07 |
| 雷柏科技 | 21.21 |
| 长安汽车 | 21.30 |
| 盈趣科技 | 21.67 |
| 泰禾光电 | 21.79 |
| 乐普医疗 | 22.48 |
| 航天电器 | 22.88 |
| 中联重科 | 23.09 |
| 东方通信 | 23.20 |
| 陕鼓动力 | 23.83 |
| 赛轮轮胎 | 23.87 |
| *ST胜利 | 26.07 |
| 京东方A | 30.17 |
| 金风科技 | 31.54 |
| 大族激光 | 34.84 |
| 普利制药 | 36.44 |
| 康斯特 | 37.29 |
| 浪潮信息 | 38.97 |
| 大豪科技 | 39.92 |
| 海能达 | 40.10 |
| 中兴通讯 | 40.39 |
| 德赛西威 | 41.46 |
| 烽火通信 | 43.23 |
| 机器人 | 66.00 |

图 6-2 智能制造企业人才投入状况

从这个指标数据情况来看，制造业企业智能化发展在人才投入方面存在两个特点。

其一，智能制造企业研发人员投入数量比例与其主营产品技术属性密切相关。研发人员占比排名前 30 家智能制造企业其指标平均值高达 29.19%，几乎是 131 家智能制造企业的 2 倍（14.91%）。

其二，人才投入较高的智能制造企业行业集中度高。30 家智能制造企业所在行业主要集中在计算机、通信和其他电子设备制造业（15 家）和专用设备制造业（4 家）等高新技术行业。其中研发人员最多的公司是机器人，共 25969 人，占员工总数的 66.00%，其主营产品包括工业机器人、物流与仓储自动化成套装备、自动化装配、检测生产线、系统集成、交通自动化系统等。131 家智能制造企业中研发人员最少的是光电运通，仅 88 人，占员工总数的 5.02%，其主营产品为金融设备及其技术服务。

### 6.2.2 典型制造业企业智能应用评价

制造业企业智能技术指标包括专利应用评价和软件应用评价，主要反映制造业企业智能化的专利应用和软件水平，是反映制造业企业智能化进程的重要指标，也是制造业企业智能化创新发展的重要载体。

1. 专利应用评价

制造业企业智能化应用可以推动企业新产品新技术的研发和生产应用。本节选择研究期间内公司百人所拥有的实用新型专利和发明专利数量反映制造业企业智能应用的专利应用水平。此处仅列出指标前 30 强智能制造企业专利状况，如图 6-3 所示。

从这个指标数据情况来看，制造业企业智能化发展在专利应用方面存在两个特点。

其一，智能制造企业的专利应用水平普遍不高，需要加强装备智能化的技术研发应用。2019 年，2483 家制造业企业每百人所拥有的专利数量，其平均值为 13.86 件，而 131 家智能制造企业平均值为 17.75 件，标准差高达 30.95 件。前 30 强智能制造企业为 48.22 件，仅有 3 家企业其指标数值超过 100 件，包括九阳股份（237.08 件）、浪潮信息（199.29 件）和雷柏科技（166.06 件）。更有 6 家企业的专利应用指标每百人专利不足 1 件，其中曲美家居每百人专利仅有 0.06 件。

其二，智能制造企业的专利应用水平行业集中度较高。30 家智能制造企业所在行业主要集中在计算机、通信和其他电子设备制造业（10 家）、电气机械和器材制造业（7家）和专用设备制造业（4家）等行业。这3个行业的每百人所拥有专利数量也是最高的，其均值分别为66.14件、58.44件和35.19件，表明有必要鼓励其他行业和企业提升智能技术应用水平。

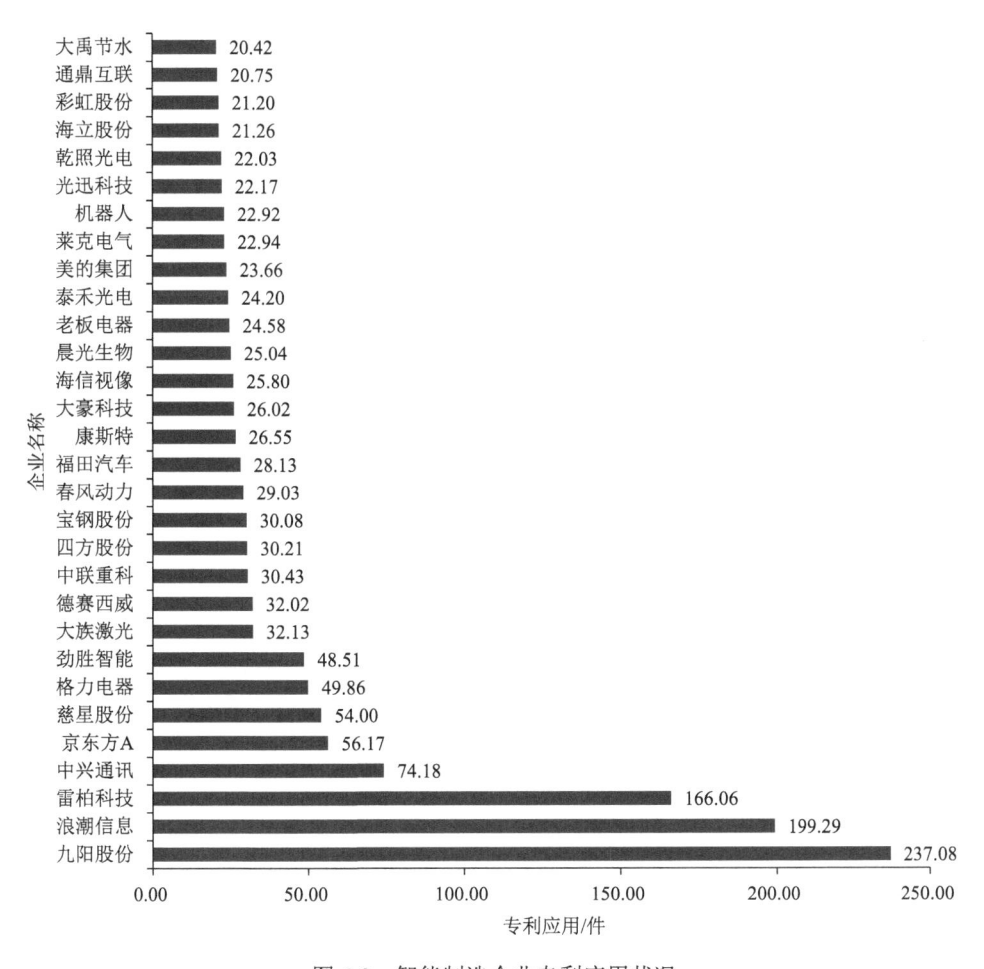

| 企业名称 | 专利应用/件 |
| --- | --- |
| 大禹节水 | 20.42 |
| 通鼎互联 | 20.75 |
| 彩虹股份 | 21.20 |
| 海立股份 | 21.26 |
| 乾照光电 | 22.03 |
| 光迅科技 | 22.17 |
| 机器人 | 22.92 |
| 莱克电气 | 22.94 |
| 美的集团 | 23.66 |
| 泰禾光电 | 24.20 |
| 老板电器 | 24.58 |
| 晨光生物 | 25.04 |
| 海信视像 | 25.80 |
| 大豪科技 | 26.02 |
| 康斯特 | 26.55 |
| 福田汽车 | 28.13 |
| 春风动力 | 29.03 |
| 宝钢股份 | 30.08 |
| 四方股份 | 30.21 |
| 中联重科 | 30.43 |
| 德赛西威 | 32.02 |
| 大族激光 | 32.13 |
| 劲胜智能 | 48.51 |
| 格力电器 | 49.86 |
| 慈星股份 | 54.00 |
| 京东方A | 56.17 |
| 中兴通讯 | 74.18 |
| 雷柏科技 | 166.06 |
| 浪潮信息 | 199.29 |
| 九阳股份 | 237.08 |

图 6-3　智能制造企业专利应用状况

## 2. 软件应用评价

制造业企业智能应用的关键是工业软件。通过工业软件定义产品和生产体系，决定生产过程，不同生产设备之间既能够实现协作生产，还能对外部的环境变化做出及时反应。本书采用人均软件价值来反映软件应用水平的高低。此处仅列出指标前30强智能制造企业软件应用状况，如图6-4所示。

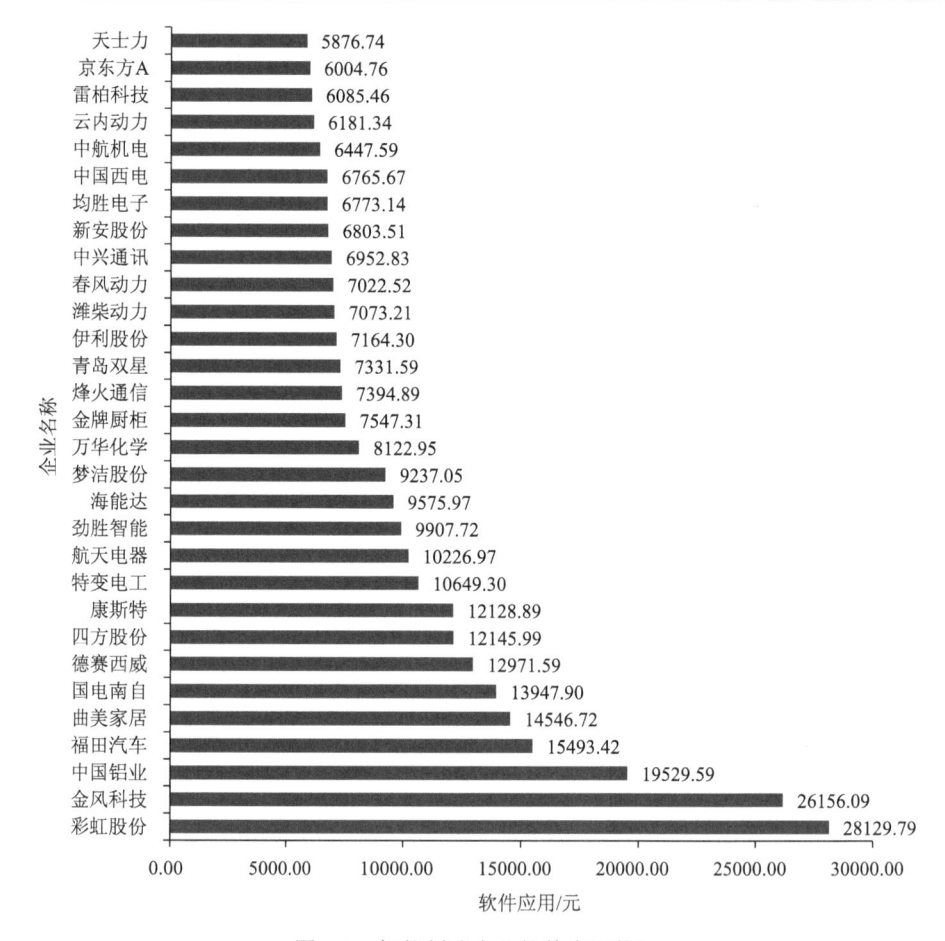

图 6-4 智能制造企业软件应用状况

| 企业名称 | 软件应用/元 |
|---|---|
| 天士力 | 5876.74 |
| 京东方A | 6004.76 |
| 雷柏科技 | 6085.46 |
| 云内动力 | 6181.34 |
| 中航机电 | 6447.59 |
| 中国西电 | 6765.67 |
| 均胜电子 | 6773.14 |
| 新安股份 | 6803.51 |
| 中兴通讯 | 6952.83 |
| 春风动力 | 7022.52 |
| 潍柴动力 | 7073.21 |
| 伊利股份 | 7164.30 |
| 青岛双星 | 7331.59 |
| 烽火通信 | 7394.89 |
| 金牌厨柜 | 7547.31 |
| 万华化学 | 8122.95 |
| 梦洁股份 | 9237.05 |
| 海能达 | 9575.97 |
| 劲胜智能 | 9907.72 |
| 航天电器 | 10226.97 |
| 特变电工 | 10649.30 |
| 康斯特 | 12128.89 |
| 四方股份 | 12145.99 |
| 德赛西威 | 12971.59 |
| 国电南自 | 13947.90 |
| 曲美家居 | 14546.72 |
| 福田汽车 | 15493.42 |
| 中国铝业 | 19529.59 |
| 金风科技 | 26156.09 |
| 彩虹股份 | 28129.79 |

从这个指标数据情况来看，制造业企业智能化发展在软件应用方面存在两个特点。

其一，智能制造企业智能化软件应用水平高低不同，存在明显差异。2019年，2483家制造业企业按照人均拥有的工业软件价值约为3243.41元，标准差达到了8433.09元，而131家智能制造企业人均拥有的工业软件价值约为3613.73元，其中指标数值排名前30的企业人均拥有的工业软件价值高达10473.16元，彩虹股份、金风科技、中国铝业和福田汽车的智能制造企业人均工业软件价值更是超过15000元。这些数据反映制造业企业应用工业软件方面存在很大差异，相当多的制造业企业信息化应用存在不足，智能应用发展基础薄弱。

其二，软件应用程度高的智能制造企业主要集中在计算机、通信和其他电子设备制造业、电气机械和器材制造业和汽车制造业等行业中。在指标排名前30

的智能制造企业中，计算机、通信和其他电子设备制造业占有 8 家，电气机械和器材制造业占有 4 家，汽车制造业占有 4 家，反映这些行业普遍重视信息化、网络化、智能化软件应用。

### 6.2.3 典型制造业企业智能效益评价

制造业企业智能效益指标包括成本利润率评价和资产收益率评价，主要是反映制造业企业智能化实际收益及持续创新发展能力。

1. 成本利润率评价

企业智能制造提高了劳动生产率。劳动力成本相对于总成本减少，可以使生产更多地满足产品和服务市场的需求，更贴近客户群，使得企业在高消费高收入国家进行生产制造变得可行。因此，智能制造将会使制造业企业成本利润率得到有效改善。此处仅列出指标前 30 强智能制造企业成本利润率状况，如图 6-5 所示。

从指标数据情况来看，制造业企业智能化发展在成本利润率方面存在三个特点。

其一，131 家智能制造企业相比 2483 家制造业企业而言，取得了更好的智能化经济效益。2483 家智能制造企业的成本利润率为 6.21%，低于 131 家智能制造企业数值 7.55%，说明制造业企业智能化经济效益已经显现。

其二，成本利润率存在较大差异。2019 年，131 家智能制造企业成本利润率指标平均值为 7.55%，标准差达到了 17.91%，其中普利制药成本利润率达到了 75.59%，企业经营效益好。这些数据反映出成本利润率的离散程度较大，差异明显。总体上说明这 131 家智能制造企业中存在不少企业未能实现预期智能化发展效益，智能化转型还有待加强。

其三，智能制造企业智能化经济效益具有行业差异性。成本利润率指标前 30 强企业主要集中在专用设备制造业（5 家）、医药制造业（4 家）、计算机、通信和其他电子设备制造业（3 家）和电气机械和器材制造业（3 家）等行业中。其中仪器仪表制造业平均成本利润率高达 38.78%，计算机、通信和其他电子设备制造业和医药制造业平均成本利润率也分别达到了 36.72%和 36.60%。因此，制造业企业智能化转型过程中应注重行业智能化经济效益特征。

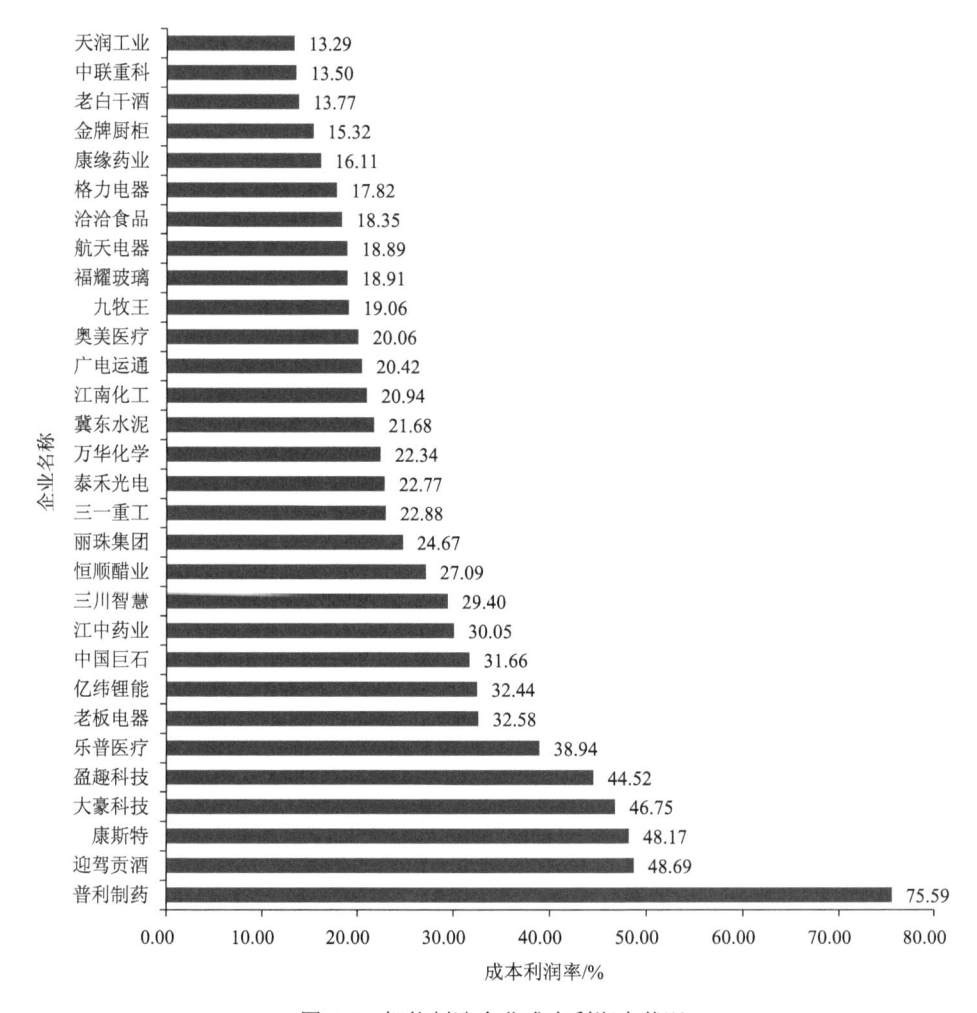

| 企业名称 | 成本利润率/% |
|---|---|
| 天润工业 | 13.29 |
| 中联重科 | 13.50 |
| 老白干酒 | 13.77 |
| 金牌厨柜 | 15.32 |
| 康缘药业 | 16.11 |
| 格力电器 | 17.82 |
| 洽洽食品 | 18.35 |
| 航天电器 | 18.89 |
| 福耀玻璃 | 18.91 |
| 九牧王 | 19.06 |
| 奥美医疗 | 20.06 |
| 广电运通 | 20.42 |
| 江南化工 | 20.94 |
| 冀东水泥 | 21.68 |
| 万华化学 | 22.34 |
| 泰禾光电 | 22.77 |
| 三一重工 | 22.88 |
| 丽珠集团 | 24.67 |
| 恒顺醋业 | 27.09 |
| 三川智慧 | 29.40 |
| 江中药业 | 30.05 |
| 中国巨石 | 31.66 |
| 亿纬锂能 | 32.44 |
| 老板电器 | 32.58 |
| 乐普医疗 | 38.94 |
| 盈趣科技 | 44.52 |
| 大豪科技 | 46.75 |
| 康斯特 | 48.17 |
| 迎驾贡酒 | 48.69 |
| 普利制药 | 75.59 |

图 6-5 智能制造企业成本利润率状况

## 2. 资产收益率评价

资产收益率是应用最广泛的衡量企业盈利能力的指标之一。该指标越高，表明企业资产利用效果越好，说明企业在增加收入和节约资金使用等方面取得了良好效果。此处仅列出指标前30强智能制造企业资产收益率状况，如图6-6所示。

从指标数据情况来看，制造业企业智能化发展在资产收益率方面存在三个特点。

其一，131家智能制造企业相比2483家制造业企业而言，取得了更好的智能化经济效益。2483家智能制造企业的资产收益率指标平均值为0.64%，低于131

家智能制造企业数值 2.95%，说明制造业企业智能化经济效益已经显现。

其二，资产收益率存在较大差异。2019 年，131 家智能制造企业资产收益率指标平均值为 2.95%，标准差为 7.26 %，其中盈趣科技资产收益率为 17.90%。这些数据反映资产收益率的离散程度较大，差异明显。总体上说明这 131 家智能制造企业中存在不少企业未能实现预期智能化发展效益，智能化转型还有待加强。

其三，智能制造企业智能化经济效益具有行业差异性。131 家智能制造企业资产收益率指标前 30 强企业主要集中在电气机械和器材制造业（6 家）、医药制造业（4 家）、计算机、通信和其他电子设备制造业（3 家）和专用设备制造业（3 家）等行业中。其中计算机、通信和其他电子设备制造业平均资产收益率高达 12.41%，专用设备制造业平均资产收益率达到了 11.18%。

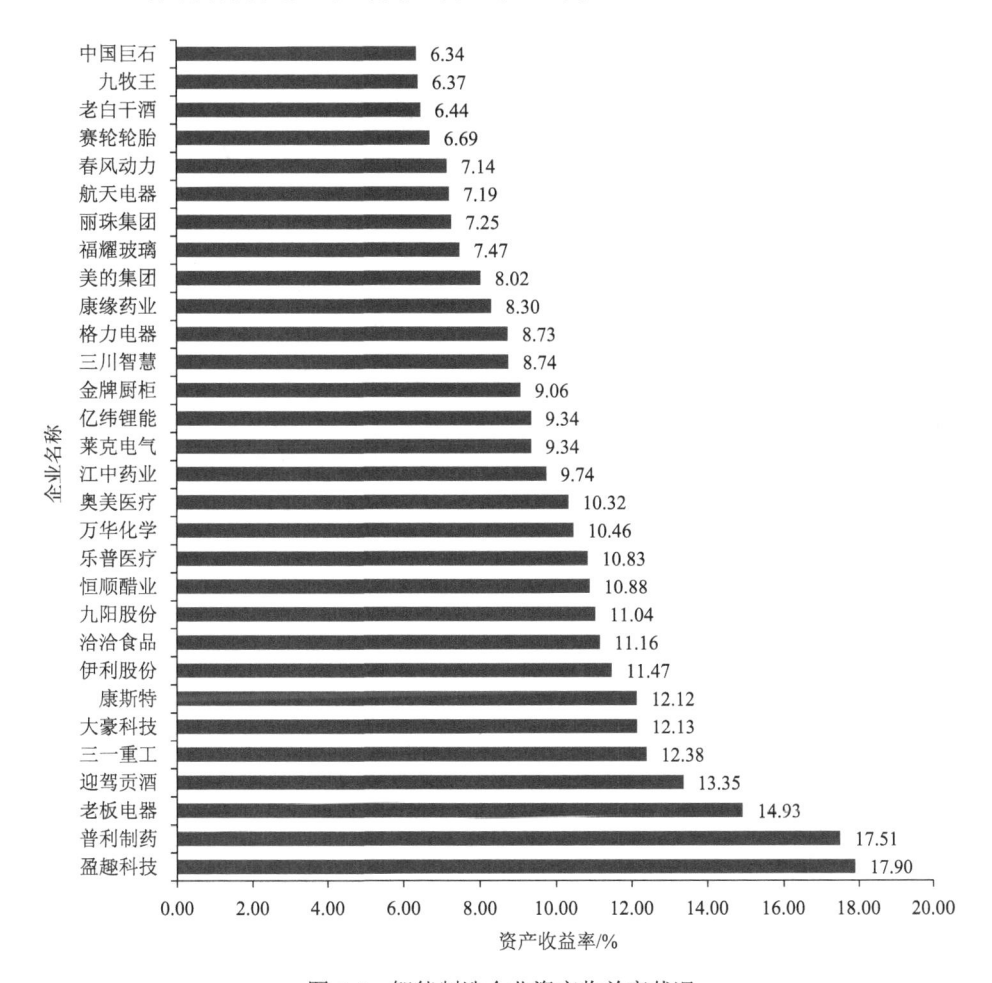

| 企业名称 | 资产收益率/% |
| --- | --- |
| 中国巨石 | 6.34 |
| 九牧王 | 6.37 |
| 老白干酒 | 6.44 |
| 赛轮轮胎 | 6.69 |
| 春风动力 | 7.14 |
| 航天电器 | 7.19 |
| 丽珠集团 | 7.25 |
| 福耀玻璃 | 7.47 |
| 美的集团 | 8.02 |
| 康缘药业 | 8.30 |
| 格力电器 | 8.73 |
| 三川智慧 | 8.74 |
| 金牌厨柜 | 9.06 |
| 亿纬锂能 | 9.34 |
| 莱克电气 | 9.34 |
| 江中药业 | 9.74 |
| 奥美医疗 | 10.32 |
| 万华化学 | 10.46 |
| 乐普医疗 | 10.83 |
| 恒顺醋业 | 10.88 |
| 九阳股份 | 11.04 |
| 洽洽食品 | 11.16 |
| 伊利股份 | 11.47 |
| 康斯特 | 12.12 |
| 大豪科技 | 12.13 |
| 三一重工 | 12.38 |
| 迎驾贡酒 | 13.35 |
| 老板电器 | 14.93 |
| 普利制药 | 17.51 |
| 盈趣科技 | 17.90 |

图 6-6　智能制造企业资产收益率状况

### 6.2.4 典型制造业企业智能化发展水平总体评价

制造业企业智能化发展总体评价主要从两个方面展开，一方面制造业企业智能化发展需要从智能技术、智能应用和智能效益3个维度分别展开评价分析，可反映出企业智能化发展不同维度特征状况和所在行业特点；另一方面，制造业企业智能化发展综合三个维度进行总体评价，反映智能制造企业智能化总体发展水平。

1. 智能技术评价

智能技术指标主要涉及的是研发投入和人才投入情况，包含2个子指标，运用熵权-投影法计算2019年131家智能制造试点示范企业的智能技术指标投影值，反映智能制造企业的智能技术发展水平。图6-7和图6-8分别勾勒出智能制造企业在智能技术水平排名前30名和后30名的投入特征。

如图6-7所示，从智能技术水平前30名的企业排名情况来看，制造业企业智能化发展在智能技术方面凸显典型先进企业和行业智能化发展特点。

其一，普利制药的智能技术水平评价值较高，这与其基础投入力度密不可分。普利制药是专业从事化学药物制剂研发、生产和销售的高新技术企业，其经营范围主要包括西药原料药、中间体和制剂、中成药、药用辅料的研发、生产、销售，卫生及医药信息服务。坚持差异化的创新研发是普利制药的长远战略，在专注高端仿制药的研发之余，普利制药也积极布局新药研发。2019年，普利制药的研发费用为1.84亿元，同比增长33.43%，占营业收入比重近20%。在研发人才的引进和激励方面，普利制药也一直不遗余力。2019年度，其研发人员人数为258人，占员工总数的36.44%。普利制药同时在持续探索更为多元化的员工激励方式，实现员工与企业共成长。

其二，前30名的企业中行业分布主要集中计算机、通信和其他电子设备制造业行业等人才资金密度高的行业。其中计算机、通信和其他电子设备制造业12家、专用设备制造业4家、电气机械和器材制造业3家、医药制造业3家、通用设备制造业2家、汽车制造业2家、铁路、船舶、航空航天和其他运输设备制造业2家和仪器仪表制造业2家。其中计算机、通信和其他电子设备制造业无论是数量上（数量最多），还是质量上（平均评价值0.015）都处于比较高的排名。较高的研发投入和较高的人才投入将会极大提升计算机、通信和其他电子设备制造业的智能技术，促进行业的智能化发展。

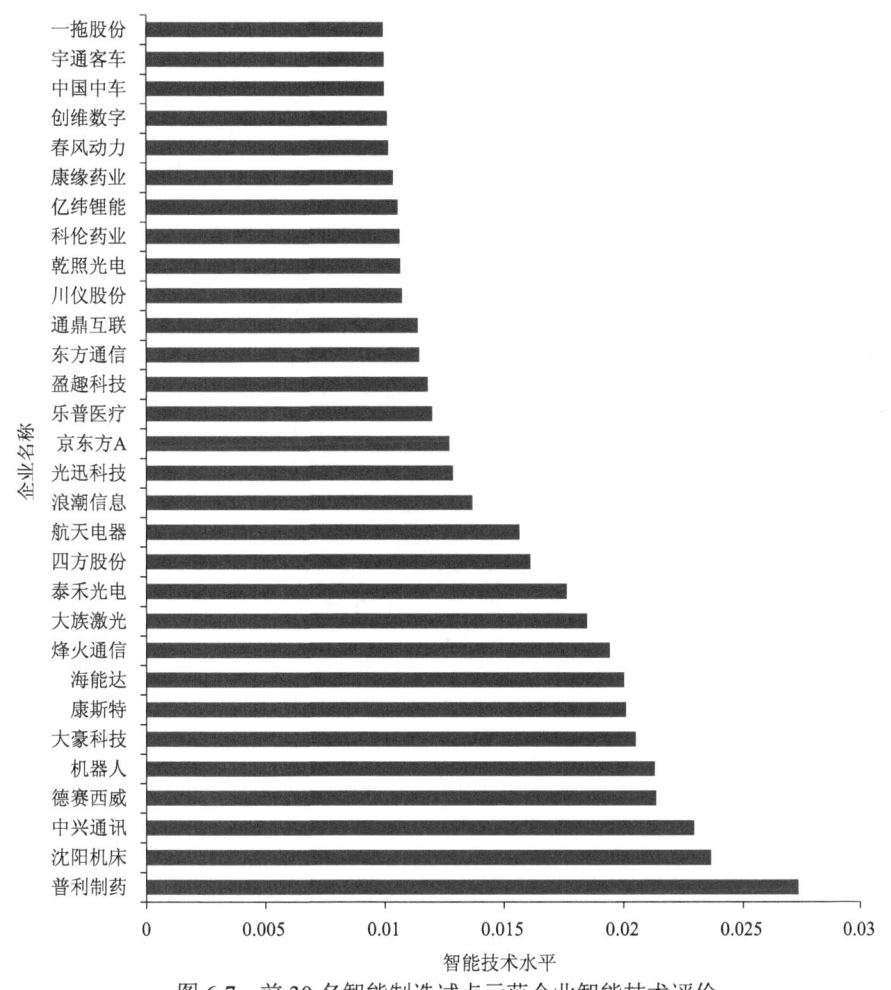

第6章 中国制造业智能化细分评价：企业评价

图 6-7 前 30 名智能制造试点示范企业智能技术评价

如图 6-8 所示，从智能技术水平后 30 名来看，制造业企业智能化发展在智能技术发展方面也凸显典型落后企业和行业智能化发展特点。

其一，光明乳业的智能技术水平评价较低，需要持续加强智能化人才资金基础投入。光明乳业主要从事乳和乳制品的开发、生产和销售，奶牛的饲养、培育，物流配送，营养保健食品开发、生产和销售等业务，是目前中国最大规模的乳制品生产、销售企业之一。随着乳制品行业的不断发展，乳业在国民经济中的地位也不断提高。根据光明乳业发布的 2019 年年度业绩报告，报告期内其营业总收入 225.63 亿元，同比增加 7.52%；实现净利润 6.82 亿元，同比增加 29.60%；实现归属于母公司所有者的净利润 4.98 亿元，同比增加 45.84%。在营销上，2019 年光明乳业投入 1.5 亿，主要用于对光明品牌乳业宣传。然而，2019 年，光明乳业的研发费用仅为 0.68 亿元，占营业收入 0.3%。在研发人才的引进和激励方面，光明乳业 2019 年度研发人员人数 100 人，占员工总数的 0.82%。一般来说，研发费用高的企业更具有长远发展规划，重视研发的企业也将得到更多的回馈与认可。因此，光明乳业需要高昂资金投入和日积月累去研发，才有可能成为配方、分段、生产工艺等各方面都更成熟的优质品牌。

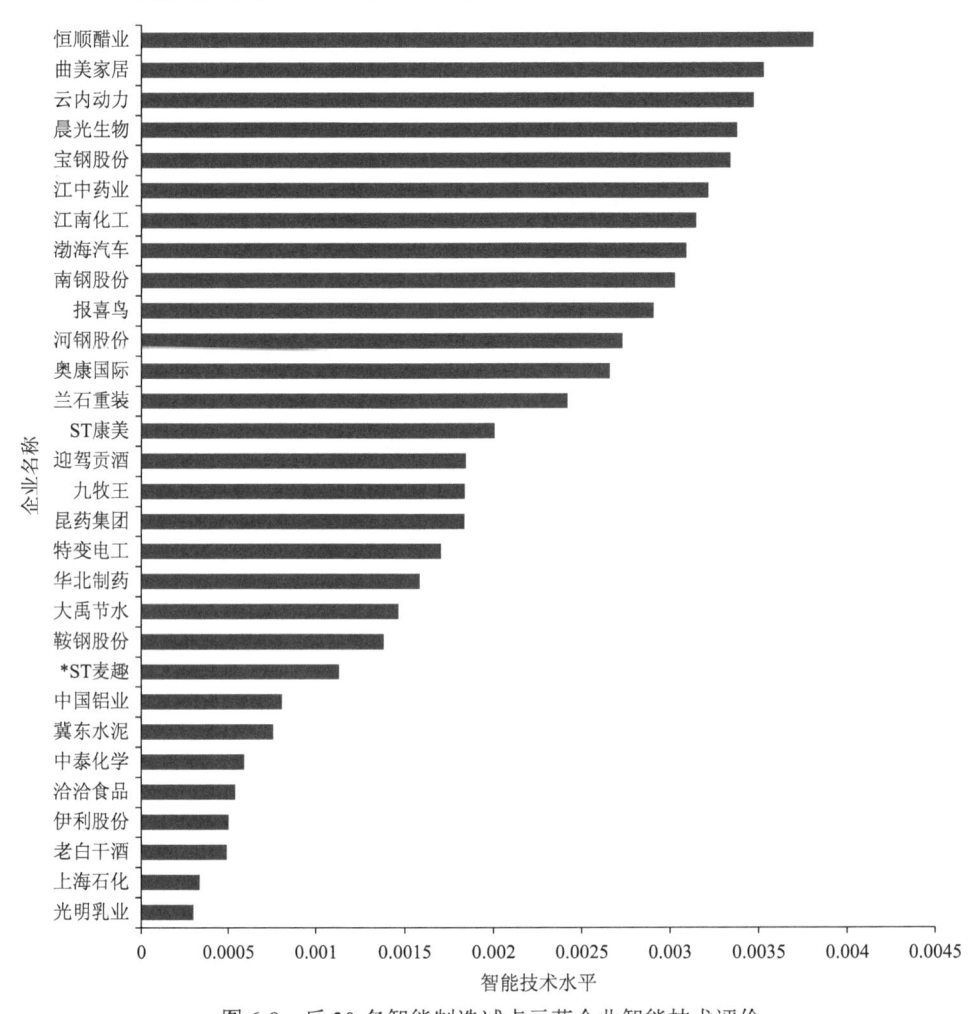

图 6-8  后 30 名智能制造试点示范企业智能技术评价

其二，后 30 名的企业中行业分布比较分散，反映出各行业企业智能化人才资金基础投入都还有很大潜力可挖掘。后 30 名企业中行业分布为医药制造业 4 家、食品制造业 4 家、黑色金属冶炼和压延加工业 4 家、纺织服装、服饰业 2 家、化学原料和化学制品制造业 2 家、酒、饮料和精制茶制造业 2 家、农副食品加工业

2家、电气机械和器材制造业1家、非金属矿物制品业1家、家具制造业1家、皮革、毛皮、羽毛及其制品和制鞋业1家、石油加工、炼焦和核燃料加工业1家、有色金属冶炼和压延加工业1家、橡胶和塑料制品业1家、专用设备制造业1家、汽车制造业1家和通用设备制造业1家。其中有16家企业信息化基础评价值低于后30家的平均值,研发投入和人才投入都需要进一步加强。

2. 智能应用评价

智能应用指标主要涉及专利应用和软件应用的智能化,包含2个子指标,运用熵权-投影法计算出2019年131家智能制造试点示范企业智能应用指标的投影值,反映智能制造企业在智能应用的发展水平。图6-9和图6-10分别列出了131家智能制造企业在智能化应用发展方面排名前30名和后30名情况,可集中反映智能化应用特征状况。

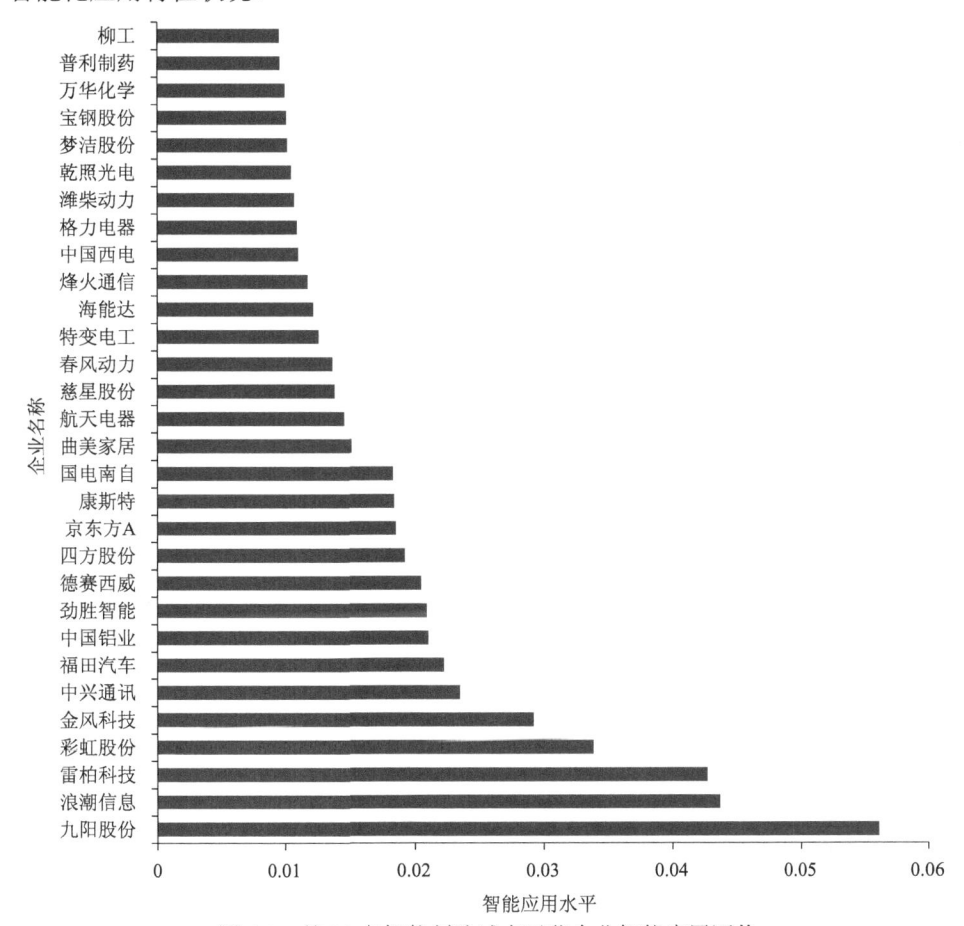

图6-9 前30名智能制造试点示范企业智能应用评价

如图 6-9 所示，从智能应用指标前 30 名来看，制造业企业智能化发展在智能应用方面凸显了典型先进企业和行业智能化发展特点。

其一，九阳股份的智能应用水平评价值较高。九阳股份是一家专注于豆浆机领域并积极开拓厨房小家电研发、生产和销售的现代化企业，其一直保持着健康、稳定、快速的增长，近五年平均增长率均超过 40%，已成为小家电行业中的著名企业，规模位居行业前列。根据财报，2019 年九阳股份继续加大研发投入，探索研发具有前瞻性的创新型技术，新增专利申请权 1770 件。截至 2019 年底，九阳股份共拥有专利技术 6521 件，为九阳股份未来能够持续创造领先的核心优势产品奠定了坚实基础。2019 年，企业荣获国家技术创新示范企业称号。

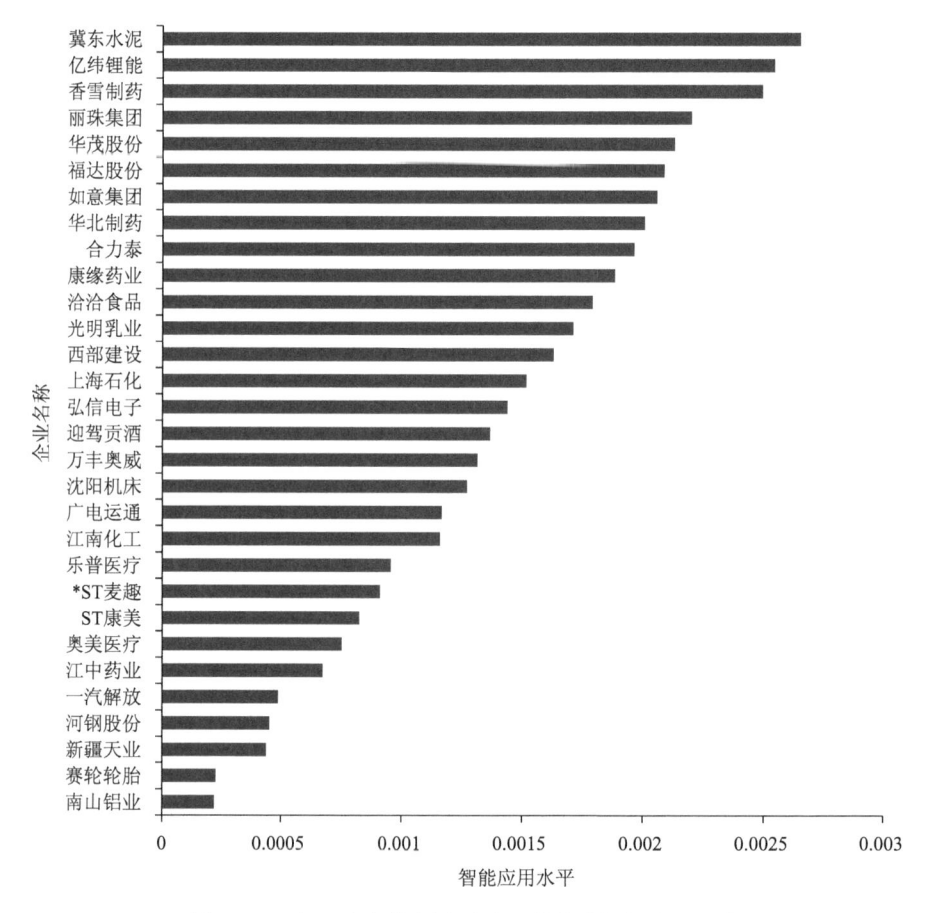

图 6-10 后 30 名智能制造试点示范企业智能应用评价

其二，前30名企业主要集中在计算机、通信和其他电子设备制造业（10家）、电气机械和器材制造业（6家）、汽车制造业（3家）、专用设备制造业（2家）、通用设备制造业（1家）、有色金属冶炼和压延加工业（1家）、仪器仪表制造业（1家）、家具制造业（1家）、铁路、船舶、航空航天和其他运输设备制造业（1家）、纺织业（1家）、黑色金属冶炼和压延加工业（1家）、化学原料和化学制品制造业（1家）和医药制造业（1家）。其中有11家企业的智能应用指标高于前30名的平均值，专利应用和软件应用的智能化表现突出。

如图6-10所示，从智能应用指标后30名来看，行业主要集中在医药制造业（6家）、汽车制造业（3家）、纺织服装（3家）、化学原料和化学制品制造业（2家）、食品制造业（2家）、专用设备制造业（2家）、通用设备制造业（2家）、计算机、通信和其他电子设备制造业（2家）、非金属矿物制品业（2家）和纺织业（2家）。其中有15家的智能应用水平评价值低于后30家企业的平均值，专利应用和软件应用需进一步提升发展水平。

3. 智能效益评价

智能效益评价指标主要涉及智能制造发展带来的经济效益，包含2个二级指标，运用熵权-投影法计算出2019年131家智能制造试点示范企业智能效益指标的投影值，反映智能制造企业的智能化效益发展水平。图6-11和图6-12分别列出了131家智能制造企业在智能化效益发展方面前30名和后30名情况，可集中反映智能化效益特征状况。

如图6-11所示，从智能效益水平前30名来看，制造业企业智能化发展在智能效益方面凸显了典型先进企业和行业智能化发展特点。

其一，普利制药的智能效益水平评价较高。普利制药特有的三大类药物专利产品以及自有的原料药优势，使企业产品拥有令人艳羡的高毛利率。普利制药受益于独家剂型及新产品上市，收入高速增长，现金流良好。2019年度，企业营业收入9.5亿元，同比增长52.28%；净利润3.01亿元，同比增幅达65.98%。普利制药注射剂接连获国际认可，其海外销售范围进一步扩大，业绩逐渐进入爆发期。此外，国家加强了对医药行业的整顿，医药行业发展进入理性阶段，医药行业准入要求非常严格，注射剂在质量体系、生产标准的要求和建设时间、产品质量等方面有了更加严格的要求，从而带来了极高的行业门槛和较好的竞争格局。

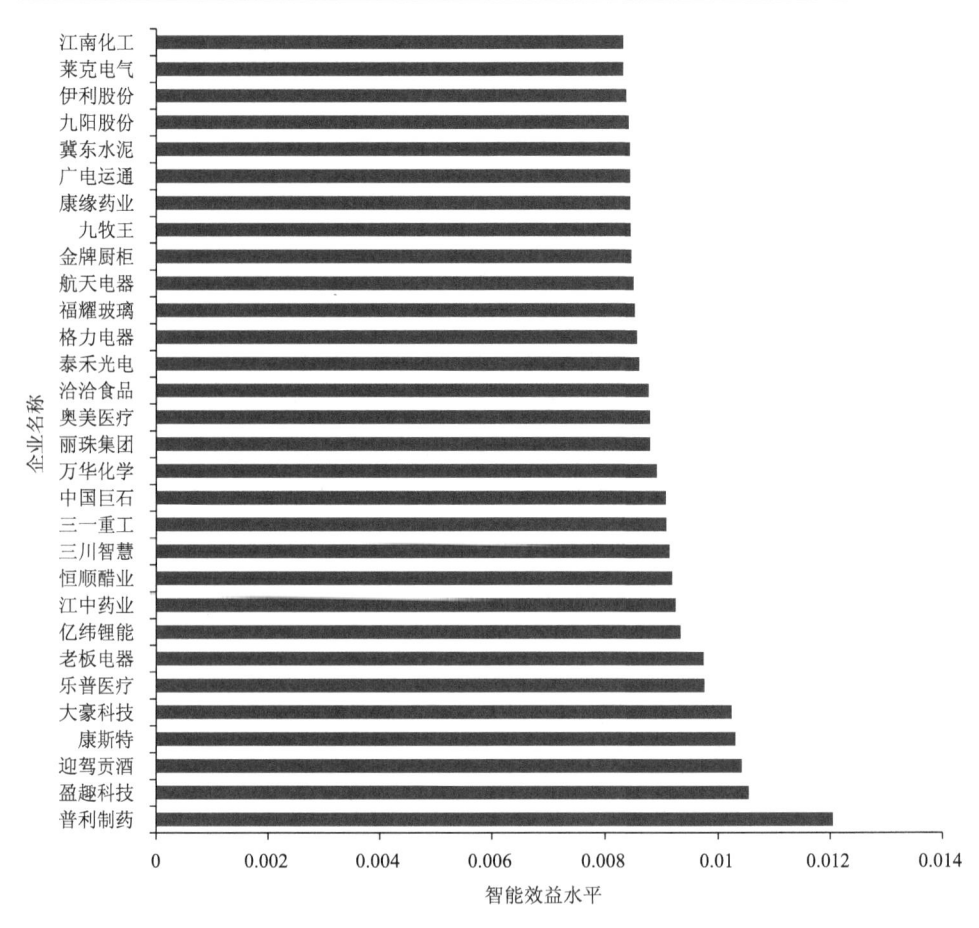

图 6-11  前 30 名智能制造试点示范企业智能效益评价

其二，智能效益水平前 30 名的企业的行业分布主要是电气机械和器材制造业（5 家）、医药制造业（4 家）、专用设备制造业（4 家）、计算机、通信和其他电子设备制造业（3 家）、非金属矿物制品业（3 家）、仪器仪表制造业（2 家）、食品制造业（2 家）、化学原料和化学制品制造业（2 家）、酒、饮料和精制茶制造业（1 家）、农副食品加工业（1 家）、家具制造业（1 家）、纺织服装、服饰业（1 家）和通用设备制造业（1 家）。其中有 11 家企业智能效益水平高于前 30 家企业的平均值，经济效益表现突出。

如图 6-12 所示，从智能效益水平后 30 名情况来看，制造业企业智能化发展在智能效益方面凸显了典型落后企业和行业智能化发展特点。

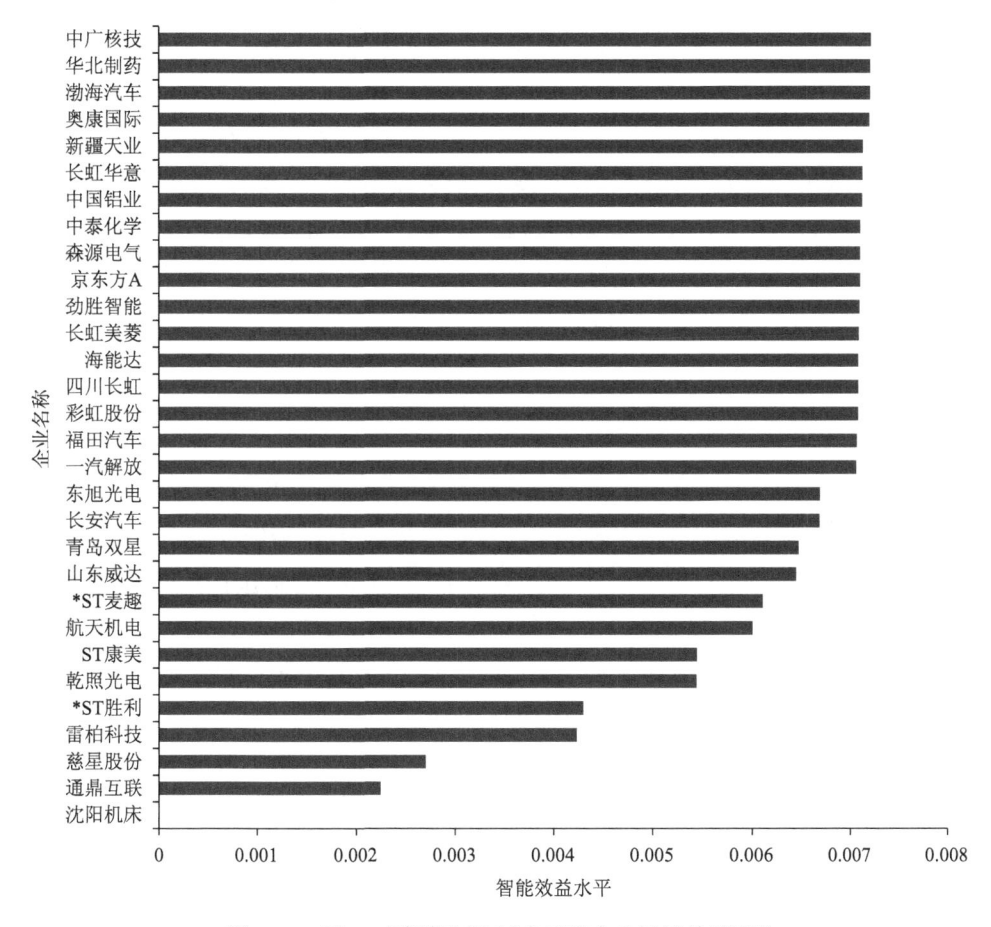

图 6-12　后 30 名智能制造试点示范企业智能效益评价

其一，沈阳机床的智能效益水平评价较低。沈阳机床 2019 年实现营收 10.0 亿元，同比下降 80.04%，实现扣非净利润-29.88 亿元，同比下降 279.19%。自 2012 年起，中国经济进入升级转型、产业结构调整期。此后，中国部分大中型机械工业企业发展境况开始急转直下，出现危机。其中，机床行业竞争加剧，进入下行周期，预示着规模扩张时代彻底结束。而沈阳机床的产品结构以量大面广的通用类机床为主，受冲击最大。2012 年，沈阳机床迅速由上年盈利逾 1 亿元转为亏损额约为 1763.46 万元，现金流也持续收缩。然而，沈阳机床负债率原本就偏高，在经营出现风险时依然在数控技术及共享模式上持续投入，使得负债率持续上升。市场在萎缩，沈阳机床投入在持续，入不敷出的同时又面临银行抽贷，即便国家曾数次出手，资金问题也始终没有解决，且愈演愈烈，经营所得几乎都得用来偿还银行利息。数据显示，2012～2018 年，沈阳机床扣非净利润和经营性现金流已连续 7 年为负，总计亏损逾 50 亿元。其间，沈阳机床在发展中困难重重。

其二，后 30 名的企业行业分布主要有计算机、通信和其他电子设备制造业（10家）、汽车制造业（4 家）、电气机械和器材制造业（3 家）、化学原料和化学制品制造业（3 家）、通用设备制造业（2 家）、医药制造业（2 家）、专用设备制造业（1 家）、食品制造业（1 家）、金属制品业（1 家）、橡胶和塑料制品业（1 家）、有色金属冶炼和压延加工业（1 家）和皮革、毛皮、羽毛及其制品和制鞋业（1 家）。其中有 9 家企业智能效益水平值低于后 30 名企业的平均值，经济效益需进一步改善。

4. 智能化总体评价

综合智能技术指标、智能应用指标和智能效益指标，运用灰色关联-投影法计算 2019 年 131 家智能制造试点示范企业综合评价值，反映智能制造企业的智能化发展总体水平。图 6-13 和图 6-14 分别列出了 131 家智能制造企业在智能化发展方面排名前 30 名和后 30 名情况，可集中反映智能化发展总体特征状况。

如图 6-13 所示，从智能化发展综合评价前 30 名看，制造业企业智能化发展在典型先进企业和行业智能化发展方面具有如下特点。

其一，九阳股份的智能化总体水平评价较高。九阳股份主要从事厨房小家电系列产品研发、生产和销售，先后主持和参加了 30 多项国家与行业标准的制定，树立了企业在小家电乃至整个家电领域的行业地位。其智能化发展水平高的原因主要有：①研发智造领先，企业自成立以来，一直非常重视技术研发的储备与产出工作，探索研发具有前瞻性的创新型技术、聚焦主流刚需品类、完善研发体系和制度、引进高端研发人才，切实推动技术进步与创新。通过自建的三级研发体系满足消费者对高品质生活小家电产品需求为目标，并及时对市场需求做出迅速反应，持续引领行业发展方向。②品牌传播升级，近年来，企业品牌定位和传播方式也越来越年轻化，同时也加大了对新媒体、社交媒体、垂直媒体等媒介渠道的推广力度，主动运用 5G 移动互联新技术，精准触达目标群体，统筹运用短视频、在线直播、内容"种草"、深度体验等新兴传播途径，高频、高质地与粉丝、用户、消费者进行高效互动沟通，不断提高品牌影响力，提升新时代主力消费群体对品牌的认知度、忠诚度和选购意愿。③智能化产品普及，企业积极搭建智能制造架构，主要向智能厨房电器产品功能扩充和软件操作系统完善方向推进，推进九阳智能化产品的大规模普及，主动迎合并满足消费者的新习惯和新要求，扎实推进数字化和裂变式新零售，全力培养新用户、吸引新粉丝、建立新渠道，努力实现全面数字化转型，在社交电商、在线直播、O2O 新零售等不同领域实现跨界运营，让品牌、产品、用户无缝连接。

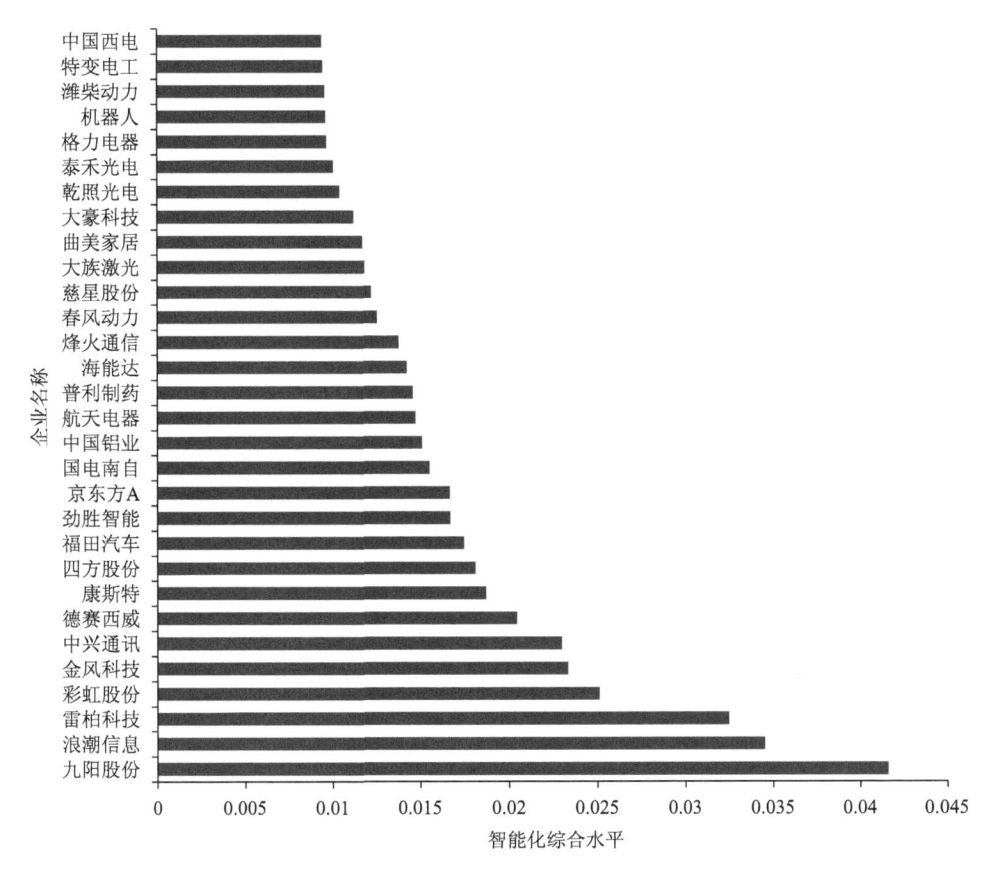

图 6-13　前 30 名智能制造试点示范企业智能化综合评价

其二，总体评价前 30 名的企业行业分布主要有计算机、通信和其他电子设备制造业（11 家）、电气机械和器材制造业（6 家）、汽车制造业（3 家）、专用设备制造业（3 家）、通用设备制造业（2 家）、仪器仪表制造业（1 家）、有色金属冶炼和压延加工业（1 家）、医药制造业（1 家）、铁路、船舶、航空航天和其他运输设备制造业（1 家）和家具制造业（1 家）。其中有 10 家企业的总体评价高于前 30 名企业的平均值，智能化发展质量较好。

如图 6-14 所示，从智能化发展综合评价后 30 名来看，制造业企业智能化发展在典型落后企业和行业智能化发展方面具有如下特点。

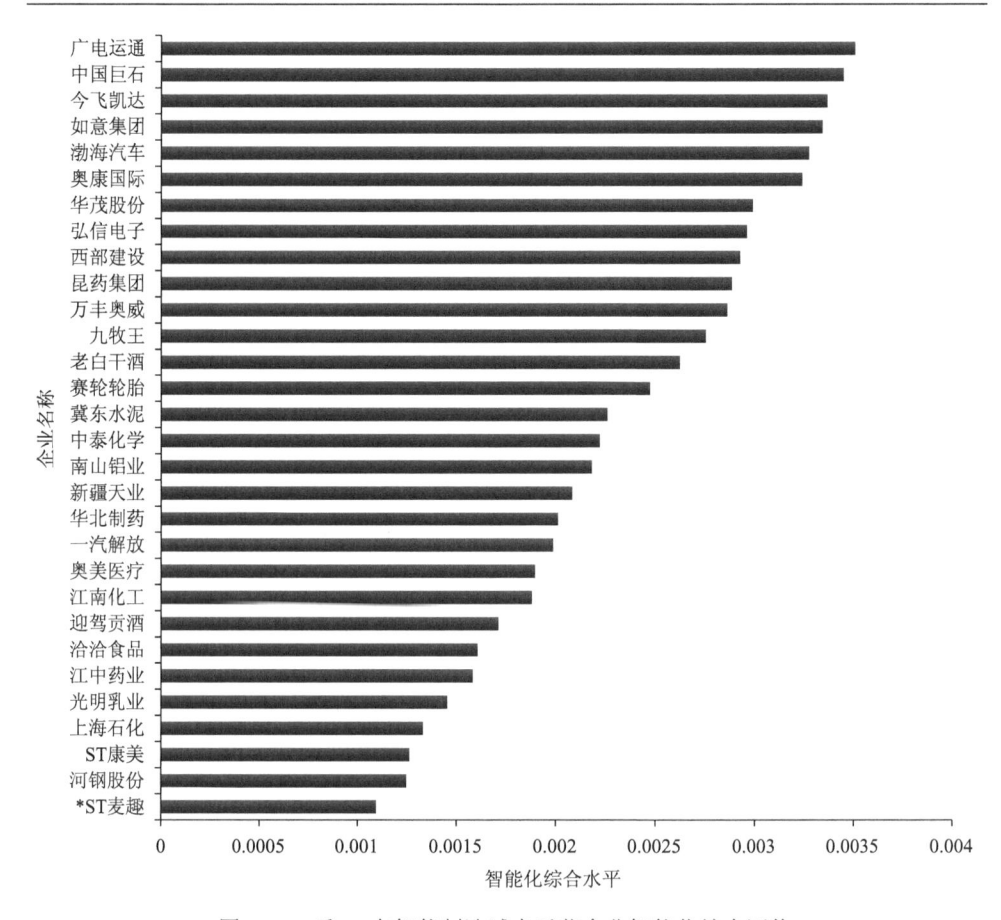

图 6-14 后 30 名智能制造试点示范企业智能化综合评价

其一，*ST 麦趣的智能化水平评价较低。*ST 麦趣是新疆地区第一家一次性通过 ISO9001 质量管理体系、ISO14001 环境管理体系、ISO22000 食品安全管理体系认证的食品加工企业。目前，已通过国家级企业技术中心的建立，使企业质量保证能力及产品检测水平、检测项目更加全面。企业目前拥有乳制品生产线、烘焙食品生产线、速冻食品生产线、冷冻饮品生产线，形成了完整的生产布局。在销售方面，公司拥有覆盖全疆的乳制品销售网络。从主营业务数据来看，2019年，麦趣乳制品、烘焙食品、节日食品、其他产品的营收均呈不同程度增长，但毛利率下降明显，降幅分别为 23.44%、10.06%、5.46%、23.19%。2019 年净利润亏损 6946.49 万元，企业无暇顾及智能化发展。

其二，总体评价后 30 名的企业行业分布主要有汽车制造业（4 家）、医药制造业（4 家）、化学原料和化学制品制造业（3 家）、非金属矿物制品业（3 家）、食品制造业（2家）、纺织业（2家）、酒、饮料和精制茶制造业（2家）、黑色金属冶炼和压延加工业（1家）、石油加工、炼焦和核燃料加工业（1家）、农副食品加工业（1家）、专用设备制造业（1家）、有色金属冶炼和压延加工业（1家）、橡胶和塑料制品业（1家）、纺织服装、服饰业（1家）、计算机、通信和其他电子设备制造业（1家）、皮革、毛皮、羽毛及其制品和制鞋业（1家）和通用设备制造业（1家）。其中有16家企业的总体评价低于后30名企业的平均值，智能化发展质量较差，需要从智能技术、智能应用和智能效益三方面不断优化。

## 6.3 结论与启示

为持续推进制造业企业信息化、网络化、智能化全面深入发展，本章构建多维度制造业企业智能化发展水平评价指标体系，分析评价制造业企业智能化发展所应具备的人才和研发储备基础，体现出企业智能化应用发展水平及其智能化发展经济效益等情况。本章以智能制造上市企业为研究对象，筛选出了131家智能制造企业，进行了较为深入的评价，得到清晰的评价结果和促进发展的重要启示。

智能技术研发方面，数据分析结果显示，总体上智能制造企业研发投入力度较大，其中有11家企业产品研发强度也都超过10%，包括沈阳机床22.41%、普利制药19.40%和中兴通讯13.83%。人才强度方面，数据分析反映出智能制造企业研发人员投入数量比例与其主营产品技术属性密切相关，所属行业主要集中在计算机、通信和其他电子设备制造业和专用设备制造业等高新技术行业中，其中表现好的企业是机器人。

智能技术应用方面，数据分析结果显示。智能制造企业的专利应用水平普遍不高，需要加强装备智能化的技术研发应用，表现突出的企业如九阳股份、浪潮信息和雷柏科技。智能制造企业智能化软件应用水平高低不同，存在明显差异，表现突出的行业主要集中在计算机、通信和其他电子设备制造业、电气机械和器材制造业和汽车制造业，表现突出的企业有彩虹股份、金风科技、中国铝业和福田汽车，但仍然有相当多的制造业企业信息化应用存在不足，智能应用发展基础薄弱。

智能技术效益方面，数据分析结果显示智能制造企业经济效益已经显现，但仍具有行业差异性，表现较好的行业主要集中在电气机械和器材制造业、医药制造业、计算机、通信和其他电子设备制造业、专用设备制造业，表现较好的企业如普利制药、盈趣科技、迎驾贡酒等。

在总体评价方面，数据分析结果显示普利制药的智能技术水平评价值最高，而光明乳业的智能技术水平评价最低；九阳股份的智能应用水平评价值最高，而南山铝业智能应用水平评价值最低；普利制药的智能效益水平评价最高，而沈阳机床的智能效益水平评价最低；智能化发展综合评价最高的企业为九阳股份，最低的企业为*ST 麦趣。另外，数据结果也显示出不同行业的智能化发展差异比较大，其中智能制造企业总体评价排名前 10 的企业所在行业包括计算机、通信和其他电子设备制造业（4 家企业），汽车制造业（2 家），电气机械和器材制造业（2 家），通用设备制造业（1 家），仪器仪表制造业（1 家）。因此，在智能制造后续推进过程中，可以根据不同的领域、行业和企业智能化发展转型特点，制定分层分类的智能化解决方案、标准以及路线图。

通过评价分析，本书得到一些启示。促进中国制造业企业智能化进程，应当根据不同行业和企业的特点，分类施策、差异化发展。由于不同行业和企业间的智能化发展基础参差不齐，计算机、通信和其他电子设备制造业、汽车制造业、石油加工、炼焦和核燃料加工业行业信息化建设起步早、基础好，先进企业自动化率较高；农副食品加工业、皮革、毛皮、羽毛及其制品和制鞋业等行业信息化建设起步较晚、基础薄弱，制约智能化水平进一步提升。因此，应当围绕不同行业的不同基础与需求，分类施策，鼓励企业探索差异化智能制造实施路径。基于不同行业和不同企业的生产特点、实际需求与基础能力等级，结合试点示范企业智能制造实施经验，加快建设具有操作性行业性智能制造实施指南，加快智能制造应用推广，使得制造业企业尽快实现"机机互联""人机互联"，构建"互联网+制造"的网络化发展范式。

# 第7章 中国制造业智能化：金融支持

金融是国民经济运行的血脉，金融服务是制造业智能化进程不可或缺的保障。中国制造业智能化进程必须依靠金融服务提供强有力支持，同时也会带动金融服务业务和金融服务模式的不断创新。

## 7.1 金融服务具有支持制造业智能化重要使命

奥地利籍美国经济学家 Schumpeter（1912）认为，金融可为企业家进行技术创新提供资本支持，从而发挥促进经济发展的功能。Goldsmith（1969）提出金融发展与以产业结构变动为特征的经济发展之间是互为因果的关系。King 和 Levine（1993）用 80 个国家 1960~1989 年间的数据对金融发展与经济发展之间的关系进行实证检验，证明金融发展促进了经济发展。近代以来的经济发展主要依靠制造业发展，制造业的发展质量决定着经济发展质量。

### 7.1.1 金融服务本质是服务经济发展

随着技术创新浪潮兴起和科技企业的大批量涌现，金融在其中发挥的作用日益得到广泛关注。Laeven 和 Levine（2008）运用跨国数据进行实证，分析发现金融发展水平高的国家往往有更多的新企业。Acs 和 Armington（2003）指出，金融支持企业家的创新活动能够强化市场竞争，进而刺激经济。Audretsch 和 Keilbach（2004）认为，金融支持企业家的创新活动导致了技术进步及知识溢出，带动了产业链创新活动的兴起。Dabla-Norris 等（2012）通过数据分析发现，金融体系支持企业家的创新活动是提高全要素生产率的重要途径。Rajan 和 Zingales（2003）指出，金融着眼于为具有创新精神的企业家提供融资，有利于打破依靠资本或关系获得财富的格局，从而促进大众创新和经济发展。

金融服务产业集群是金融服务区域经济发展的典型范式。姬国军（2010）提出，金融服务制造业产业集群是指相互依赖性很强的金融企业、制造业企业、知识型产业机构和客户，通过相互作用形成的网络组织，包括社会网络、生产网络和客户网络等。从中国长三角、珠三角等区域制造业产业集群的发展经验来看，金融服务通常也以集群形式出现，并随着制造业产业集群程度而提升服务规模和质量，从而发挥促进制造业集群发展的功能。

金融服务制造业企业智能化问题，需要解决信息不对称问题。国外学者在这个领域有多角度的相关研究成果，主要有 Rackemann（1931）提出了麦克米伦缺陷，认为资金提供方和需求方存在不对称现象，使金融机构很难作出针对制造业中小企业的足额资金贷款决策；Stieglitz 和 Weiss（1981）认为，金融机构在无法判断贷款者的信用度和还款能力时，宁愿放弃高利率，选择以低利率贷款给低风险企业，从而经常把创新活力很强的制造业企业排除在贷款客户之外。李健旋（2019）提出，金融机构应当在服务过程中加强对中小型制造业企业的调查判断，从而使银行能够及时了解企业运作的真实信息，并形成长期互动的良性关系，解决双方的信息不对称，从而使金融机构和制造业企业形成互信机制，实现良性互动。

综上所述，金融服务本质是服务经济创新发展，通过服务制造业集群（包括服务制造业智能化）创新实现服务收益；金融服务的发展应当与制造业发展节拍相适应，金融服务创新能力强的中小型制造业企业，不但可以提升制造业产业链竞争能力，同时也是金融服务业发展创新的必由之路。

### 7.1.2 金融服务制造业智能化是核心业务

中国制造业迅猛发展依靠了及时高效的金融服务。中国制造业由大到强转变，必须提高制造业智能化水平，实现由要素驱动向创新驱动发展的根本转变，从而给金融发展和服务提出了新的课题。金融服务制造业智能化发展面临着新的使命和挑战，必须改变投融资方式和方向，更多地投向制造业的新技术、新产品、新业态，换言之金融服务支持制造业智能化已经成为新的历史使命和核心业务。

改革开放以来，中国制造业持续高速增长，主要依赖的是高投资、高储蓄率、高 FDI 流入、低廉劳动力成本和较低的资源价格等的有机组合，形成了中国特色的人口红利（充沛而低报酬的农民工群体）和开放发展的资本红利（高储蓄率和高 FDI 流入），加上大量可用的土地资源、能源资源以及庞大的国内消费市场，形成了发展制造业等实体经济的极好条件。持续 40 多年的工业规模扩张和出口导向战略，累积形成的巨大产能不但有效满足国内需要，而且通过大量出口使中国制造走遍全球，带动了全球经济。然而，中国排浪式消费特征和全国消费市场波动，在相当程度上掩盖了产能膨胀和过剩的实际状况，导致了日益严重的不良后果。其中，钢铁业在 2007 年后粗钢产能利用率持续低于 80%，长期产能过剩；煤炭业 2002 年原煤产量 15 亿吨，2011 年 35 亿吨，2012 年高达 39.6 亿吨，2010 年行业亏损面已经高达 80%；水泥产业 2003 年就出现产能过剩苗头，水泥产能

35亿吨/年，需求量只有大约22亿吨/年；2013年生产电解铝2194万吨，过剩率超过30%，铝价回到25年前，50%（1100万～1200万吨）铝产能亏损；光伏产业的全球前五中四位是中国企业，2014年太阳能电池产能过剩达95%；2014年风电产业的设备产能利用率低于60%，陷入做越多、亏越多的局面。大量产能过剩意味着金融服务伴随经济要素投入增长而获得稳定收益的日子一去不复返，而且，近几年来随着国际金融危机的出现，国际市场低迷导致出口大面积受阻，产能过剩问题更明显地暴露出来。去产能、转型升级就成为必然选择，金融服务方向也必须随之改变，必须创新优化。

长期以来，为了服务要素驱动和出口驱动发展战略，中国长期实施了比较严格的金融管制政策，影响了金融市场的发展成熟和金融服务创新活动的开展。长期实行的存贷利率严格管制，致使投资率居高不下，一定程度上助长了产能过剩；长期严格的汇率和外汇管制，刺激了商品出口和FDI流入，一定程度上推高了房价和物价，既有损货币政策独立性，又易诱发贸易纷争和摩擦；长期严格的资本账户管制，不但割裂了国际国内金融市场，一定程度上诱发了输入型通货膨胀，导致人民币价值剧烈波动，而且助长了高储蓄和高投资，导致投资膨胀、产能过剩、资产泡沫等问题，进而阻碍了金融市场开放发展，阻碍了金融服务效率的提升。

面对新的国内外经济态势和金融改革发展需求，金融服务方向必须优化，应当聚焦三大重点提供高效服务。①金融服务供给侧结构性改革。针对经济结构严重失衡状况，中央提出深化供给侧结构性改革理念，要求从要素最优配置视角出发，扩大有效供给和提高供给质量，以调整经济结构增进生产效率，从优化投融资结构入手促进经济要素资源整合，实现各类资源的优化配置，促进经济可持续发展等。这为金融服务创新发展提供了根本遵循，也指明了改革创新的方向。金融系统应当紧紧围绕供给侧结构性改革主线，认真执行差别化信贷政策，即使对于传统过剩产业，仍然积极为技术先进的优秀品牌企业提供融资支持，但对于产能过剩行业的长期亏损且失去清偿能力企业采取了提前压缩贷款的风险防范措施。②金融服务"一带一路"。深度融入经济全球化，构建全方位开放新格局，共建"一带一路"有助于经济要素在国家间的有序自由流动，利于国际范围的高效配置发展资源，既是中国经济发展的客观需要，也是参与"一带一路"共建国家实现互联互通和战略对接，以促进经济发展和社会进步的需要，符合国际社会的根本利益，有助于合作共赢和合作多赢。金融服务"一带一路"就是要加强信贷产品创新，积极支持中国经济要素，尤其是优势制造业产能走出去。③金融服务制造业智能化发展。金融机构应当积极响应《中国制造2025》战略，按照国家信贷政策，紧跟制造业智能化发展进程，主动提供金融服务。

纵观全球，无论是发达国家，还是新兴发展中国家，高技术小企业始终是经济发展过程中最活跃的部分，是国民经济的重要组成部分。然而，中小型制造业企业获得金融贷款的难度大、成本高、直接融资困难，这些问题长期存在且难以解决。随着科技创新以及人工智能技术进步，大批创新能力强的中小型制造业企业必然会进入智能化进程，成为促进制造业智能化的重要力量。这些创新能力强甚至代表未来智能化方向的中小型制造企业会持续涌现，迫切需要金融服务提供针对性支持。

### 7.1.3 金融服务制造业智能化模式创新

金融服务制造业智能化发展，需要根据智能化进程，拓展产业链金融、供应链金融和互联网金融服务，以不断提高金融服务效率和效益，更好地服务制造业智能化进程。

（1）产业链金融，是指金融机构以制造业产业链为服务对象，为整个制造业产业链上所有企业智能化发展提供金融产品支持的服务模式。目前，已经涌现出具有典型意义的制造业产业链金融服务模式，如民生银行"乳业产业链战略合作"模式，具体做法是：民生银行与伊利集团采用"总部战略合作，分支协同实施"的合作模式，民生银行采取"核心企业 1+N"方式，为上游的奶牛养殖和下游的经销商提供批量贷款服务，伊利集团承担筛选合格经销商的职责，合作促成民生银行为伊利集团上游供应商和下游分销商提供授信支持，民生银行获得针对上下游企业贷款基准利率上浮的收益，从而保证了集团企业智能化基础设施建设、智能技术应用的金融需求，保证了企业整体上的智能化进程。

（2）供应链金融，是指银行以供应链为服务对象，为供应链上所有企业提供金融产品支持的服务模式。在供应链金融模式下，金融机构不但为核心企业提供金融服务，而且可以将核心企业与相关联的中小企业进行资信捆绑，提供授信，依托核心企业向所有的供应商、制造商、分销商、零售商等提供贷款支持，从而促进制造业智能化主体企业、关联企业和支撑企业实现有机联动，形成供应链智能化贯通，从而有效降低贷款风险，提升贷款效益。

（3）互联网金融，是指运用互联网技术在网络或移动平台上提供金融产品支持的金融服务模式。互联网金融与传统金融相比，具备透明度更高、参与度更高、运营成本更低、操作更简单方便等特征，使得很多业务可以在网络上迅速交互完成，不但可以更快更好地满足各类企业的融资需求，而且有利于信息汇集、分析和评估，从而为金融监管提供基础性数据，为金融机构的产品和服务创新提供全新的载体平台。互联网金融是网络时代金融服务业态创新的重要方式，对于支持制造业智能化企业发展尤其重要，具体的业务模式包括网络借贷、众筹、互联网基金、互联网保险、第三方支付、大数据、互联网信托等新型金融业务（陆岷峰和徐阳洋，2017）。

## 7.2 金融集聚对制造业智能化影响分析

金融集聚是指金融监管部门、金融中介机构、跨国金融企业、国内金融企业等机构在地域上向特定区域集中的现象。金融集聚程度取决于规模经济、集聚经济和交易成本等外部经济因素。金融集聚通常伴随制造业集聚而出现，并随着制造业集聚程度提升而提升。

### 7.2.1 金融集聚促进制造业智能化路径分析

金融集聚是金融发展的重要方向，金融集聚的非均衡效应对制造业智能化发挥着重要作用。金融集聚可以通过四个效应促进制造业智能化进程。

金融集聚规模经济效应促进制造业智能化。众多金融机构在同一城市的空间集聚使得金融机构之间以及金融机构与企业之间的联系加强，不但有利于金融机构更广泛地从事金融业务，还有利于企业获得专业化的金融服务支持，带来外部规模经济效应（Buera et al.，2010）。这种外部规模经济效应不仅可以提高资本市场的流动性，节约银行周转资金余额，还可以为企业提供更多的投融资便利，降低投融资成本和风险，从而促进制造业智能化进程。

金融集聚专业化效应促进制造业智能化。金融集聚必然会带来金融机构之间的竞争，这种竞争效应能够强化金融服务的专业化分工，使得集聚城市内的企业更加追求专业化经营，从而使得提供的金融服务更加专业化和高端化（程中华 等，2017）。这不仅可以发挥金融集聚的储蓄集聚功能、便利交换功能、公司治理功能、风险管理功能和信息揭示功能，还可以显著提升金融机构的资源配置效率，进而提升制造业智能化进程效率（刘军 等，2007）。此外，金融集聚有利于金融相关辅助产业或金融中介服务业的成长和发展，提高金融机构的服务水平和服务效率，从而有助于提升制造业智能化整体效率（Park and Musa，1989）。

金融集聚网络经济效应促进制造业智能化。金融集聚形成的金融网络加强了金融机构与企业之间的联系，可以为客户提供更为畅通的信息交流渠道，并能够有效降低信息搜寻、交流和共享的成本。这种网络经济效应一方面可以使得相关成员间的相互依存性变大，提高个体效率和存在价值，进而提高整个网络的运营效率和经济价值（赵晓霞，2014）；另一方面还可以通过降低股权交易成本促进股权交易市场的繁荣，减少投资者长期投资时对资金流动性约束的顾虑，进而增加对高回报率项目的长期投资，从而有效提升制造业智能化程度（于斌斌，2017）。

金融集聚创新激励效应促进制造业智能化。金融集聚不仅能够为企业创新提供更多的信贷机会，还可以缓解企业创新的信贷约束，为企业在产品研发和技术创新方面提供更有效的资金支持，从而保证企业创新行为的稳定化和长期化（Tadesse，2002）。同时金融集聚还可以分散企业创新风险，消除企业在研发过程中受到的跨期风险威胁，从而提高企业创新的成功率和速率（余泳泽 等，2013）。此外，金融集聚形成的金融网络为企业和金融机构的信息流动提供了有效渠道，从而能够加快企业对新知识和新技术的吸收应用速度。因此，这种创新激励效应有利于技术进步，有利于制造业智能化进程。

### 7.2.2 金融服务制造业智能化举措分析

金融发展规模、结构和效率与制造业智能化进程密切相关，但各个要素作用机制却存在显著差异。金融发展规模主要是通过放大制造业智能化规模促进其发展进程。金融发展结构主要是通过改善制造业智能化技术效率、促进技术进步和缩小技术差距来促进制造业智能化发展。而金融发展效率主要是通过改善制造业智能技术效率来促进制造业智能化整体水平提升（李健旋和张宗庆，2018）。因此，通过金融发展和金融集聚促进制造业智能化，可以从以下三个方面加以推进。

一是持续增加金融发展规模。首先是重视和拓展金融发展规模，尤其是制造业先进地区的金融发展规模，可以通过鼓励金融资源的跨区域配置来增大金融规模，从而在金融规模扩大的基础上促进更多制造业企业走上智能化道路。其次是要重视和不断推进体制机制创新，鼓励跨区域的金融资源协同整合，鼓励和引导金融机构协作发展，从而有效改善金融资源的配置效率，实现精准满足制造业智能化的金融需求。

二是不断改善金融发展结构。首先应当优化和完善制造业智能化企业融资的相关法律和政策，可通过建立健全资本市场和信用担保体系，加快培育市场化的融资担保机制，从而为制造业智能化企业融资贷款提供稳定安全的市场环境。其次应当适度降低制造业智能化企业（尤其是高科技中小企业）的贷款门槛，优化调整信贷准入标准，拓宽抵押物范围，开展多样化担保贷款。还应当运用大数据技术和互联网金融技术，加强制造业智能化企业征信体系建设，改善信贷管理中的信息不对称问题，从而能够提供精准营销和精确服务，更好地满足制造业智能化的金融需求。

三是有效提升金融服务效率。应当鼓励金融机构加大对制造业智能化的信贷投入额度,健全针对制造业智能化的财税补贴政策,持续引导激励金融机构支持制造业智能化发展;同时,改进和完善金融资源配置保障,改进针对制造业智能化的信贷管理和信贷审贷模式,提供多样化的融资方案。

### 7.2.3 金融服务制造业智能化业务创新

为了更好地服务制造业智能化进程,金融机构应当积极创新金融服务业务,强化对制造业智能化的金融支持力度,以获得更好的金融服务效益。

首先是要全面创新信贷审查制度。制造业企业通常是依赖某个创新理念、某个新技术或新工艺革新推进智能化进程,如果仅考虑企业财务报表等数据往往难以发现其智能化潜力和前景。金融服务机构在进行智能化项目贷前审查时,应当更多考虑智能化技术创新的先进性、市场运作的成长性、未来盈利可能性等,进行前瞻性评估,从而科学做出是否投贷的决策。

其次是要积极发展投贷联动业务。金融服务机构应当针对制造业企业的智能化核心业务进行准确评估,可以在确认智能化项目品质和发展能力基础上,采取部分贷款部分投资的方式,或全额投资方式予以支持,以获取未来更多的金融收益。

最后是要大力拓展电商类金融服务。积极运用金融服务机构的互联网优势,积极探索针对制造业企业的网络金融服务业务,实现制造业企业智能化项目的日常贷款申请、发放归还等整套流程在网上完成,积极创新金融服务制造业智能化方式,大幅降低金融机构运行成本、提升金融服务效益。

## 7.3 数据融合与制造业智能化金融服务机制

大数据技术已被金融机构广泛用于信息核对、贷前审查、授信定价、企业跟踪评价和不良贷款管理等传统业务,但金融机构仍然存在汇集外部业务数据能力弱、内部风险管控体系不健全、数据跨界管理水平低等问题。本书认为金融机构应当运用大数据技术,积极构建融合传统的结构化数据和新兴的非结构化数据的业务运行平台,重塑具有传统优势的授信定价、资产管理和风险控制的能力,拓展基于互联移动平台的多元金融业务,分析数据融合的基础、障碍与对策,提出服务于制造业智能化的金融业务模式创新策略。

1980 年,美国未来学家阿尔文·托夫勒(Alvin Toffler)在《第三次浪潮》中阐述了数据在未来社会巨大的潜在影响,认为大数据是未来社会运行的钥匙。

2011年，麦肯锡公司发布《大数据：下一个创新、竞争和生产率的前沿》研究报告，指出基于数据累积和广泛应用的时代到来，数据已经成为基础性资源，大数据逐渐成为影响社会、经济和企业运行形态的重要因素。2012年，维克托·迈尔－舍恩伯格发表的《大数据时代》指出，大数据具有volume（数据量巨大）、variety（数据类型繁多）、value（数据价值密度低）和velocity（数据处理速度快）等特征。随着计算机更广泛的普及和各类软件爆发式的增长，与人类活动相关的数据呈几何倍增长，世界上90%以上数据是近几年涌现出来的。目前，大数据正在改变人们的生活、工作和思维方式，成为经济发展的新源泉、新动力。大数据的核心价值在于通过海量数据的存储和分析，廉价、迅速、高效地支持决策。

随着计算机、互联网、智能手机、移动互联平台等技术的迅猛发展与广泛应用，金融领域出现了前所未有的挑战和机遇。网上银行、网上基金、网上保险、网络理财、网络借贷等互联网金融服务形式不断涌现，新的金融服务机构不断创建，甚至各类大中小型网络公司也纷纷涉足金融业务，向企业客户和网络民众提供融资和贷款服务。金融机构长期形成的垄断地位受到挑战，并已经明显感受到创新变革带来的巨大压力。在这场巨大的变革中，大数据技术成为关键手段，目前基于大数据的互联网金融，如第三方支付、P2P、众筹融资、余额宝、微信支付以及电商平台等，纷纷应用大数据技术争取新的竞争优势。面对全新的竞争环境，金融机构的传统业务优势正在消失，新兴金融的服务优势尚未形成，而且竞争对手越来越多、越来越强，原本具有竞争优势的管理模式必须与时俱进地进行创新。

围绕大数据时代金融机构业务模式创新，国外学者进行了多角度研究。一些学者从支付模式视角展开分析。Armstrong（2006）从双边市场理论角度研究了第三方支付，研究发现随着大数据和互联网金融的发展，第三方支付逐渐成为主流，给金融机构管理带来了新的风险和挑战。Wu和Hisa（2008）则从移动金融的视角，比较了移动金融与电子金融的差异，指出移动金融比移动支付系统的技术要求更高，风险管理难度更大。部分学者从融资模式视角展开分析。Rubinton（2011）认为众筹融资的本质是从投资银行模式演变而来的，其创新之处在于通过建模分析投资者与企业家在不同参数变化下的互动状况。这些新的融资行为都对金融机构业务模式形成了新的风险和挑战。还有一些学者从金融组织和理财模式视角展开分析。John（2012）认为新型金融组织模式包括网络银行、网络保险、网络证券等，这些都给金融机构业务模式和风险监管带来了新的挑战。Mollick（2013）认为互联网理财的本质是利用互联网技术，通过银行理财产品、基金等工具吸收小额在途资金达到保值增值目的，这些非传统的金融行为都加大了银行监管难度。

国内的研究也较为丰富。一些学者分析了互联网金融对金融机构管理模式的影响。刘澜飚等（2013）研究认为，互联网金融对传统金融中介的替代作用不但不大，而且还存在和传统金融的融合空间。皮天雷和赵铁（2014）认为，互联网金融模式具有便捷、低成本、高效率等优势，形成了对以金融机构为主体的金融体系的持续冲击，必将迫使传统金融体系的价值创造和管理方式变革。张福（2016）认为，互联网与传统银行业可以融合形成"互联网+银行"模式，将互联网技术（大数据处理、云计算）融合于银行经营管理的各环节，助推银行业转型升级。部分学者分析了互联网金融下金融机构管理模式的创新路径。梁璋和沈凡（2013）认为，金融机构应利用互联网加快转型升级，完善线上信用评级体系，加强风险控制。宫晓林（2013）认为，金融机构应将网络技术和银行核心业务进行深度整合，拓宽服务渠道，应对互联网金融带来的冲击。还有一些学者分析了互联网金融下金融机构创新面临的风险与监管问题。谢平等（2014）认为互联网金融需要关注的特殊风险包括信息科技风险和"长尾"风险两类。魏鹏（2014）认为互联网金融面临的风险包括合规风险、操作风险、流动性风险、货币政策风险、政策性风险和法律风险等。程兵兵（2017）认为在大数据、云计算等新技术迅速发展时代，创新服务模式是中央银行和金融机构提高风险管理控制能力的客观要求。

综上所述，国内外学者围绕大数据时代金融机构管理模式创新开展了大量研究，并且取得了较为丰硕的研究成果。但这些研究并没有深入剖析大数据技术对于金融机构运行发展的影响机理与表现方式，尤其是金融机构如何应用大数据技术和平台创新业务模式与管理模式问题等。因此，本书聚焦分析金融机构应用大数据技术汇聚客户非结构数据的基础、方式和机制，以及融合结构数据与非结构数据面临的机遇与挑战，并在此基础上提出基于数据融合的金融机构服务制造业智能化的业务模式和管理创新策略。

### 7.3.1 非结构化数据进入金融业务模式

随着全球化、知识化、网络化时代来临，从科学发现、技术发明到商业应用的周期日益缩短，这种趋势在大数据技术领域表现得更为明显。进入大众视野很短时间的大数据技术已经快步走入各个应用领域，产生了巨大的经济和社会影响。日前，大数据技术已被金融机构广泛应用于普通客户的信息核对、贷前审查、授信额度确定、贷款利率浮动、企业经营跟踪评价和不良贷款风险管理等，明显降低了信息不对称风险，提高了风险防范和管理水平等。而且，金融机构日益认识到大数据技术带来的巨大发展机遇，即运用大数据技术汇集客户或潜在客户的非结构化数据，能够更加全面准确地评估客户的发展能力，从而能够在评估金融服务制造业智能化的风险基础上提出针对性解决方案。

1. 金融机构运用大数据技术汇聚非结构数据

长期以来，金融机构是拥有客户身份及其相应收入数据最多的部门。基于这些数据银行能够进行客户的资信评级，决定放贷程度及时点，从而有效控制贷款风险。随着互联网和智能手机等移动平台的涌现，企业经营的动态状况、个人的身份信息及其金融行为等数据能够迅速被采集汇聚。一些网络信息公司借助大数据技术拓展了全新的互联网金融，成为金融机构新的业务竞争对手，并使金融机构越来越清晰地看到他们原本拥有的客户静态身份及收入等数据既不完整也不能准确反映客户真实的金融行为状况及消费能力。

随着互联网和大数据时代来临，制造业客户的行为、位置、社交等非结构化数据，已经成为评估客户金融状态的指标，社交、物流、网购等数据也已经成为客户消费能力的显性数据标签。换言之，互联网和移动互联平台等推动大数据技术深度应用到金融领域，改变了金融机构传统的数据观念，迫使金融机构认识到必须将结构化数据和非结构化数据有效融合，才能够既充分利用原有的客户静态身份及收入等数据客观评估客户现实的金融能力，又可以利用大数据评判客户的动态金融行为及潜在能力，从而更准确地评估客户资信等级，实现金融机构的精准服务和风险管制，提高银行运行管理质量水平(图 7-1)(李健旋和赵林度，2018)。

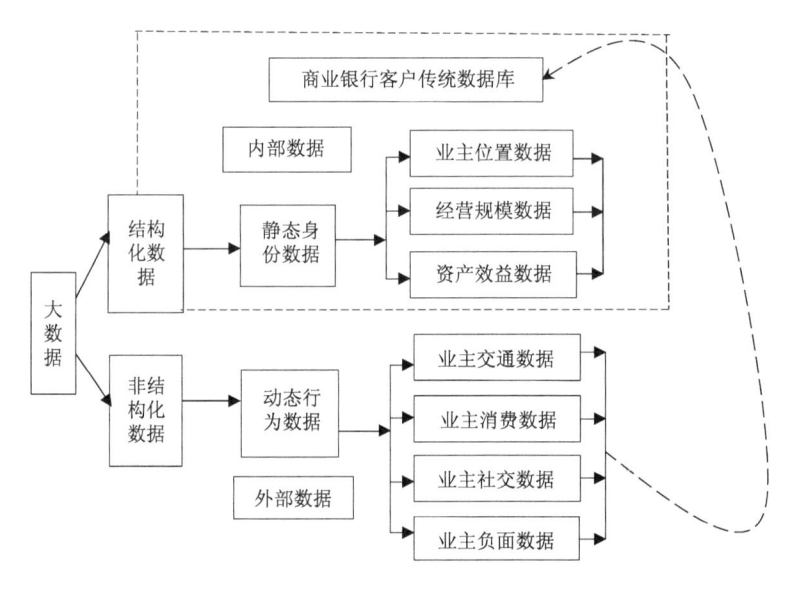

图 7-1 金融机构客户两类数据融合图

## 2. 金融机构运用大数据技术将非结构数据纳入业务平台

金融机构原本是拥有客户结构化数据（业务、资产、损益等）集中的机构，也是使用结构化数据开展业务活动的机构，基于结构化数据银行可以垄断着优秀客户的金融服务权益，也可以较为有效地控制中小客户的贷款风险。随着大数据技术的发展和应用，大量非结构化客户信息数据，尤其是与企业经营或个人贷款似乎并不相关的非结构化数据（社交信息、交通信息和消费信息等）变得重要起来。尤其是在科技创新引领发展、创新创业兴盛的背景下，新技术、新企业、新潮流不断涌现，金融机构传统的业务方式显然不能满足他们的发展需求。

近几年来，基于网络的购物平台和电子支付平台，极大地方便了制造业智能化企业的贷款，以小贷、P2P和众筹三种模式为代表的网络贷款公司迅速兴起。它们凭借大量非结构化数据（如各类信用纪录）即可决定给予制造业智能化企业贷款和确定贷款额度，通常无须抵押，而且审批速度快，服务及时高效，产生了良好的社会经济影响，也获得了较高的收益。但这类基于网络的新型金融模式缺乏明晰的监管规范，存在着巨大的潜在风险。这些基于非结构化数据的新兴金融行为和金融服务模式，以网络平台和移动平台为支撑，已经涉及支付结算、信贷、银行卡等金融机构的传统业务范围，给金融机构带来日益增大的挑战和影响。

现实中，金融机构已经意识到互联网金融的挑战，认识到非结构化数据的积极性和可用性，并积极行动起来，纷纷引入和开发大数据技术，建立高效运行的非结构数据采集和汇聚平台，主动探索针对制造业智能化的金融服务新模式，尤其是针对大量创新型中小制造业企业（原本不属于金融机构主流客户的群体）智能化项目的新型金融行为和业务模式，积极推进更为灵活的线上线下联动互补的新型业务体系建设，从而为创新型中小制造业企业的智能化进程提供更广泛的金融支持。

## 3. 金融机构运用大数据技术强化非结构数据跨界管理能力

随着大数据技术的研发、创新与应用，金融机构通过结构化数据与非结构化数据的有效融合，不但可以提升客户数据分析能力、业务拓展营销能力，降低成本、增加盈利能力，而且还通过大数据技术获得了融合内外部信息的数据，推进了跨界新业务及提升跨界管理能力的可能。

目前，SAS、Hadoop、Watson、Storm Apache、Drill Rapid Miner等大数据技术及其平台越来越多，应用领域日益广泛。金融机构借助于这些大数据技术平台可以比较容易地进行制造业企业智能化进程的精准分析，从而能够更准确地评估现实和潜在风险，更好地利用非结构化数据信息提供定制化金融服务，提升跨领域金融资源汇聚和金融服务供应能力。如工商银行等金融机构提出了建设智慧银行战略，积极推进银行间信息数据的跨界融合，如与互联网公司的数据合作以及与通信公司的数据合作等，从而发挥非结构化数据促进业务拓展的功能，并能够清晰界定和跨界管理各类融资行为。

显然，金融机构基于非结构数据开展内外部数据融合，可以更准确汇聚制造业智能化企业的身份信息数据和非金融行为数据，从而可以针对不同实力和前景的企业采取差别化的业务策略，更有效地服务优质和潜在客户、丰富业务服务内容，更有效地实施跨界管理协同，提高金融服务能力和收益水平。

### 7.3.2 金融服务数据融合障碍分析

金融机构应用大数据服务制造业智能化具有很多天然优势，它们通常有长期的制造业客户数据积累，有评价制造业智能化的指标体系和分析工具，有系统性管理数据的能力。然而，金融机构应用大数据技术融合结构数据与非结构数据，也会面临许多难题，需要认真研究并加以克服。

1. 金融机构汇集外部业务数据的能力不足

金融机构在长期的经营活动中，不断积累储存了大量的业务数据和客户数据资料。这是金融机构的传统优势，但长期以来这些数据仅仅是电脑中的存储数据，缺乏有效的挖掘分析，没有表现出丰富的使用价值，更没有转化为金融机构的竞争能力和盈利能力。

从总体上看，金融机构的数据积累和信息系统都是在特定时间完成的，其目的通常是为了满足当时业务需要，不同的业务部门往往选择自己熟悉的渠道方向，制定和执行自己的风险管理制度，因此金融机构内部积累的数据，其存储的信息也往往标准不同、路径不同，管理模式和重点不同，内部数据处于分裂状态，信息共享程度较低，数据使用效率和效益不高。近几年来，金融机构虽然开始重视大数据平台建设，试图积极开发和利用客户数据，但是客户数据涉及隐私等法律问题，银行无权擅自超越管理权限将客户数据用于经营活动，若违规使用必然会遇到法律约束，甚至会给金融机构带来公众信誉降低和违约风险，造成客户流失等严重后果。

因此，金融机构目前的业务数据汇集使用方式和风险管理模式，比起刚刚兴起的互联网金融公司并不具有优势，甚至还多了一些包袱。但金融机构进行系统性改革创新以适应大数据时代已经迫在眉睫。

## 2. 金融机构内部风险管理控制的能力不足

金融机构内部风险管理建立在信息完整准确、分析技术恰当基础上。但目前金融机构在这方面存在明显缺陷,主要表现为金融机构内部风险产生的原因多样。基于结构化信息数据分析是以往控制内部风险的主要手段,其效果经常不能尽如人意,是因为信息数据不充分、不完整,缺乏外部非结构信息数据,而这些信息数据往往直接影响内部信息数据的质量。

金融机构内部风险管理通常以规模效益指标为出发点,在进行市场分析、内部管理和外部监管方面主要依赖结构化数据,包括客户存取款信息、客户交易信息和基本信用评级等。但是这些静态的结构化数据往往不能真实完整地反映客户的实际经营状况,如果能够在结构化信息数据基础上融合制造业客户的交通出行、网上购物、兴趣爱好和日常消费等非结构化数据,则能够更准确判断客户的真实财务状况和资金运作能力。显然,非结构化数据的缺乏必然导致银行信息系统内部数据不完整,限制金融机构决策的准确性,带来潜在的风险管理危机。这也是金融机构服务制造业企业智能化时难以决策的重要因素。

因此,金融机构必须加大引入大数据技术力度,系统构建结构化数据与非结构化数据融合的内部风险防控管理体系,不但汇集制造业客户主营业务的所有信息数据,还应重视汇集制造业客户拥有的房地产、物业等实物资产以及股票、债券等金融资产信息数据,从而准确评价客户财务能力,提高风险管理水平。

## 3. 金融机构数据融合与质量保障的能力不足

金融机构进行数据跨界融合与管理,需要克服三重障碍。

首先是外部数据难以获取。金融机构的客户主要是企业,主营业务信息数据通常是完整的,尤其是那些经营状况稳定的企业客户。但面对科技创新带来的产业变革浪潮,企业间的迭代速度不断加快,许多企业的生存周期只有三到五年。很多企业不是被本行业的企业打败,而是被跨界的新技术轨道上的新企业直接颠覆淘汰。同时,创新型中小企业三到五年内成长为跨国公司的例子也并不少见。对金融机构来讲,不但应当拥有授信企业的主营业务信息数据,而且也应关注这些客户的非主营业务状况,包括研发和跨界经营的状况;同时关注科技创新带来的产业变革,积极汇集更多的跨界信息数据。当然,这些数据的获得与原有的传统信息渠道不同,而且受到知识产权保护和企业商业秘密限制的影响,得到准确的信息数据难度较大。

其次是外部数据质量难以保证。由于信息数据的采集部门不同,网络公司拥有各自不同的商业利益，金融机构面临竞争对手的竞争，造成了大量的信息数据孤岛，许多金融机构需要的信息数据散乱且难以汇集，外部非结构化数据存在难以识别和难以处理等问题，直接影响着数据汇集和使用的质量。

最后是外部数据分析结果难以融合。金融机构比较重视数据分析、促进业务拓展和提高经营绩效，却不太重视数据挖掘、融合和体系建设，而且大部分数据分析工作聚集在公司部、授信部、信贷部等业务部门，影响了系统性的数据汇集、挖掘、分析和利用效果，影响到金融机构外部数据信息融入内部信息数据系统的速度与质量，从而难以充分挖掘外部信息的价值。

### 7.3.3 数据融合下金融服务制造业智能化模式创新

金融机构融合结构数据与非结构数据，需要研发和应用多边信息数据共享合作平台，需要业务模式创新。金融机构可以借鉴互联网金融企业大数据应用经验，建立健全大数据应用平台，积极推进基于结构数据与非结构数据融合的业务模式创新，从而不断提升经营绩效（图7-2）。

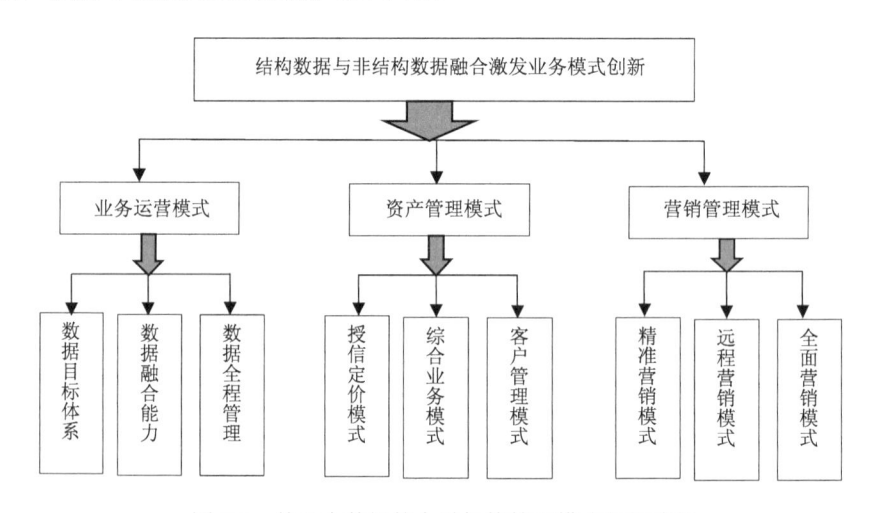

图7-2 基于大数据的金融机构管理模式创新路径

**1. 基于大数据构建的开放共享业务运营模式**

金融机构实施数据融合，创新服务制造业智能化的业务模式，应当做好三件事。

首先是明确数据目标体系。金融机构做好数据融合的基础是构建结构数据与非结构数据的融合体系，扫清内部各部门基于利益的数据壁垒和制度障碍，在明确的业务目标体系中建立科学合理的数据采集与共享、分析与利用的部门联动机制。

其次是提高外部数据融合能力。金融机构建立适合自身数据业务又能够开放纳入外部数据的联盟发展模式，从而形成完整的同业互享互助和跨业互补互惠的立体式大数据应用体系。金融机构要实现跨界大数据整合，应当积极发展与移动通信、社交网络、电子商务等网络平台的合作，从而实现结构化数据和非结构化数据的无缝对接。

最后是提高数据融合全程管理能力。金融机构应当建立专门负责大数据研发和应用的管理部门，建立起统筹跨部门的信息数据平台，从而实现业务前端、中端和后端系统信息数据的平稳顺畅对接融合。全程保障数据管理的高效率和高效益。

### 2. 基于大数据重塑的授信定价资产管理模式

通过结构化数据和非结构数据有效融合，重塑金融机构资产管理模式，可以更为精准高效地服务制造业智能化。

首先是金融机构的授信定价模式。金融机构建立在客户业务与资产信息基础上的结构化数据和建立在互联与移动平台基础上的非结构化数据合二为一，形成金融机构和涉及金融业务机构共建共用共享的金融数据系统，可以促进整个金融体系的创新发展和开放完善，推动金融机构传统业务或核心业务整体重塑在大数据平台上，从而能够客观准确分析制造业企业（包括大中小企业）的经营业绩、增长潜力、融资水平、汇率风险等，使得金融机构能够更精准地分析和提供制造业企业智能化发展的金融服务，优化依赖授信定价的能力。

其次是金融机构的综合业务模式。金融机构借助原本良好的传统信誉和基于大数据的电子支付平台可以提供更精准技术、更高效响应、更低成本服务，以获得主动地位，与第三方支付展开竞争。目前金融机构推出的手机 APP 已经实现了及时推送还款信息、缴费、充值、出行等支付功能，获得了巩固原有客户、吸引新增客户的功能，呈现出巨大的后发优势，在相当程度上维持住了支持制造业智能化发展的金融主力地位。

最后是金融机构的客户管理模式。金融机构在传统业务竞争过程中，尤其是在黄金客户群体少而银行供款能力不断增加的情况下，惯常采用的竞争手段是持续向客户让渡盈利空间或放松贷款审查条件，结果是带来盈利下降和风险加大等一系列问题。随着结构数据与非结构数据融合，金融机构不但可以继续更好经营传统业务，而且可以向网上拓展，向面广量大的中小制造业客户群体拓展，可以极大地扩展市场空间和服务群体,增强资产管理能力,从而可以为制造业智能化提供更加优质的金融服务。

3. 基于大数据创新的金融机构营销管理模式

基于大数据分析技术,金融机构可以通过对制造业客户行为数据的收集,对其经营状态、产品质量、技术含量、物流、资金流等生产经营行为和制造业客户的个人偏好、性格特征、资产结构以及信用资质等进行综合分析评估。在全面掌握客户数据的基础上开展针对性金融服务,尤其是针对具有发展潜力的中小制造业企业进行超前介入和全面营销,为长期跟踪支持奠定基础。基于结构数据与非结构数据平台,金融机构的营销管理模式可以向三个方面进行创新拓展。

首先是针对制造业智能化进程精准营销模式。金融机构传统营销模式属于粗放式广种薄收模式。通常先依赖媒体广告、书面小册子和网络平台进行宣传,营销信息广而告之,借以让更多客户和潜在客户了解信息内容。然后,守株待兔,等待客户上门寻求银行提供服务。再详细进行业务营销沟通和提供针对性服务。传统的营销方式和渠道需要时间积累、客户积累和媒体宣传力度积累才能获得较好的营销结果,往往费时、费力、费钱。借助大数据技术和平台,金融机构可以运用网络爬虫、云计算、聚类分析等工具对制造业智能化客户海量数据进行分析挖掘,根据分析出的客户需求进行市场细分,针对不同制造业企业进行个性化营销,从而提高服务制造业智能化的营销精准度和效益。

其次是网络平台远程营销模式。大数据时代,数据获取与交互日趋网络化、即时化,无论是个人客户还是企业客户,借助于互联网、移动互联平台等,可以在全天候远距离不见面的情况下登录金融机构的网络界面,细致研究金融机构的各类营销信息,比较分析各类产品特征并进行偏好性选择。因此,金融机构应当主动适应全球化、网络化、个性化的金融产品消费时代,积极依托大数据和互联网平台开发提供丰富的金融服务产品,高效应用大数据技术进行客户数据挖掘,提供远程直销服务业务和管理体系,迅速形成金融机构传统优势和网上优势的互补,利用传统的登记性数据和网络移动数据等互联互补,获得更加完整的客户数据、丰富营销产品、创新营销模式,全方位服务制造业智能化进程。

最后是跨界拓展混业营销模式。通过结构数据与非结构数据融合平台,金融机构可以有效拓展跨界业务和混合业务,优化传统的信贷业务流程,拓展新兴的信用金融产品,针对客户现实需求和潜在需求提供主动营销与全程服务,不断提高大数据应用水平和服务制造业智能化发展水平。

## 7.4 金融服务管控制造业智能化贷款风险路径

随着大数据技术的应用和互联网金融的涌现,大数据技术已被金融机构广泛用于信息核对、贷前审查、授信定价以及企业跟踪评价和不良贷款管理等业务管理过程之中,并正在逐渐拓展到风险管控方面(黄子健和王龑,2015;王馨,2015)。当然,管控制造业智能化企业贷款的风险需要多方协同努力,既需要金融机构积极作为,也需要企业规范经营和诚实守信,还需要政府更大力度的政策支持。换言之,金融机构服务制造业企业智能化项目的风险管控,不仅需要金融机构基于大数据平台主动作为,而且也需要政府部门强化支持和补偿政策力度,更需要企业自身进一步强化创新能力和提升风险管理控制水平。

### 7.4.1 基于大数据的金融服务风控模式创新

1. 金融机构应当主动作为

基于互联网和大数据技术,网络支付、网络贷款、网络理财等新兴金融业务迅速兴起,越来越多的创新型制造业智能化企业由于发展前景好而受到青睐。互联网金融机构给予他们的贷款不但审批速度快、贷款利率低,而且服务即时高效,甚至无须抵押,结果造成传统金融机构的客户流失、存款流失、收益流失,市场竞争日益加剧。在传统的技术条件下,金融机构服务创新型制造业企业工作量巨大但利润微薄,积极性不高。进入大数据时代,金融机构借助互联网、互联移动平台、数据挖掘等技术手段不仅能够快速汇集企业完整信息,并且还能够突破传统技术条件下的信贷服务模式,提高判断企业智能化经营状况环境的能力,使得贷款审查更迅速、贷款风险大为降低。现实中,拥有大数据整理能力的网络公司已经得到先机,网络贷款、网络理财、网络众筹等迅速兴起,率先向创新型中小制造业企业提供金融服务,支持智能化进程。以前金融机构要求的抵押担保以及上浮利率等风险防控措施已经不再是前提条件,通过大数据已经可以持续准确评估企业经营状态、资金流量、职工增减等信息内涵,从而有效控制风险(杜聪聪,2015)。因此,大数据时代,金融机构应当发挥原本拥有的客户结构化信息优势,并通过数据分析具有潜力的制造业客户的非结构化信息,比如透过客户企业的工商信息、水电信息、报关信息、专利信息、上下游企业信息和舆情信息等全面把握企业运行的真实动态,主动作为,把面广量大的创新型制造业企业的智能化项目纳入重要业务内容,在伴随制造业企业智能化进程中获得高收益,并同时提升风险管控能力。

2. 政府应当加强引导支持

目前国家已经出台了许多促进和支持创新型（中小微）制造业企业发展的相关优惠政策，创新型企业的信息数据透明度也得到提高，经营规范性得以增强，运行的风险可控性明显提升。然而，从实际运行情况看，还需要政府部门加大引导和支持力度，应当从四个方面加强促进创新型制造业企业的智能化发展。一是加强引导和规范。政府部门应当健全创新型制造业企业的征信系统，从而能够帮助金融机构准确把握创新型制造业企业经营和财务状态信息，切实减少金融机构通过提高利率、提高抵押品增加制造业企业智能化项目融资成本的现象，更好地为制造业智能化发展提供金融机构服务。二是拓宽融资渠道。政府应当完善创业投资、股权投资和融资租赁相关政策，引导社会资金支持创新型制造业企业智能化进程，积极为制造业企业通过智能化项目进行产权和股权交易等，从而提供更加精准便捷的金融支持。三是健全信用担保体系。政府应当鼓励多层次企业信用担保机构的建立与完善，鼓励和支持民间资本及境外资本投资设立促进制造业智能化的企业信用担保公司，不断完善对制造业智能化企业信用担保的激励和风险补偿办法，鼓励为制造业企业智能化项目的按时还贷、续贷提供资金支持。四是加大风险补偿力度。政府财税部门按照金融机构的贷款增量给予补助，支持各类金融机构执行国家有关制造业智能化企业贷款呆账核销的政策规定，及时核销符合呆账核销条件的呆账坏账，激发创新创业热情。进入大数据时代，相关政府部门应积极制定大数据发展战略和实施计划，进一步加强对制造业智能化相关信息数据的挖掘、整合、分析，通过引导和支持，加快金融机构业务转型升级，利用大数据技术为创新型制造业企业的智能化提供精准信贷服务和健全的信用担保体系，从而进一步提高信贷服务效率和风险管控水平。

3. 制造业智能化企业应当加强自我约束

大数据时代，制造业智能化发展预期越好，可能得到的金融支持肯定会越来越多。从创新型制造业企业自身来看，应当做精业务做好自己，重点是更加重视技术创新，充分利用新知识、新技术、新工艺发展业务，努力形成自主知识产权，不断强化自身优势，更好地运用知识产权质押进行融资，奠定融资发展根基并有效降低融资成本。同时，积极融入产业链协同发展，主动成为产业链中的重要环节，借助在产业链上不可或缺的地位获得金融支持。此外，健全规章制度、强化内部管理，逐步形成职责分离，充分利用大数据技术进行跟踪管理，降低人为决策的负面影响,提高防范经营风险能力,提升信贷决策的准确性,提高信贷融资的成功概率,促进自身迅速发展壮大(王卫星和赵刚,2012)。

显然,借鉴大数据技术和平台,金融机构风险管控能力可以得到大幅提升,数据来源也会更加全面、获取路径会更加便捷、数据准度会更精细,数据分析挖掘工具会更为丰富实用。换言之,金融机构支持制造业智能化发展的风险已经可以管控,拓展金融服务制造业智能化的时机条件已经成熟。

### 7.4.2 金融服务制造业智能化贷款风险管控策略

金融服务风险管控的基础在于信息数据的快速汇集和及时处理。大数据技术的发展应用为金融精准服务制造业智能化、防控风险和提高收益奠定了坚实基础。基于大数据技术,金融服务应当积极构建综合信息平台、创新完善贷审制度、提供多元服务品种,更好地管理控制风险(图7-3)。

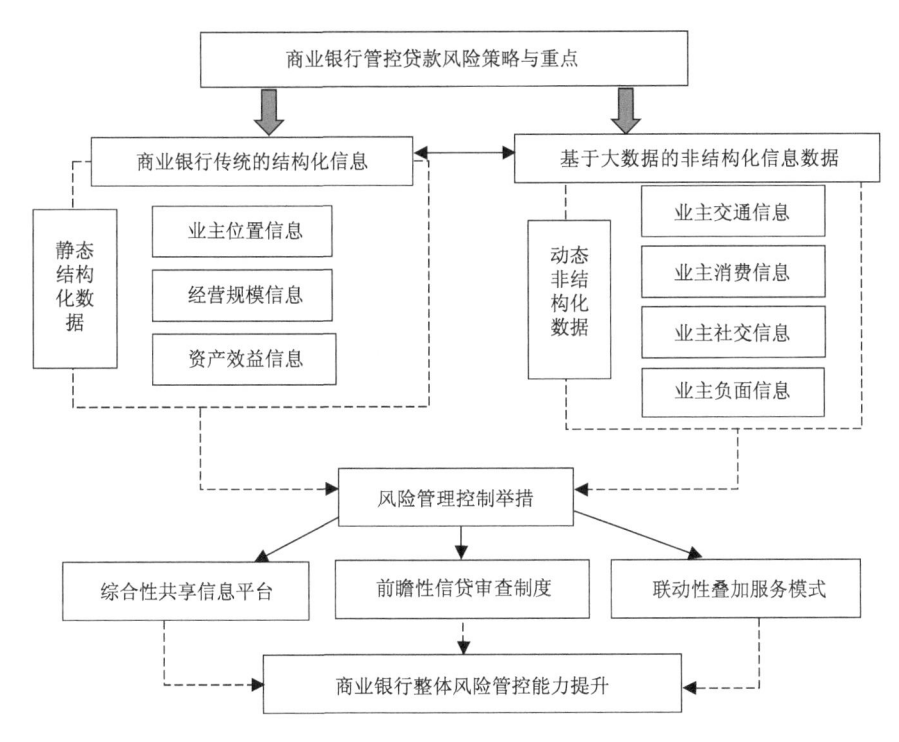

图 7-3 基于大数据金融服务管控贷款风险框架图

其一,要用好综合性共享信息平台。当前,中国金融征信系统、商业征信系统和行政征信系统正在不断完善之中,综合性信息共享平台正在形成。金融服务应当积极运用大数据技术,融合企业的结构化信息(经营规模、职工人数、资产状态等)和非结构化信息(纳税信息、报关信息、专利信息、水电信息、法律纠纷信息等),客观准确评估制造业智能化发展态势,搜寻潜力大前景好的制造业智能化客户群体,主动高质量服务制造业智能化进程(郭兵和李强,2017)。同时基于信息共享平台为制造业智能化提供金融政策、金融产品、金融服务和风险控制标准等,提高制造业智能化的风险识别和自控能力,提供贷款申请、获得和归还贷款的便捷条件,从而高质量地实现金融服务制造业智能化进程。

其二,要完善前瞻性信贷审查制度。推进制造业智能化的企业通常具有创新性和高成长特征,仅从企业财务报表等静态数据难以反映优质性和发展潜力。因而金融服务进行贷前审查时,应当更多考察企业技术创新的先进性、市场运作的成长性和未来盈利的可能性等,进行前瞻性系统性评估,从而科学做出是否投贷、贷款额度和利率标准等金融服务决策,更有效地控制贷款风险。金融服务应当积极研发电商类金融品种,拓展针对创新型制造业企业智能化项目的网上小贷业务,实现贷款申请、发放归还等整套流程在网上完成,不断创新服务制造业智能化方式,大幅降低贷款审查成本、提升金融服务自身服务效益。

其三,要拓展联动性叠加服务模式。推进制造业智能化的企业通常扩张速度快、融资需求大、发展前景好,金融服务在确认项目品质和发展能力的基础上,可以探索投贷联动服务模式,采取部分贷款部分投资方式或全额投资方式予以支持,这样既可降低企业还贷压力还有利于金融服务获得更好收益。如中国工商银行利用综合化牌照优势,已经推出了灵活组合的"信贷+保险""信贷+租赁""信贷+基金"等多类服务方式,为企业提供多元融资服务,实现了风险控制和增加收益的双重效益(钱晓 等,2017)。金融服务可能通过拓展与产业链中龙头企业的金融合作,在龙头企业担保情况下提供全产业链企业的智能化项目的金融品种服务,从而为产业链中的制造业企业智能化提供全产业的支持。

其四,要提升整体性风险管控能力。根据制造业智能化企业风险主要集中在信息不准确和违约行为较多的实际情况,金融服务应当积极应用大数据技术,及时融合运用行政、工商、公安、法律等联网信息,核实和跟踪企业运营进展情况,利用征信系统了解制造业智能化企业社保、税务、水电等相关信息以及借款人(制造业智能化企业主)消费、交通和其他资产实力等,从而准确判断企业的发展态势和还款能力(唐琳,2017)。金融服务还可以利用网络技术和共享数据等关注企业的负面新闻,提前预判可能会出现的违约风险,从而采取针对性措施予以防范,提升金融服务整体性风险管控能力。

## 7.5 结论与启示

本章聚焦金融服务制造业智能化问题,从当前金融服务面临新的形势与挑战出发,分析论述了金融服务制造业智能化的方向路径和业务模式创新,提出了金融服务制造业智能发展的相关政策建议。

本章从金融集聚的视角出发,探讨了金融发展规模扩张、结构优化、效率提高等对于制造业智能化进程的影响及作用机制,提出增加金融发展规模、改善金融发展结构、提升金融服务效率促进制造业智能化发展的相关政策建议。

本章从大数据技术特征入手,研究了金融机构的结构数据与非结构数据的内涵及表现方式,聚焦金融机构的结构数据与非结构数据的融合问题,解析了面临的主要障碍,包括金融机构汇集外部业务数据能力不足、金融机构风险管理控制能力不足以及金融机构运用大数据跨界管理能力不足等,进而解析了结构数据与非结构数据融合的机理、方式和路径,提出了高质量服务中国制造业智能化业务方向和模式创新策略。

# 第 8 章　中国制造业智能化：绿色增长

改革开放以来，中国制造业依靠要素禀赋优势，取得了巨大发展成就，制造业规模不断扩大，竞争力持续增强，持续十多年保持世界制造业规模第一大国的位置。然而，较为粗放的生产制造方式导致中国制造业消耗了大量的能源，并排放了大量的温室气体，持续几年是全球碳排放的第一大国。目前，国际环境保护形势严峻。《京都议定书》和《巴黎协定》均要求各国遵守协定内容，主动承担减排任务，减少气候变化带来的社会和经济危害。与此同时，中国也愈加重视对于制造业智能化的投资，希望利用智能化来帮助制造业实现转型升级和绿色增长（何小钢 等，2019）。而大数据、云计算、物联网、人工智能和区块链等新一代数字技术的发展，正推动着全球制造业数字化转型升级，为摆脱当前制造业面临的问题，实现制造业绿色发展带来了机遇（李廉水 等，2019）。近年来，随着网络强国战略和国家大数据战略的布局推进，数字经济正逐渐成为推动中国经济高质量发展的新动能，智能化基础设施建设的重要性愈发凸显。智能化基础设施是指以数字技术或知识产权为核心价值的新型基础设施，是数据流动的"信息高速公路"，构筑了新的生产力结构和社会生产关系。数字化转型的深化发展离不开智能化基础设施的建设（赵涛 等，2020）。高质量推进新型智能化基础设施建设将为新旧动能转换提供强大支撑。以数字化为核心的智能化基础设施，能促进制造业技术进步和设备改造，支撑产业数字化和数字产业化发展，推动传统制造业向网络化、数字化、智能化方向发展，促进制造业数字化转型（郭金花 等，2021）。2020 年 4 月，习近平总书记强调"要抓住产业数字化、数字产业化赋予的机遇，加快 5G 网络、数据中心等新型基础设施建设"，充分发挥数字化驱动引领作用，形成经济高质量发展新动能。那么，智能化对中国制造业绿色增长能够产生怎样的影响，其具体作用机制是什么？深入探究该问题对制造业数字化转型以及优化资源配置效率具有重要的理论意义与实践价值。

事实上，数字化发展对全要素生产率（Graetz and Michaels，2018）、劳动力就业结构优化（孙早和侯玉琳，2019）、益贫式发展（杨飞和范从来，2020）、缩小城乡差距（刘欢，2020）、全球价值链攀升（刘亮 等，2020）等方面的有益影响已然显现。也有研究指出中国经济增长受电信基础设施影响，互联网快速发展已成为了新时代国家提升区域创新效率的新动能（韩先锋 等，2019）。不过，智能化对经济绿色增长的影响依然存在争议（Liu et al., 2021a; b）。一方面，数字技术正在重塑工业部门的能源终端使用格局，改变了能源供给侧商业模式，并创造更大的市场，整合跨越可再生能源与电网等能源边界（Arachchi and Managi, 2021）。另一方面，尽管能源效率的提升一定程度降低了碳排放，促进了绿色增长，但能源服务的增加，可能使能源消费的实际减少与单位能源服务所消耗能源的减少并不是同比例变化，产生"能源回弹"效应（谢伦裕 等, 2018），从而增加碳排放。而由二氧化碳引起的全球气候异常与极端气候灾害已经成为人类面临的共同挑战，如何降低碳排放，有效遏制全球变暖趋势成为热点问题。作为世界上最大的发展中国家，中国正在积极主动地承担碳减排责任。作为中国支柱产业及碳排放大户，制造业如何降低碳排放并实现绿色增长，愈加引起重视。

基于此，本章以2003~2017年中国30个省份的面板数据（不含港澳台和西藏数据）为样本，重点研究智能化对中国制造业绿色增长的空间溢出效应及其地理边界。相比以往研究，本章创新点体现在：①从制造业数字化转型视角出发，考察智能化的经济效果，为数字化发展战略提供了坚实的理论依据。②从数字化视角，应用空间杜宾模型定量识别和测度了智能化对中国制造业绿色增长的空间溢出效应及其地理边界，较好地补充了绿色增长的相关研究并有助于完善绿色经济体系的建设。③从数字化转型机制出发，提出智能化通过影响技术效率、技术进步和技术差距等途径促进中国制造业绿色增长，有助于为中国制造业发展提供指导意义。

## 8.1 智能化影响制造业绿色增长要素分析

全要素生产率（total factor productivity, TFP）增长问题，长期以来都是学者们研究的热点问题。大量的研究从人力资本、产业结构、环境规制、外商直接投资等方面研究了全要素生产率的影响因素。

### 8.1.1 全要素生产率增长要素

（1）人力资本。人力资本作为创新的源泉，对TFP增长存在一定的影响。Wei和Hao（2011）发现人力资本对中国省份的TFP增长具有显著积极的影响，并且这种影响存在区域异质性。Xiong等（2017）和Habib等（2019）的研究发现，社会资本对全要素生产率的增强作用非常有限，并且认为社会资本对经济绩效的影响取决于当地的社会和经济条件。

（2）产业结构。产业结构的变化是影响TFP增长的重要因素之一。Chen等

(2011)采用因素分解法分析了结构变化对 TFP 增长的影响，研究发现产业结构升级显著有利于 TFP 增长。Li 和 Lin（2017）与 Brondino（2017）均采用经济增长模型分析了结构转型对 TFP 的影响，研究发现产业结构转型显著有利于 TFP 增长。

（3）环境规制。环境规制一直被认为是影响 TFP 的重要因素。Lanoie 等（2008）研究了环境规制强度对魁北克制造业全要素生产率的影响，认为环境规制对于同期 TFP 存在负向影响，但是其正向效应存在滞后性。Zhang 等（2011）和任胜钢（2019）分析了环境规制对中国 TFP 的影响，研究发现执行更严格的环境规制将有助于 TFP 增长。De Santis 等（2021）研究了环境规制对中国 TFP 的影响，结果显示环境调控强度与 TFP 存在显著的倒"U"形关系，其效应从创新补偿效应逐渐过渡到成本增加效应。

（4）外商直接投资（FDI）。由于 FDI 存在拉动效应和溢出效应，其也被视为影响 TFP 增长的关键因素。Arazmuradov 等（2014）与 Ning 和 Wang（2018）研究发现外国直接投资和人力资本有利于提高全要素生产率，建议各国应该鼓励吸引外国投资和加强国内教育，改善经济增长。卢飞等（2018）采用中国城市面板数据实证分析了 FDI 的技术溢出效应，研究发现 FDI 具有显著的技术外部性，而且还存在空间溢出效应。Adnan 等（2019）研究发现对于人力资本、金融发展和贸易开放水平较低的国家而言，长期 FDI-TFP 系数可能显著为负；而对于人力资本、金融发展和贸易开放水平较高的国家而言，其系数可能显著为正。

### 8.1.2 智能化是 TFP 增长关键要素

智能化的发展为经济增长提供了强劲动力，不仅有利于效率改善和技术进步，带来产量的提升，也有助于沟通效率的提升，从而实现资源的优化配置，因此，智能化也一直被作为 TFP 增长的关键要素。

Madden 和 Savage（2000）研究发现 R&D 更易通过智能化和通信设备的贸易向其他国家的生产率产生技术溢出。Miyagawa 等（2004）研究发现 20 世纪 90 年代日本的 TFP 增长源于 IT 投资产生的行业间溢出效应。Timmer 和 Ark（2005）基于美国和欧盟的数据发现 TFP 对于 ICT 投资反应缓慢的原因是 ICT 投资规模较小，可能无法产生溢出效应；同时，严格的监管也会限制 ICT 潜在优势的发挥。Sung（2007）基于韩国地方政府数据证实了 IT 对 TFP 增长率存在积极作用，为韩国发展电子政务提供了有力支持。Fueki 和 Kawamoto（2009）在 Basu 和 Fernald（2007）的概念框架下考察了日本的情景，发现在 2000 年之后 TFP 增长确实来源于 IT 带来的技术进步。Dahl 等（2011）基于跨国面板数据研究发现 ICT 对全要素生产率存在显著的促进作用。Kunsoo 等（2011）研究发现上游企业的 IT 投资提高了下游企业的全要素生产率，并且这种溢出效应的长期影响大于短期影响。Mitra 等（2016）研究发现智能化技术是印度制造业 TFP 提升的关键。

黄群慧等（2019）分析了互联网发展提升中国制造业生产率的内在机制，发现互联网发展通过降低交易成本、减少资源错配以及促进创新提升了制造业生产率。郭美晨和杜传忠（2019）实证分析了 ICT 对中国经济增长质量的影响，发现 ICT 对中国全要素生产率增长具有显著提升作用。

尽管很多学者将 ICT 作为生产率加速的关键，但是索洛却在 1987 年提出了著名的"智能化生产率悖论"，认为智能化对生产率的影响微乎其微，甚至为负向影响（Solow，1987）。Inklaar 等（2005）比较了美国和欧洲 4 个主要国家智能化促进经济增长的贡献率，发现美国智能化显著促进了全要素生产率增长，但欧洲 4 个国家智能化促进全要素生产率增长的影响作用并不显著。Stiroh 和 Botsch（2007）利用美国行业面板数据实证分析了 2000 年之后智能化与劳动生产率之间的关系，研究发现，智能化并没有显著促进美国劳动生产率的增长。Basu 和 Fernald（2007）对于 20 世纪 90 年代美国的观察发现，控制过去的 ICT 投资后，ICT 资本的同期增长与各行业的 TFP 加速呈负相关。Badescu 和 Garces-Ayerbe（2009）利用西班牙 341 个企业面板数据，分析了智能化对劳动生产率的贡献，发现尽管考察期内劳动生产率有了一定程度的提高，但智能化对其贡献并不显著。Gordon（2012）指出智能化只引发美国经济的短暂复兴，长期来看对生产率的提升作用难以为继。Acemoglu（2014）利用美国制造业数据研究，发现并没有充分的证据来验证智能化的生产率效应。Edquist 和 Henrekson（2017）研究了 ICT 对瑞典不同行业全要素生产率（TFP）增长的影响，发现 ICT 和 TFP 之间没有明显的短期关联，但是存在 7~8 年的滞后影响。

智能化不仅对 TFP 增长存在一定的影响，同时其对碳排放（环境污染）也存在直接或间接的影响。Moyer 和 Hughes（2012）研究了 ICT 对碳排放的影响，认为智能化技术可以在 50 年内对整体碳排放产生下行影响。Joon 和 Eungkyoon（2012）发现智能化技术有助于降低污染排放，互联网技术可以加强监督从而对污染者施加心理压力。Salahuddin 等（2016）发现互联网使用对二氧化碳排放的短期影响非常小，但是从长期看 ICT 的使用能提升其他部门的减排潜力。从理论上来看，ICT 既可能是 $CO_2$ 排放增加的原因，同时也可能是 $CO_2$ 排放减少的原因。Higón 等（2017）研究了 ICT 与 $CO_2$ 排放之间的非线性关系，发现 ICT 和 $CO_2$ 排放之间存在倒"U"形关系，发展中国家的智能化技术的转折点远高于平均值，而发达国家的拐点低于平均值。Ozcan 和 Apergis（2018）利用新兴国家面板数据研究，发现增加互联网接入可以降低空气污染水平。Cheng 等（2019）采用空间计量模型实证分析了智能化对中国环境污染的影响，发现智能化显著加剧了环境污染，智能化对于环境污染的回弹效应发挥了连带作用。

### 8.1.3 智能化带动绿色全要素生产率增长

实际上，二氧化碳或者污染物的排放并不是生产的目标产物，而是更多地作为生产过程的副产品而存在。因而有必要将二氧化碳或者污染物的排放纳入 TFP 的测算中。一些学者尝试在此方面进行拓展。Chen 和 Golley（2014）采用径向性方向距离函数和 ML 指数测算了中国工业部门的绿色全要素生产率，研究发现考虑了碳排放的绿色全要素生产率明显低于未考虑碳排放的全要素生产率。Wang 等（2015）和 Zhang 等（2016）采用非径向性方向距离函数，纳入二氧化碳测算了全要素碳排放绩效。由于这种非径向性方向距离函数放松了期望产出和非期望产出同比例变化的要求，有效解决了投入产出松弛造成的非效率成分，从而使得对绿色全要素生产率的测算更为准确和可靠。但是，上述方法使得所有决策单元面临同一生产前沿，没有考虑决策单元的技术差距现实，有失合理性。Du 等（2018）以及 Cao 等（2020）运用修正 Malmquist-Luenberger 指数测算模型以及 GMM 模型，有效地解决了这一难题。基于此，本书采用非径向性方向距离函数和共同前沿方法测度绿色全要素生产率（GTFP），并将其刻画为绿色增长。

从研究内容来看，已有的文献主要围绕智能化与 TFP 关系或者智能化与碳排放（环境污染）等方面进行研究，较少文献同时将 TFP 和碳排放纳入研究范围，因而存在一些不足之处。从研究方法来看，已有的智能化与 TFP 关系的文献主要从二者之间的线性关系、滞后关系等方面来进行拓展研究，较少考虑二者之间的空间溢出效应。实际上，智能化能够有效地提升两地之间的交流，而相邻两地之间的制造业存在产业关联，同时二氧化碳的排放也存在空间关联效应。因而有必要考虑空间溢出效应，进行实证分析。已有的文献为本书奠定了坚实的理论基础，本书研究特点体现在（李健旋和赵林度，2018）：①同时将 TFP 和碳排放纳入研究框架中，并将研究范围具体到制造业领域（也就是所谓的制造业绿色增长），研究智能化对制造业绿色增长的影响及其作用机制。②将智能化与制造业绿色增长之间的关系做进一步拓展，研究智能化对制造业绿色增长的空间溢出效应及其地理边界。

## 8.2 模型、变量说明与数据来源

### 8.2.1 理论模型

为了研究智能化与制造业绿色增长之间的关系，本书构建了智能化影响经济绿色增长的理论模型，将生产函数中的资本划分为智能化投资和非智能化投资，假设该生产函数为

$$Q/C = f(L, K_{it}, K_n, E, A) \tag{8-1}$$

其中，$Q$ 表示经济产出；$C$ 表示二氧化碳排放；$L$ 表示资本投入；$K_{it}$ 表示智能化投入；$K_n$ 表示非智能化投入；$E$ 表示能源投入；$A$ 表示技术参数。之所以将产出设成 $Q/C$ 的形式，是希望期望产出越来越多，而非期望产出越来越少。在竞争市场的投入有效使用以及规模报酬不变条件下，每项投入对产出的贡献等于投入成本占总成本的份额（Colecchia and Schreyer，2002）。假设 $f$ 为 CD 函数形式，本书用对数形式来表示生产函数 $f$：

$$q - c = s_l l + s_{it} k_{it} + s_n k_n + s_e e + a \tag{8-2}$$

其中，参数 $s$ 表示各投入变量的份额。考虑智能化的外部性，实际上智能化所产生的效益超出了其所测量的要素，于是增加表示智能化的外部性的比例项 $\theta$，对公式（8-2）进行修正得到

$$q - c = s_l l + (s_{it} + \theta)k_{it} + s_n k_n + s_e e + a \tag{8-3}$$

智能化的外部性 $\theta$ 类似于 Romer（1986）研究的知识溢出和 Lucas（1988）研究的人力资本溢出。实际上，本书能够观察到的要素份额是 $s_{it}$，而很难直接观察得到 $\theta$。根据定义，GTFP 是产出与投入利用率的差异。那么，根据方程（8-3），可以得到方程：

$$\text{GTFP} = q - c - s_l l - s_{it} k_{it} - s_n k_n - s_e e = \theta k_{it} + a = \beta_0 \text{IT} + a \tag{8-4}$$

其中，技术参数 $a$ 表示某个地区的技术水平。根据内生增长理论，可以用人力资本的线性函数来表示技术参数 $a$：

$$a = \beta_1 \text{HUCA} + \varepsilon \tag{8-5}$$

其中变量 HUCA 表示一个地区的人力资本水平，$\varepsilon$ 表示误差项。将方程（8-5）纳入到方程（8-4）中，可以得到 GTFP 方程：

$$\text{GTFP} = \beta_0 \text{IT} + \beta_1 \text{HUCA} + \varepsilon \tag{8-6}$$

为了考虑其他因素对 GTFP 的影响，本书将产业结构（IS）、环境规制（ENRE）、FDI 和能源消费结构（ES）等因素作为控制变量，得到方程：

$$\text{GTFP} = \beta_0 \text{IT} + \beta_1 \text{HUCA} + \beta_2 \text{IS} + \beta_3 \text{ENRE} + \beta_4 \text{FDI} + \beta_5 \text{ES} + \varepsilon \qquad (8\text{-}7)$$

### 8.2.2 空间计量模型

空间计量模型有两个基本模型，分别是空间自回归模型（SAR）和空间误差模型（SEM），前者通过空间滞后项将空间因素引入模型，而后者通过空间误差项将空间因素引入模型。SAR 模型为

$$y_{it} = \delta \sum_{j=1}^{N} w_{ij} y_{jt} + \alpha + X_{it}\beta + \mu_i + \lambda_t + \varepsilon_{it} \qquad (8\text{-}8)$$

其中，$i$ 表示地区；$t$ 表示时间；$y$ 表示被解释变量；$w$ 表示空间权重矩阵，$\sum_{j=1}^{N} w_{ij} y_{jt}$ 表示空间滞后项；$\delta$ 表示空间滞后系数；$X$ 表示解释变量，$\beta$ 为其系数；$\mu_i$、$\lambda_t$ 和 $\varepsilon_{it}$ 分别表示空间效应、时间效应和随机误差项。

而 SEM 模型为

$$y_{it} = \alpha + X_{it}\beta + \mu_i + \lambda_t + \varphi_{it}, \quad \varphi_{it} = \rho \sum_{j=1}^{N} w_{ij} \varphi_{jt} + \varepsilon_{it} \qquad (8\text{-}9)$$

其中，$\varphi_{it}$ 表示随机误差项；$\sum_j w_{ij} \varphi_{jt}$ 表示空间误差项；$\rho$ 表示空间误差系数。

LeSage 和 Pace（2009）在这两个模型的基础上构建了空间杜宾模型（SDM），该模型是 SAR 模型和 SEM 模型的广义形式，可以在一定条件下转化为 SAR 模型或 SEM 模型。SDM 模型的基本表示形式为

$$y_{it} = \delta \sum_{j=1}^{N} w_{ij} y_{jt} + \alpha + X_{it}\beta + \gamma \sum_{j=1}^{N} w_{ij} X_{jt} + \mu_i + \lambda_t + \varepsilon_{it} \qquad (8\text{-}10)$$

其中，$\sum_{j=1}^{N} w_{ij} X_{jt}$ 表示解释变量的空间滞后项；$\gamma$ 表示其系数向量。在实际操作过程中具体选用 SAR 模型、SEM 模型还是 SDM 模型进行估计，需要根据统计检验来进行判定。

### 8.2.3 变量说明

1. 被解释变量

制造业绿色全要素生产率及其分解。近年来，一些学者基于数据包络分析的 Malmquist 生产率指数方法对绿色全要素生产率进行衡量，有利于弥补新古典经济增长核算模型中未考虑非期望产出的缺陷。Fukuyama 和 Weber（2010）、Zhou

等（2012）等学者多数采用径向性的或者非径向性的方向距离函数模型测算绿色全要素生产率。这些模型虽然同时考虑了期望产出与非期望产出的变化比例，优化了模型的估计结果的准确性和可靠性，却存在一个较为明显的缺陷，即在模型中将决策单元都看作是同质的。这个缺陷导致测算的绿色全要素生产率难以正确反映决策单元的差异。Battese 和 Rao（2004）将群组异质性纳入传统的 Malmquist-Luenberger 指数测算模型，有效地解决了这一难题。本书借鉴 Zhang 和 Choi（2013）、Cheng 等（2018）的研究，采用非径向性方向距离函数和共同前沿方法测度制造业绿色全要素生产率（GTFP），并将其进一步分解为技术效率变动指数（EC）、技术进步变动指数（BPC）、技术差距变动指数（TGC）。

实际测算过程中需要事先设定投入变量和产出变量。就投入变量来说，其主要包括劳动力投入、资本投入和能源投入。本书采用 2003~2017 年中国各省份年末制造业就业人数表示劳动力投入；资本投入则采用相应年份的制造业固定资产投资，并采用永续盘存法将其核算为存量形式；能源投入采用制造业能源消耗总量来衡量。产出变量主要包括期望产出和非期望产出，其中期望产出主要采用的是 2003~2017 年各省份的制造业生产总值，并采用以 2000 年为基期的 GDP 平减指数将其核算为 2000 年的不变价。而关于非期望产出，本书采用 Cheng 等（2018）的计算方法得到各地区的制造业碳排放总量。

2. 核心解释变量

智能化（IT）。智能化水平的提升主要源于电信固定资产投资。网络通信基础设施的建设保障了海量数据的运行、储存和流通，基于此可以开展大数据和云计算等相关技术应用，从而建立起多样化的智能化基础设施。因此，本书采用电信固定资产投资占总固定资产投资的比值衡量各地区智能化基础设施水平。

3. 控制变量

人力资本（HUCA）。创新一直被认为是全要素生产率提升的重要因素，而人力资本又是创新的源泉（石喜爱 等，2018）。本书将人力资本作为影响制造业绿色增长的控制变量，选取地区人口的平均受教育年限衡量人力资本水平，并采用基于不同学历人口的加权形式来核算平均受教育年限，将学历分为小学、初中、高中和大学（大学学历包含本科和专科两种），分别假定其受教育年限为 6 年、9 年、12 年和 16 年。

产业结构（IS）。产业结构升级表明产业的要素资源从产业内部劳动、资本密集型产业向技术知识密集型产业演进，意味着传统的高污染、高耗能、低附加值的产业逐步被低污染、低耗能、高附加值的产业替代，使得制造业整体的能耗降低、能源效率提高，从而促进绿色增长。本书利用高技术产业增加值与制造业增加值之比衡量产业结构。

环境规制（ENRE）。环境规制代表了政府对于环境污染治理的力度。一般而言，随着环境规制的增强，制造业企业会在维持发展的前提下，尽量减少二氧化碳的排放，从而推动制造业绿色增长。本书采用各地区单位污染物排污费征收总额作为环境规制的代理变量。

外商直接投资（FDI）。FDI 也是影响环境污染的重要因素。一方面，各个地区期待 FDI 带来的清洁生产技术可以改善本地的环境；另一方面，FDI 也带来高耗能企业，加剧了碳排放。因而，FDI 也是影响制造业绿色增长的因素之一。本书采用年度实际利用外商投资额占 GDP 的比重衡量。

能源消费结构（ES）。煤炭是中国最主要的能源消耗物，同时也是中国环境污染的主要污染源，对绿色发展造成不利影响。本书使用煤炭消耗总量与能源消耗总量之比衡量能源消费结构。

### 8.2.4　数据来源

考虑数据的可得性和有效性，本书选取了 2003~2017 年中国 30 个省份（不含港澳台，西藏由于统计数据不全，也未列入分析范围）的面板数据进行分析。数据来源于《中国统计年鉴》《中国工业统计年鉴》《中国能源统计年鉴》《中国环境统计年鉴》《中国劳动统计年鉴》。在回归过程中，对各变量取对数，尽量降低异方差。各变量的描述性统计如表 8-1 所示。为了避免变量间存在严重的多重共线性问题，对各变量之间的相关性和多重共线性进行检验，结果如表 8-2 所示。检验结果显示各变量之间不存在严重的多重共线性问题。

表 8-1　变量的描述性统计

| 变量 | 样本数 | 均值 | 标准差 | 极小值 | 极大值 |
| --- | --- | --- | --- | --- | --- |
| ln GTFP | 420 | 0.0860 | 0.2421 | −0.8679 | 0.7956 |
| ln IT | 420 | −3.6770 | 0.6813 | −4.6254 | −2.3026 |
| ln HUCA | 420 | 2.1517 | 0.1150 | 1.7273 | 2.5004 |
| ln IS | 420 | −2.1733 | 0.2372 | −3.4268 | −1.0498 |
| ln ENRE | 420 | −6.6350 | 0.7531 | −9.6056 | −4.6134 |
| ln FDI | 420 | −4.2547 | 1.0724 | −7.9490 | −1.9645 |
| ln ES | 420 | −0.4391 | 0.3958 | −2.2463 | −0.1363 |

表 8-2　相关性和多重共线性检验

|  | VIF | ln GTFP | ln IT | ln HUCA | ln IS | ln ENRE | ln FDI | ln ES |
|---|---|---|---|---|---|---|---|---|
| ln GTFP |  | 1.0000 |  |  |  |  |  |  |
| ln IT | 2.32 | 0.1856 | 1.0000 |  |  |  |  |  |
| ln HUCA | 2.00 | 0.2133 | 0.3938 | 1.0000 |  |  |  |  |
| ln IS | 1.57 | 0.1274 | 0.2685 | 0.3529 | 1.0000 |  |  |  |
| ln ENRE | 1.70 | 0.2593 | 0.3210 | 0.1060 | 0.2184 | 1.0000 |  |  |
| ln FDI | 1.36 | 0.0588 | 0.2016 | 0.2138 | 0.1365 | −0.3705 | 1.0000 |  |
| ln ES | 1.28 | 0.3587 | 0.1277 | −0.2535 | 0.1892 | −0.2603 | 0.2328 | 1.0000 |

## 8.3　结果及分析

### 8.3.1　制造业绿色增长结果及分析

表 8-3 结果显示，2003~2017 年期间中国制造业平均绿色全要素生产率为 1.0895，中国制造业整体较好实现了绿色增长。从其分解项来看，技术进步发挥了很大推动作用，但技术差距扩大在一定程度上抑制了制造业整体绿色增长。2003~2017 年期间中国东部地区、中部地区、西部地区的制造业绿色全要素生产率均值均高于 1.0000，说明各区域的绿色全要素生产率都有所增长。其中，东部地区增长最多，其均值达到 1.1060；中部地区次之，其均值达到 1.0828；最后是西部地区的 1.0780。北京是 GTFP 增长最快的省份，高达 1.1594，其中技术进步发挥了主要推动作用。黑龙江和青海是 30 个省份中负增长的省份，其中黑龙江 GTFP 最低，仅为 0.9890，技术效率恶化和技术差距扩大是造成这两个省份 GTFP 下降的主要原因。

表 8-3　中国各地区制造业绿色增长及分解

| 组别 | 省份 | GTFP | EC | BPC | TGC |
|---|---|---|---|---|---|
| 东部 | 北京 | 1.1594 | 1.0499 | 1.1119 | 1.0000 |
| 东部 | 天津 | 1.0592 | 1.0375 | 1.1119 | 1.0000 |
| 东部 | 河北 | 1.1292 | 1.0295 | 1.1010 | 1.0000 |
| 东部 | 辽宁 | 1.0714 | 0.9985 | 1.1037 | 1.0000 |
| 东部 | 上海 | 1.1119 | 0.9995 | 1.1119 | 1.0000 |
| 东部 | 江苏 | 1.1099 | 1.0120 | 1.1099 | 1.0000 |
| 东部 | 浙江 | 1.0987 | 0.9678 | 1.1098 | 1.0000 |

续表

| 组别 | 省份 | GTFP | EC | BPC | TGC |
|---|---|---|---|---|---|
| 东部 | 福建 | 1.1215 | 1.0120 | 1.0759 | 1.0000 |
| 东部 | 山东 | 1.1415 | 1.0343 | 1.1010 | 1.0000 |
| 东部 | 广东 | 1.1010 | 1.0000 | 1.1010 | 1.0000 |
| 东部 | 海南 | 1.0665 | 0.9553 | 1.1032 | 1.0000 |
|  | 东部均值 | 1.1060 | 1.0084 | 1.1037 | 1.0000 |
| 中部 | 山西 | 1.0852 | 1.0255 | 1.1200 | 0.9463 |
| 中部 | 吉林 | 1.0599 | 1.0373 | 1.1200 | 0.9463 |
| 中部 | 黑龙江 | 0.9890 | 0.9467 | 1.1035 | 0.9690 |
| 中部 | 安徽 | 1.1352 | 1.0678 | 1.1195 | 0.9614 |
| 中部 | 江西 | 1.1157 | 1.0522 | 1.0950 | 0.9879 |
| 中部 | 河南 | 1.0974 | 1.0000 | 1.1325 | 0.9690 |
| 中部 | 湖北 | 1.0844 | 1.0446 | 1.1554 | 0.9569 |
| 中部 | 湖南 | 1.1021 | 1.0284 | 1.1115 | 0.9775 |
|  | 中部均值 | 1.0828 | 1.0247 | 1.1195 | 0.9642 |
| 西部 | 内蒙古 | 1.0655 | 1.0524 | 1.1192 | 0.9511 |
| 西部 | 广西 | 1.1382 | 1.0000 | 1.1342 | 1.0035 |
| 西部 | 重庆 | 1.1337 | 1.0295 | 1.1363 | 0.9977 |
| 西部 | 四川 | 1.1094 | 0.9787 | 1.1226 | 0.9883 |
| 西部 | 贵州 | 1.1159 | 0.9896 | 1.1192 | 0.9883 |
| 西部 | 云南 | 1.0395 | 0.9167 | 1.1331 | 0.9883 |
| 西部 | 陕西 | 1.0700 | 0.9583 | 1.1184 | 0.9752 |
| 西部 | 甘肃 | 1.0654 | 1.0127 | 1.1235 | 0.9483 |
| 西部 | 青海 | 0.9964 | 0.9097 | 1.1218 | 0.9731 |
| 西部 | 宁夏 | 1.1009 | 0.9422 | 1.1204 | 0.9697 |
| 西部 | 新疆 | 1.0324 | 0.9280 | 1.1192 | 0.9847 |
|  | 西部均值 | 1.0780 | 0.9733 | 1.1243 | 0.9788 |
|  | 全国均值 | 1.0895 | 0.9996 | 1.1155 | 0.9826 |

从绿色全要素生产率的分解项来看，考察期内，技术效率改善促进了15个省份GTFP增长，其中对安徽省的促进作用最强，技术效率恶化抑制了12个省份GTFP增长，其中对青海省的抑制作用最强。技术进步促进了所有省份GTFP增长，其中对湖北省的促进作用最强。技术差距缩小仅促进了广西GTFP增长，而技术差距扩大抑制了18个省份GTFP增长，其中对山西省和吉林省的抑制作用最强。

## 8.3.2 空间杜宾模型分析

本书首先根据方程（8-7）建立如下形式的非空间面板模型：

$$\text{GTFP} = \alpha + \beta_0 \text{IT} + \beta_1 \text{HUCA} + \beta_2 \text{IS} + \beta_3 \text{ENRE} + \beta_4 \text{FDI} + \beta_5 \text{ES} + \mu_i + \lambda_t + \varepsilon_{it} \quad (8\text{-}11)$$

然后对该非空间面板模型进行 LM 检验和固定效应联合显著性检验，进而判定空间面板模型应该选用何种固定效应模型。估计结果如表 8-4 所示。

表 8-4 非空间面板模型检验结果

| 变量 | 混合回归模型 | 空间固定效应模型 | 时间固定效应模型 | 空间时间双固定模型 |
| --- | --- | --- | --- | --- |
| Log L | 2256.7 | 2315.8 | 2304.9 | 2355.1 |
| LM-Lag | 156.5430*** | 109.1001*** | 0.0396 | 10.6978*** |
| Robust LM-Lag | 44.9497*** | 103.5068*** | 0.2288 | 7.5169*** |
| LM-Error | 131.7453*** | 67.4882*** | 0.1066 | 13.0531*** |
| Robust LM-Error | 20.1520*** | 61.8948*** | 0.2958 | 7.8723*** |
| 空间固定效应联合显著性检验 | LR 统计量=100.3784 | | $P$=0.0000 | |
| 时间固定效应联合显著性检验 | LR 统计量=78.5982 | | $P$=0.0000 | |

注：***表示通过 0.01 水平的显著性检验，LM-Lag、LM-Error 分别表示检验空间滞后自相关影响和空间误差自相关影响的 LM 统计量。

表 8-4 显示，空间固定效应联合显著性检验和时间固定效应联合显著性检验的 $P$ 值均为 0，而且空间时间双固定模型具有最大的 Log L 值，说明选择空间时间双固定效应模型更为合适。建立如下形式的 SDM 模型：

$$\begin{aligned}\text{GTFP}_{it} &= \delta\sum_{j=1}^{30} w_{ij}\text{GTFP}_{jt} + \alpha + \beta_0\text{IT} + \beta_1\text{HUCA} + \beta_2\text{IS} + \beta_3\text{ENRE} + \beta_4\text{FDI} + \beta_5\text{ES} \\ &+ \gamma_0\sum_{j=1}^{30}w_{ij}\text{IT}_{jt} + \gamma_1\sum_{j=1}^{30}w_{ij}\text{HUCA}_{jt} + \gamma_2\sum_{j=1}^{30}w_{ij}\text{IS}_{jt} + \gamma_3\sum_{j=1}^{30}w_{ij}\text{ENRE}_{jt} \\ &+ \gamma_4\sum_{j=1}^{30}w_{ij}\text{FDI}_{jt} + \gamma_5\sum_{j=1}^{30}w_{ij}\text{ES}_{jt} + \mu_i + \lambda_t + \varepsilon_{it}\end{aligned}$$

$$(8\text{-}12)$$

根据 Wald 统计量和 LR 统计量来判断 SDM 模型是否可以简化为 SAR 模型或者 SEM 模型，检验结果详见表 8-5。表 8-5 显示，SDM 模型简化为 SAR 模型的 Wald 统计量和 LR 统计量均通过了 0.01 的显著性检验，说明 SDM 模型不会简化为 SAR 模型；SDM 模型简化为 SEM 模型的 Wald 统计量和 LR 统计量均通过了 0.01 的显著性检验，说明 SDM 模型不会简化为 SEM 模型。因此，应该选择空间时间双固定效应的 SDM 模型进行参数分析，估计结果详见表 8-5。

表 8-5 空间时间双固定效应的 SDM 模型估计结果

| 变量 | 直接效应 | 间接效应 | 总效应 |
| --- | --- | --- | --- |
| IT | 0.0013*** | 0.0371*** | 0.0384*** |
|  | （4.4816） | （4.7816） | （4.7740） |
| HUCA | 0.0049*** | 0.1566*** | 0.1615*** |
|  | （2.9077） | （3.0947） | （3.0905） |
| IS | 0.0021*** | 0.0266*** | 0.0287*** |
|  | （3.2554） | （3.4271） | （3.6835） |
| ENRE | 0.0003** | 0.0097 | 0.0100 |
|  | （2.1200） | （1.4575） | （1.4500） |
| FDI | −0.0001 | −0.0066 | −0.0067 |
|  | （−0.5779） | （−1.5052） | （−1.4763） |
| ES | −0.0041*** | −0.1202*** | −0.1243*** |
|  | （−4.8405） | （−4.9173） | （−4.9155） |
| $\delta$ | 0.4810*** |  |  |
|  | （5.0829） |  |  |
| Wald 统计量（SAR） | 20.3953*** | Wald 统计量（SEM） | 19.5199*** |
| LR 统计量（SAR） | 19.4383*** | LR 统计量（SEM） | 18.7936*** |

注：**、***分别表示通过 0.05、0.01 水平的显著性检验。

表 8-5 结果表明一个地区的制造业绿色增长不仅受到本地区智能化等因素的影响，同时也受到了周边地区的影响。空间滞后效应系数 $\delta$ 值为 0.4810，且通过 0.01 的显著性检验，表明制造业绿色增长存在显著的空间外溢效应，即一个地区的制造业绿色增长同时也能有效地带动周边地区的制造业绿色增长。这主要是因为地理位置的空间邻近有利于邻近地区的商品贸易、人员和技术交流，一个地区在推动制造业绿色增长的过程中，需要大力发展高新技术产业和节能环保产业。根据产业关联理论，这会显著带动邻近地区的制造业绿色增长。同时，地理位置的空间邻近有利于邻近地区制造业发展形成上下游产业链和循环经济，从而形成区域制造业发展的协同效应和循环效应。

在不同效应下，智能化对制造业绿色增长均存在显著的促进作用，这说明智能化不仅有利于本地区制造业绿色增长，还会通过空间溢出效应带动周围地区的制造业绿色增长。首先，信息资源规模的扩大和信息处理能力的提升极大地促进了创新升级速度，改善了信息效率和促进了技术进步（郭家堂和骆品亮，2016），进而推动制造业企业的绿色增长。其次，智能化水平的提高，会倒逼制造业企业升级其落后的生产工艺，而采用更加清洁的生产设备和工艺（如智能制造），以达到降低碳排放和提高利润的双重目的。最后，随着智能化的发展和应用，各地区会加快推进智能化与制造业的深度融合，推动制造业生产方式向智能制造转变，促进制造业向智能化、绿色化、服务化发展。

从控制变量来看，人力资本对本地区、其他地区和所有地区的制造业绿色增长存在显著的促进作用。制造业绿色增长的关键在于清洁生产技术的创新，而创新又源于创新人才的推动。而人力资本具有很强的流动性，在推动本地区制造业绿色增长的过程中，还可以通过流动效应和交流效应对周围地区产生外溢效应。产业结构对本地区、其他地区和所有地区的制造业绿色增长存在显著的促进作用。这主要是因为制造业中高技术产业比重的增加能够有效降低能源消耗和污染物排放，还可以显著提高企业的技术水平和劳动生产率，增加产品的信息含量和技术附加值，这些对于制造业绿色增长具有显著的促进作用。环境规制显著有利于本地区制造业绿色增长，但对周围地区制造业绿色增长的影响作用不显著。主要原因有以下两个方面：一方面，随着政府在环保方面对制造业企业的压力越来越大，企业不得不对自身的设备、工艺和技术进行改造、升级和更新，这会使得创新补偿效应大于成本增加效应，进而有利于制造业绿色增长。另一方面，随着本地区环境规制越来越强，本地区污染型产业有可能会转移至周围地区，这可能不利于周围地区制造业的绿色增长。因此，环境规制对周围地区制造业绿色增长的作用效果不明显。FDI对本地区、其他地区和所有地区的制造业绿色增长的作用均不显著。这可能是由于两方面原因共同作用的结果：FDI促进了制造业的发展，与此同时也伴随着大量的二氧化碳排放，抑制了制造业绿色增长；另外，FDI也能带来更加清洁环保的生产技术，促进了本国制造业企业生产技术的升级，降低了二氧化碳的排放，也就是说FDI的技术效应推动了制造业绿色增长。所以，两种原因的相互抵消，FDI对制造业绿色增长的作用不显著。在不同效应下能源消费结构对制造业绿色增长均存在显著的负向作用。这主要是因为以煤炭为主的能源消费结构不仅不利于经济增长，还显著增加了能源消耗和污染物排放，不利于制造业绿色增长。

### 8.3.3 智能化空间外溢效应分析

为了进一步揭示智能化的空间属性，本书参考程中华等（2017）的做法，通过设定不同空间权重矩阵来检验智能化对制造业绿色增长的空间外溢效应是否存在区域边界。将带有距离带宽的空间权重矩阵 $W_{ij,d}$ 设置为

$$W_{ij,d} = \begin{cases} \dfrac{1}{d_{ij}}, & d_{ij} \geq d \\ 0, & d_{ij} < d \end{cases} \quad (8\text{-}13)$$

其中，$d_{ij}$ 表示两个不同省份之间的直线距离。本书设置初始距离为 50km，距离阈值为 50km，即每相隔 50km 将设置后的空间权重矩阵代入 SDM 模型进行回归，所得的空间外溢效应系数如表 8-6 所示。

表 8-6 智能化的空间外溢效应随地理距离变化情况

| 阈值/km | W–IT 系数 | t 值 | 阈值/km | W–IT 系数 | t 值 | 阈值/km | W–IT 系数 | t 值 | 阈值/km | W–IT 系数 | t 值 |
| --- | --- | --- | --- | --- | --- | --- | --- | --- | --- | --- | --- |
| 50 | 0.0383*** | 4.5115 | 550 | 0.0390*** | 4.6560 | 1050 | 0.0194** | 2.5126 | 1550 | 0.0263*** | 3.5653 |
| 100 | 0.0380*** | 4.6810 | 600 | 0.0367*** | 4.2845 | 1100 | 0.0205*** | 2.6540 | 1600 | 0.0263*** | 3.5653 |
| 150 | 0.0487*** | 5.8283 | 650 | 0.0323*** | 3.8321 | 1150 | 0.0228*** | 2.9465 | 1650 | 0.0336*** | 4.7947 |
| 200 | 0.0503*** | 5.8272 | 700 | 0.0278*** | 3.0913 | 1200 | 0.0177** | 2.2456 | 1700 | 0.0238*** | 3.3889 |
| 250 | 0.0473*** | 5.8930 | 750 | 0.0248*** | 2.9245 | 1250 | 0.0212*** | 2.7317 | 1750 | 0.0231*** | 3.3907 |
| 300 | 0.0443*** | 4.8716 | 800 | 0.0231** | 2.5725 | 1300 | 0.0195** | 2.5850 | 1800 | 0.0256*** | 3.8581 |
| 350 | 0.0429*** | 5.0138 | 850 | 0.0249*** | 2.8643 | 1350 | 0.0219*** | 2.9027 | 1850 | 0.0147** | 2.4611 |
| 400 | 0.0424*** | 5.2523 | 900 | 0.0256*** | 3.0630 | 1400 | 0.0200*** | 2.8545 | 1900 | −0.0004 | −0.0721 |
| 450 | 0.0443*** | 5.3696 | 950 | 0.0242*** | 2.9938 | 1450 | 0.0261*** | 3.4980 | 1950 | −0.0005 | −0.0800 |
| 500 | 0.0447*** | 5.3835 | 1000 | 0.0265*** | 3.4741 | 1500 | 0.0258*** | 3.3571 | 2000 | 0.0003 | 0.0464 |

注：**、***分别表示通过 0.05、0.01 水平的显著性检验。

从表 8-6 中可以看出，空间外溢效应的地理距离可以分为四个区间。第一个区间在 50~200 km，这一区间空间外溢效应逐渐提升。这主要是因为较短的地理距离有利于制造业企业之间的交流与合作，通过智能化相邻的多个地区可以快速学习清洁的生产工艺和向生产前沿靠近，从而有利于空间外溢效应的提高。第二个区间在 200~800 km，这一区间空间外溢效应呈现出不断下降的趋势，说明制造业企业尽管可以利用智能化来推动其绿色增长，但是随着地理距离的增加，企业之间的信息不对称程度也随之快速扩大，从而其空间外溢效应迅速衰减。第三区间在 800~1850 km，这一区间的空间外溢效应系数的振荡幅度较小，说明在该区间的地区介于受到中心区域的智能化的空间外溢效应影响较小，是从积极影响向不显著影响的过渡阶段。第四区间为超过 1850 km 之外的区域，该地区的空间

外溢效应系数没有通过显著性水平检验，说明智能化的空间外溢效应存在地理边界，超过该边界将无法推动制造业绿色增长。

### 8.3.4 作用机制分析

为了进一步分析智能化促进制造业绿色增长的作用机制，本书保持解释变量不变，将被解释变量依次调整为技术效率变动指数（EC）、技术进步变动指数（BPC）和技术差距变动指数（TGC），然后采用 SDM 进行回归分析，估计结果详见表 8-7。

表 8-7 作用机制的估计结果

| 变量 | EC 直接效应 | EC 间接效应 | EC 总效应 | BPC 直接效应 | BPC 间接效应 | BPC 总效应 | TGC 直接效应 | TGC 间接效应 | TGC 总效应 |
|---|---|---|---|---|---|---|---|---|---|
| IT | 0.0008*** (3.3858) | 0.0317** (2.0656) | 0.0325*** (2.7942) | 0.0035*** (5.7216) | 0.0426*** (4.2835) | 0.0461*** (4.9038) | −0.0017** (−2.0734) | −0.0139 (−0.5625) | −0.0156 (−0.8490) |
| HUCA | 0.0057*** (5.1366) | 0.1744*** (3.9827) | 0.1801*** (3.4654) | 0.0042*** (4.5792) | 0.1495*** (3.2368) | 0.1537*** (3.7665) | 0.0021*** (3.7648) | 0.1236*** (2.9317) | 0.1257*** (3.1846) |
| IS | 0.0014*** (2.6457) | 0.0254*** (3.7842) | 0.0268*** (3.2107) | 0.0026*** (3.6374) | 0.0297*** (4.3562) | 0.0323*** (3.4961) | 0.0031 (1.2483) | 0.0228*** (3.3544) | 0.0259*** (2.8672) |
| ENRE | 0.0005*** (2.8256) | 0.0116 (1.1025) | 0.0121 (1.3564) | 0.0002** (2.1563) | 0.0089 (0.8466) | 0.0091 (1.0628) | 0.0001 (0.8244) | 0.0065 (0.5484) | 0.0066 (0.7705) |
| FDI | 0.0021 (−0.7729) | −0.0062 (−0.9415) | −0.0041 (−1.1394) | −0.0016 (−0.5461) | −0.0045* (−1.8052) | −0.0061* (−1.8356) | −0.0008 (−0.6912) | −0.0081 (−1.4337) | −0.0089 (−1.4052) |
| ES | −0.0063*** (−6.8462) | −0.1327*** (−5.6482) | −0.1390*** (−5.1496) | −0.0051*** (−5.3435) | −0.1160*** (−4.7271) | −0.1211*** (−4.5040) | −0.0029*** (−4.2537) | −0.1217*** (−5.0385) | −0.1246*** (−4.8358) |
| $\delta$ | 0.4571*** (5.2734) | | | 0.5632*** (5.6952) | | | 0.3746*** (4.5518) | | |
| Wald 统计量（SEM） | 21.2847*** | Wald 统计量（SEM） 20.0439*** | | 23.4165*** | Wald 统计量（SEM） 22.4283*** | | 18.6426*** | Wald 统计量（SEM） 17.6882*** | |
| LR 统计量（SEM） | 20.2372*** | LR 统计量（SEM） 19.8644*** | | 22.3276*** | LR 统计量（SEM） 21.5361*** | | 17.5575*** | LR 统计量（SEM） 16.7143*** | |

注：*、**、***分别表示通过 0.1、0.05、0.01 水平的显著性检验。

从表 8-7 的估计结果来看，技术效率、技术进步以及技术差距都存在显著的空间溢出效应，这主要是由于制造业部门的生产设备、生产技术的更新速度较快，并且可以在区域间进行流动。此外，技术进步的空间溢出效应系数大于技术效率和技术差距的系数，表明技术更替的速度大于设备的升级速度，技术进步是推动制造业绿色增长的主要原因。

观察智能化对技术效率变化、技术进步变化和技术差距变化的影响结果可以发现（李健旋和姚帏之，2022），智能化显著有利于技术效率改善和技术进步，但显著抑制了技术差距缩小，说明智能化主要是通过改善技术效率和推动技术进步来促进制造业绿色增长，其中对技术进步的促进作用更强，但通过扩大技术差距抑制了制造业绿色增长。虽然智能化可以推动本地区和周围地区的制造业绿色增长，但智能化发展所引致的地区间制造业技术差距却在一定程度上不利于制造业绿色增长。

## 8.4 结论与启示

本章构建了智能化促进经济绿色增长的理论模型，并利用空间杜宾模型实证检验了智能化对中国制造业绿色增长的作用机制及其空间外溢效应。研究结果表明，智能化不仅促进了本地区制造业绿色增长，还通过空间溢出效应显著地推动了周边地区的制造业绿色增长，且其空间溢出效应存在显著的地理边界特征。智能化可通过促进技术进步和改善技术效率来推动制造业绿色增长，同时也会扩大技术差距抑制制造业绿色增长。根据本章所得的结论，可以得到三点政策建议。

第一，利用智能化推动制造业绿色增长。智能化显著促进了制造业绿色增长。因而，首先，利用智能化提高生产过程和能源使用的自动化和数字化水平，有效提升资源利用效率。其次，利用智能化对制造业企业进行绿色改造，推动企业节能减排向自动化、数字化转变。最后，加快智能化与环境友好技术的融合发展和普及利用，以数字化创新能源管理和利用方式，加强在资源综合循环利用、工业废物处理等领域的数字化建设。

第二，利用智能化推动制造业技术进步与效率提升。应加快发展先进制造业和高端制造业，培育壮大高技术产业和新兴产业，利用智能化推动制造业结构升级。充分利用智能化提升制造业技术创新能力，推动制造业企业加快技术设备更新改造和工艺优化升级。充分利用数字化着力开展人力资源管理、财务管理和物流管理，提升企业组织管理创新能力。

第三，努力缩小制造业技术差距。技术差距抑制了制造业智能化的绿色增长效应，因此，一方面，制定向中西部倾斜的相关配套政策，逐步完善中西部地区的人才环境和制度保障，为中西部地区吸引人才、资金和技术创造更好的外部发展环境。另一方面，加强东部地区与中西部地区之间科技的沟通和合作，拓展区域之间专利共享、技术转让、科技联合等合作渠道。同时打破市场分割和流动壁垒，促进区域间人才、技术、资金等创新要素的自由流动和高效配置。

# 第 9 章　中国制造业智能化：瓶颈突破

纵观全球，制造业智能化的主导国家是美国、德国、日本和中国。美国是新一代信息通信技术原始创新国家，在半导体硬件、软件、互联网等技术创新方面处于全球领先地位，拥有较多全球顶尖的互联网企业，无论在创新引领还是市场份额等方面都居垄断地位。美国还拥有全球顶尖，以基础研发创新闻名的大学。这些大学是推动顶尖科技创新的重要动力和源泉。德国和日本的优势主要集中于高端制造业等硬件领域，掌握着高档数控机床、工业机器人等核心技术。德国和日本拥有雄厚研发基础和先发优势。中国是最具发展潜力的创新型国家，有可能在制造业智能化进程中实现赶超并成为主导力量，这主要是因为中国是新一代信息通信技术和制造业智能化规模最大的国家，具备智能化发展的规模效应，同时经过多年的持续积累，中国在科技研发投入和创新方面的能力得到了持续提升，一些领域，如航天技术和应用、5G 技术和应用、核电技术和应用、高铁技术和应用、超算技术和应用等高新技术领域已处于先进行列甚至具有领先水平，在某些领域已经具备引领全球制造业智能化方向的实力。当然，从整体实力水平看，中国制造业智能化进程尚处在加速追赶和并跑发展阶段。与美国、德国和日本等发达国家相比，中国在智能技术基础、智能市场应用和智能效益获利方面以及智能化环境方面，还存在着明显的差距和一些薄弱环节。需要进行针对性的战略部署，采取更有力的举措予以推进，加速和高质量完成制造业智能化进程，最终实现中国制造向中国智造的创新转变，实现由制造业大国向制造业强国的华丽转变。

## 9.1　认清中国制造业智能化障碍

制造业智能化的智能技术基础水平主要体现在芯片、数控装备、工业软件等方面，智能应用环节主要体现在研发人员数量和投入经费额度等方面，智能产出效益主要体现在机器人数量、经济效益提升等要素方面，此外，制造业智能化进程还与相关政策和制度环境直接相关。从这几个环节来看，中国与发达国家相比，还存在差距，尤其是关键核心技术还严重依赖进口，受制于人；相关促进政策和制度安排的针对性还不够强，激励和引导的力度仍然需要加强。

### 9.1.1 制造业智能技术基础落后

制造业智能化以物联网、云计算、大数据、3D打印、人工智能、新材料、新能源等智能技术创新集群为主导，而其中的核心技术或关键单元是芯片。

（1）高端芯片技术依赖进口。所谓高端芯片，是指在制造业领域处于核心地位的微电路和超大规模集成电路。在高端芯片领域，美国具有全球领先地位，如英伟达、超威和英特尔等公司在图形处理芯片方面占据主导地位，赛灵思和英特尔等在可编程逻辑阵列芯片方面占据主导市场，谷歌等公司在专用集成电路（ASIC）芯片方面优势明显。中国制造业的高端芯片主要依赖进口，不但价格昂贵，而且与之相关的制造业产业创新发展明显受制于人，严重影响着制造业智能化的进程。

（2）工业软件严重落后。在核心工业软件方面，中国公司处于严重落后状态。在工业软件研发设计方面，全球计算机辅助工程（CAE）软件前10名均是国外厂商。而中国工业软件公司刚刚起步，市场规模还非常小，占全球工业应用软件市场的份额不足4%，并严重缺乏高端工业软件设计能力。而美国公司在这个领域却拥有绝对的统治地位。工业控制系统方面，德国企业在大中型可编程逻辑控制器（PLC）方面具有优势，占有全球市场份额的31%，中国企业在小型PLC方面已经拥有自主技术并占有约30%的市场份额。工业网络和开源软件方面，在容器、微服务、计算框架为代表的三类核心开源技术软件方面，国外公司垄断了主要市场以及网络核心标准。中国公司尚未拥有自主创新技术，在相关领域缺乏技术积累，严重依赖从国外公司进口（赵云峰，2019）。

（3）高端智能装备落后。高端装备其发展水平决定产业链整体竞争力水平的装备。制造业装备智能化是制造业智能化的关键环节。智能制造装备，包括以工业机器人、数控机床和增材制造设备等为代表的制造装备和以传感器为代表的检测装备。据中国机械工业联合会数据，在高端装备领域，中国80%的集成电路芯片制造装备、40%的大型石化装备、70%的汽车制造关键设备及先进集约化农业装备仍然依靠进口，高端装备制造产业与国外的技术差距至少在10年以上。中国智能装备产业，在低端市场，如智能搬运装备、智能喷涂机器人，中低档智能机床等领域已经具备较强的国际市场竞争能力。但在智能装备的中高端国际市场则占比较低，创新能力弱、市场规模小，基础工艺与算法技术严重落后。

## 9.1.2 制造业智能应用能力落后

应用制造业智能技术，可降低生产加工过程对劳动者智力的依赖，可以完成复杂的制造业加工任务，能够提高生产质量，节约加工成本。制造业智能化，尤其是工业互联网的成熟，可以带来灵活化、方便化和个性化的生产组织方式，可以帮助大量创新型中小企业在竞争中更具有优势，并能够帮助其明显降低市场风险。

（1）工业互联网发展滞后。虽然信息化与工业化融合已经进入深度融合发展阶段，但作为制造业智能化的技术基础，中国工业网络化进程相对缓慢，与德国、日本等强国存在较大差距。德国已经实现了制造业各种部件与设备的互联操作，为工业互联奠定了良好的基础，初步实现了装备制造与高级计算、分析感应技术的无缝连接，使得装备制造业物理系统与数字信息系统深度融合，极大地提高了制造业智能化程度和制造业效率效益。日本在发达的工业互联网框架下，实现了制造单元的集成组合，实现了产业链、价值链、工程链、创新链的高效连接，提升了制造业智能化整体水平和智能制造效益。工业互联网是中国制造业实现智能制造升级的基础和关键之一。5G技术的领先优势升级了中国工业互联网发展的网络环境，为生产设备接入、数据传输、产成品工作数据上传等智能制造模式创新的关键环节起到重要的支撑作用（董菁和余晓晖，2019）。

（2）智能制造人才短缺。智能制造人才缺乏是制约中国制造业智能化发展的重要因素。智能制造涉及装备、软件、通信、大数据等多领域技术，对从业人员的综合素养和创新能力要求远远大于传统制造业。中国人才培养体系中的专业划分过细、职业培训滞后，缺乏培养复合型制造业智能化人才的交叉学科和专业。中国的制造业智能化人才存在严重缺口，尤其在数字化建模、3D打印、人工智能、深度学习等领域，能够适应新型岗位的人才严重短缺（陶永 等，2020）。目前中国智能制造人才培育存在高端人才供给不足、智能制造人才培养体系缺乏、传统产业人才过剩、智能制造人才短缺等结构性矛盾。

（3）远程服务技术落后。远程监控与故障诊断是制造业智能化的重要内容。瑞典ABB公司率先研发了用于远程监控工业机器人的服务平台，大幅度减少工业机器人故障造成的损失和运营成本。美国GE团队从故障特征入手，以扭矩和温度为控制量实现了机械臂的远程监测。在智能远程控制系统领域，欧美企业占据了全球前50强的74%，美国企业更是占据前10位中的一半。而中国90%以上的高档数控机床的控制系统仍依赖进口，相关产品研发较多地追随国外技术方向，先进性和前瞻性方面的差距较为明显。

### 9.1.3 制造业智能化生态环境需要优化

制造业智能化进程是依靠集智能技术、智能装备、智能控制系统、智能远程服务等技术为一体的集成智能制造业技术体系支撑的。智能基础理论研究和创新突破是原动力。

（1）智能基础理论研究薄弱。伴随着中国制造业的迅速发展，中国制造业的研发和创新能力得到显著提升，大量研发力量布局在应用研究领域带动了技术升级和产业升级，促进了制造业智能化进程。然而，长期以来在制造业相关的基础研究领域投入偏少。关于制造业智能化的基础理论研究在薄弱的基础理论研究体系中处于更为薄弱的位置。从制造业智能化的应用层面来看，中国已经在计算机视觉、大数据平台、智能化感知、自动驾驶等智能技术应用领域，与发达国家处于并跑甚至部分领跑状态。但在制造业智能化基础理论研究方面，由于长期重视不够、投入不够，缺乏知识积累和技术积淀，中国与发达国家的差距巨大。当前及今后相当长时期内必须持续加大投入经费和更多人才，强化智能基础理论研究，以支撑和引领中国制造业智能化高质量发展。

（2）智能化三阶段问题叠加。从全球进程来看，制造业智能化已经经历了数字化发展阶段、网络化发展阶段，进入到基于工业互联网的智能化阶段。而从中国制造业智能化总体状态看，大部分企业还处于传统制造业向数字化转型升级阶段，部分战略性新兴制造业进入了网络化发展阶段，绝大部分制造业企业尚未接入工业互联网平台，只有少量创新型制造业企业进入了数字化、网络化和智能化同时并进的阶段。中国制造业智能化面临着数字化转型的标准问题、网络化升级的技术问题和智能化提升的创新问题三个阶段三个层面的问题叠加，面临着更多的技术、经费、人才、政策和环境问题，需要从系统角度进行科学规划、政策引导和强力推进。

（3）政策和制度激励力度不够。制造业智能化需要政府政策激励和相关制度保障，需要良好的产业生态环境支持。为了促进制造业智能化进程，发展智能制造，中国已经颁布了一些相关规划、出台了相关政策，加强了激励与引导，并正在发挥着引导和促进制造业智能化的作用。然而，从制造业智能化的全过程和各个参与主体的行为看，其政策激励的针对性、相关制度的约束力和推进力仍然不够，表现在现有的政策和制度安排已经在偏重追求规模、重视以政策优惠和资金补贴等方式促进制造业企业智能化升级，但对智能制造技术领域的系统性谋划布局和支持不够，对于数字化信息、技术创新能力和工业互联网等核心要素（薄弱环节）的聚焦不够，缺乏对智能基础技术研发、初创企业培育、配套设施服务等激励和保障制度体系，制造业智能化的产业生态环境还不利于资源纵向整合、价值链横向整合和数字化全生命周期创新转型，从而影响了相关促进政策和保障体制功能的充分发挥。

## 9.2 突破中国制造业智能化瓶颈

中国制造业智能化的战略路径，应当以全球领先水平的 5G 技术带动，围绕高端芯片和高端装备突破关键核心技术，围绕三阶段叠加和两化深度融合加速工业互联网建设，围绕制造业全面智能化的需求来构建智能化发展生态环境，通过局部创新、重点突破来探索引领全球智能化方向，通过全面创新来提升中国制造业智能化整体水平。

### 9.2.1 突破芯片产业核心技术

中国制造业规模全球第一，中低端制造业智能化水平已经在全球处于先进水平，但是芯片制造产业是制约发展进程的短板。

本质上，中国制造业智能化水平取决于芯片制造和应用水平，因此必须集中力量尽快实现芯片制造产业的创新突破，掌握核心技术。一是要系统布局制造业智能化基础理论研究，探索创新方向和突变轨道，从而奠定芯片制造产业创新发展的理论基础。二是要充分利用中国庞大的芯片产品消费市场，鼓励芯片制造公司持续聚焦核心技术研发，突破受制于人的瓶颈环节，更好地满足市场需要的同时发展好自己。三是走中国特色的芯片制造产业之路，发挥举国体制优势，推进产学研协同创新攻关，加强上下游产业配套衔接，促进芯片制造产业整体水平进入世界先进行列，从而使中国制造业智能化进程的芯片做到全产业链自主可控，从而获得制造业智能化发展进程的主动权。

### 9.2.2 突破工业机器人核心技术

机器人是制造业智能化的典型产品，是制造业智能化的实体结晶，有着巨大的现实市场需求和潜在市场需求。机器人既可以是智能装备，如智能加工机器人，主要用于制造产品；也可以是最终消费品，如家政服务机器人、无人驾驶车辆等。

在机器人制造领域，日本拥有核心技术优势，在高端机器人制造方面具有垄断地位。日本在工业机器人、仿人型机器人、家用机器人等领域均有高度话语权，是唯一的机器人净出口国，拥有全球最大的机器人产能，机器人产量约占全球的66%，在众多核心技术上具有绝对的垄断权。中国机器人产业虽然基础较为薄弱，但近年来依靠充裕的资本投入、优质的制造水平、强大的研发组合，规模迅速扩大、水平迅速提升，涌现了以"大疆"为代表的一些拥有全球市场地位的机器人制造优秀公司。

做大做强中国机器人产业，是制造业智能化整体水平提升的重要路径，应当健全产学研合作创新机制，大力推进减速机和控制系统等工业机器人制造关键技术的攻关创新，培育和鼓励有潜力的新兴机器人制造研发企业批量崛起，打造出更多具备国际影响力的工业机器人制造企业，从而推动中国制造业智能化整体水平不断提升。

### 9.2.3 突破工业互联网技术短板

加强多学科、多领域、跨界协同的技术研发与应用创新是中国制造业突破工业互联网技术短板，抢占制造业智能化竞争高地的必然举措。积极推动制造技术与智能技术融合，加快 5G、AI 等技术应用，提升制造装备的人机协作、智能优化功能，尤其需要聚焦突破工业软件 APP 研发创新，积极探索基于智能化制造平台的持续创新发展模式。

加强工业互联网平台开源技术的自主研发能力，开发适应智能化管控与决策要求的通用工业智能算法与模型，是解决工业大数据与工业智能实际应用需求脱节问题的前提，是突破关键零部件数字化模型和流程工艺机理模型融合的关键。因此，发展工业互联网研发开源平台并不断提升创新水平，是保障中国制造业智能化顺利发展的重要环节。

加大开源框架和架构方面的研发力度，开发具有计算模块的工控机、智能网关等边缘计算产品，掌握运动控制与仿真等核心算法，是当前制造业智能化进程中必须聚焦突破和创新引领的重要内容。推动制造业产品互联互通的标识解析、数据交换、通信协议等技术攻关和标准研制，深化工业数据的挖掘利用，引导工业互联网顶级节点及分节点建设和大面积产业应用，是中国制造业智能化持续发展的动力要素。

### 9.2.4 优化制造业智能化生态系统

优化制造业智能化生态系统，就是要迅速构建并不断完善创新发展的产业和商业生态系统。比如，中国制造业企业在机器视觉算法方面已经居全球领先地位，但缺乏完整的商业化生态体系，在大范围使用方面缺乏动力驱使和环境支撑，迫切需要构建原生的算法构架和标准化平台，创造自主可控的智能化技术应用的产业和商业生态环境。因此，应当借鉴 PC 互联网时代 Windows 操作系统主导计算机生态系统、移动互联网时代安卓主导移动平台生态系统的经验做法，支持组建产业联盟，构筑产业和商业生态系统，从政策上支持构建算法构架兼容多平台应用，系统性全面优化创新发展生态、提升基础技术平台应用和研发创新水平，从而保证制造业智能化进程安全且可持续创新发展。

优化制造业智能化生态系统，需要在战略层面进行顶层设计，需要优化政府的政策资助体系、市场化的研发资源集聚和商业化运行的风险投资机制，以及专业人才培养的嵌入式创新模式。顶层设计解决制造业智能化的可持续生态系统建设的方向问题，政策资助体系解决政策激励导向和政策协同性问题，市场化机制解决资金投入、人才投入和投资收益等问题，专业人才培养模式解决创新所需的人才供应问题。中国制造业智能化生态系统的建设与完善，应当借鉴美国PPP研发模式，构建智能制造技术服务平台和产学研合作创新体系，发挥协同效应，提高研发创新的针对性和商业性，促进创新资源产业集聚和区域集聚，促进数据信息共享，促进创新效益提升。

### 9.2.5 优化制造业智能化人才培养体系

中国制造业智能化人才培养结构失衡，掌握创新技能的人才占比明显偏低，既懂制造技术又懂信息技术的跨界型复合型人才更是紧缺，一些制造业智能化集成程度高的领域存在人才断档现象。加大制造业智能化领域人才培养规模、提升人才培养质量是当务之急。

中国制造业智能化人才培养结构创新，应当加强新型交叉学科建设，重视新工科智能化人才培养模式创新，鼓励创新型制造业企业与大学合作，将制造业智能化领域需要的知识和技能通过嵌入式方式融入大学新工科人才培养体系，切实加强面向智能制造领域的创新型人才培养，不断优化持续培养掌握智能化关键技术的创新型复合型人才的体系。

中国制造业智能化人才培养结构创新，应当完善职业教育和培训体系，深化产教融合和校企合作，按照制造业智能化发展需求，定向定制培养智能化创新人才，强化以实践为导向的智能化人才培养体系，大力培养门类齐全、精益求精的制造业智能化创新人才。

中国制造业智能化人才培养结构创新，应当扩大高等院校和科研院所高层次（博士、硕士）创新型人才规模，引导各类高层次人才培养计划向制造业智能化领域集聚，超前培育具有科技战略视野的潜在企业家，同时加大制造业智能化方面的专业技能人才培养力度。

中国制造业智能化人才培养结构创新，应当完善人才引进配套政策，在海外设立研发中心,就地招揽制造业智能化高端人才,形成汇聚国内外优秀人才的机制,同时应当建立和健全制造业智能化人才的国际交流与互访机制,为制造业智能化进程提供源源不断的人才支撑。

### 9.2.6 整体提升传统制造业智能化水平

互联网、大数据、云计算、区块链、人工智能、5G 等智能化信息技术,引导着制造业智能化发展潮流,"脱胎换骨"式地重塑了制造业生产方式与运营模式,极大提高了劳动生产率和经济效益,是制造业智能化创新变革的关键技术。

众所周知,中国制造业中传统产业占比超过 80%,改造提升传统产业具有巨大潜力和市场空间。20 世纪下半叶,德国、日本和韩国先后抓住信息技术创新发展机遇,实现了传统产业的改造升级和制造业智能化的跨越发展。20 世纪 90 年代美国通过"信息高速公路"计划,获得了信息技术创新发展带来的巨大收益。中国信息技术领域已经具备良好的技术基础和创新发展能力,通过全面推进传统制造业智能化进程,不仅可以带来传统制造业生产方式革新和效益提升,而且可以整体提升制造业智能化集群发展水平。因此,中国制造业领域应当积极推进工业互联网、5G 技术、人工智能与传统制造业深度融合,广泛利用新技术对制造业企业进行全方位、全链条改造,持续提高智能化广度和深度,持续促进中国制造业向智能化、绿色化方向转型升级,从而持续增强中国制造业的核心竞争能力。

## 9.3 优化中国制造业智能化路径

制造业智能化是信息化与工业化发展到一定阶段的必然产物,也是发达国家推进制造业发展的共同选择。中国制造业整体智能化水平不高,更应当系统地高效推进两化深度融合,全面提升智能化水平,实现由大到强的根本性转变,从而为实现中华民族伟大复兴奠定坚实的实体经济基础。

### 9.3.1 系统创新引领制造业智能化发展进程

制造业智能化的核心技术主要体现在集成电路设计、核心通用芯片制造和高端智能化装备制造水平。中国制造业智能化要实现自主可控,必须集中研发力量进行系统创新,掌握关键核心技术。

创新引领中国制造业智能化发展进程,在信息通信技术方面,必须掌握新型计算、高速互联、先进存储、体系化安全保障等核心技术,全面突破第五代移动通信(5G)技术、核心路由交换技术、超高速大容量智能光传输技术、未来网络核心技术和体系架构。同时积极推动量子计算、人工神经网络等核心技术研发，提升高端服务器、大容量存储、新型路由交换、新型智能终端、新一代基站、网络安全等设备制造能力，推动核心信息通信设备体系化发展与规模化应用。

创新引领中国制造业智能化发展进程，在操作系统及工业软件方面，必须集成攻关突破工业基础软件瓶颈，掌握智能设计与仿真及其工具、制造物联与服务、工业大数据处理等高端工业软件核心技术。同时研发自主可控的高端工业平台软件和重点领域应用软件，建立完善工业软件集成标准与安全测评体系，推进自主工业软件体系化发展和产业化应用。

创新引领中国制造业智能化发展进程，在智能化数控机床等高端装备方面，必须研发精密、高速、高效、柔性的智能化数控机床与智能化集成制造系统，加快高档数控机床、增材制造等前沿智能化技术和装备研发。同时以提升可靠性、精度保持性为重点，开发创新高档数控系统、伺服电机、轴承、光栅等主要功能部件及关键应用软件，加快实现产业化进程。

创新引领中国制造业智能化发展进程，在机器人等智能化集成产品方面，必须围绕汽车、机械、电子、危险品制造、国防军工、化工、轻工等工业机器人、特种机器人，以及医疗健康、家庭服务、教育娱乐等智能化服务机器人应用需求，积极研发工业机器人、仿人型机器人、家用机器人等领域的新产品，促进机器人标准化、模块化发展，并扩大市场应用。同时突破机器人本体、减速器、伺服电机、控制器、传感器与驱动器等关键零部件及系统集成设计制造等技术瓶颈，推进中国制造业的机器人智能化水平走入世界前端。

### 9.3.2 系统优化促进制造业智能化政策法规

中国制造业智能化进程涉及面广、遇到的新问题多，需要从多政策法规角度予以系统优化并发挥促进和保障功能。

优化促进制造业智能化政策法规，需要加快制定针对新态势新问题的相关法律法规。制造业智能化需要创新驱动，也需要法规护航。需要加快制定的相关政策法规，主要集中在个人隐私保护和数据权属制度、数据开放和合法利用等方面，应当通过制定相应的政策法规明确政策法规内涵与适用边界，如人工智能研发应用方面涉及的生命选择问题，基因编辑的伦理法规问题，基于万物互联的无人驾驶事故处置法规问题以及机器人伤害人类等极端事件等问题。如果缺乏政策法规的指导和约束，与此相关的制造业智能化进程可能会遇到更多的挑战和障碍。

优化促进制造业智能化政策法规，应当完善已有的相关政策法规。根据制造业智能化的实际进程，借鉴发达国家发展的经验教训，积极修订和完善已有的相关政策法规，尤其是推进信息化与工业化深度融合过程中的知识产权保护、节能环保、信息安全等制造业智能化创新成果相关的法律法规。同时应当优化制造业智能化过程中的产学研用联合创新政策和法规，鼓励组建多种形式的制造业智能化创新合作联盟，切实推进智能基础理论研究、关键共性技术攻关以及智能化服务平台建设等。

为了加快和提升制造业智能化进程，应当系统优化公平竞争市场环境、完善金融扶持政策、加大财税支持力度、扩大制造业对外开放等方面的政策法规，并加强督促检查，从而更好地保障和促进制造业智能化沿着既定轨道不断前行。

### 9.3.3 系统创新制造业智能化人才培养体系

中国制造业智能化的进程，最终取决于有没有足够的创新型技能人才，取决于智能化人才培养体系。在人才培养方面，虽然中国已经成为培养大学生最多的国家，但在高端人才（硕士研究生和博士研究生）培养方面，培养质量与发达国家还存在着较大差距。

本科生的特征是学习已有知识，硕士研究生的特征是学会应用知识，博士研究生的特征是融通知识并创新创造。硕士研究生和博士研究生才是创新型技能人才的主体。2016 年 5 月，习近平总书记在全国科技创新大会和两院院士大会上明确指出，中国要建设世界科技强国，大力发展科技事业，关键是要建设一支规模宏大、结构合理、素质优良的创新人才队伍。推进制造业智能化，需要大量的创新型人才。目前，中国本科生、硕士研究生和博士研究生的培养规模结构存在问题。与美国相比，中国专业硕士占全部硕士学位授予数量的比例不及美国的 1/2，专业博士占全部博士学位授予数量的比例不及美国的 1/15。美国的科学家、工程师中，具有博士、硕士和学士学位的人员分别为总人数的 7%、24%和 43%。有学者估计，中国在 2030 年将实现硕士研究生、博士研究生招生规模较 2015 年分别增长 5 倍和 10 倍。彼时，中国的硕士学位、博士学位授予人数占总人口的比例才会接近美国 2015 年的水平。中国制造业与欧美发达国家之间的竞争，不仅是市场的竞争，同时也是人才的竞争。因此，积极扩大研究生招生规模，改变中国偏重学术型人才的培养结构现状，系统优化制造业智能化人才培养体系，大规模增加专业硕士和专业博士的培养规模，不断优化高端人才（研究生）培养结构，应当成为提升制造业智能化水平的重大战略举措。

## 9.4 结论与启示

本章分析了中国制造业智能化的障碍及其成因。制造业智能化的智能技术基础水平落后，主要体现在芯片、数控装备、工业软件等方面与发达国家相比落后明显；在关键核心技术方面还严重依赖进口，严重受制于人。其主要原因是重视基础研究不够、经费投入结构有待完善。制造业智能化进程是依靠集智能技术、智能装备、智能控制系统、智能远程服务等技术为一体的集成智能制造业技术体系支撑的。智能基础理论研究和创新突破是原动力，因此相关促进政策和制度安排力度需要加强。

本章明确制约中国制造业智能化的核心瓶颈是缺乏创新型人才培养体系和效率，创新人才不足是关键。中国制造业智能化的进程最终取决于有没有足够的创新型技能人才，取决于智能化人才培养体系。而目前中国的智能化人才培养，明显存在人才层次错位（创新能力强的专业博士数量占比太低）、理论与实践脱节（很多专业课程体系已经远远落后于现实发展进程），高校与企业缺乏内在联动机制（人才培养与企业需求存在巨大间距）。应当建立起产教融合、以产定教的新型人才培养体系，促进产业界和高校人才培养深度协同，源源不断地培养出各层面具有创新技能的优秀人才，从根本上保障中国制造业智能化走到世界前列。

本章研究了中国制造业智能化的战略路径，提出应当以全球领先水平的 5G 技术带动，围绕高端芯片和高端装备突破关键核心技术，围绕三阶段叠加和两化深度融合来加速工业互联网建设，围绕制造业全面智能化的需求来构建智能化发展生态环境，通过局部创新、重点突破来探索引领全球智能化方向，为中国制造业智能化持续发展提供动力。

# 第 10 章  中国制造业智能化：前景展望

面对全球经济和制造业发展的百年未遇之变局，在经历了全球新冠病毒大流行后，在美国日益强化遏制和围堵中国发展背景下，中国制造业智能化进程的前景值得动态解析，为采取积极科学的应对举措提供参考。

## 10.1  中国制造业智能化：并跑与领跑

改革开放之初，中国实施了"两头在外"的外向型经济战略，通过大量引进劳动密集型产业，发挥人工成本优势，短时间内，补上了错过以机械化为特征的第一次工业革命的遗憾，完成了制造业的机械化进程。20 世纪 90 年代～2010 年，中国制造业融入全球化生产体系，走过了以电力、内燃机、家用电器、石化工业等为标志的电气化进程，补上了错过第二次工业革命的遗憾。21 世纪以来，通过工业化与信息化不断融合，中国制造业与世界先进国家几乎同步拥抱第三次工业革命，追赶、跟跑、并跑，中国制造业通过信息化进程已经成为第三次工业革命浪潮中的佼佼者。党的二十大报告提出要开辟发展新领域新赛道，不断塑造发展新动能新优势，指明了创新驱动发展新路线，科技创新和制造业智能化进入由跟跑向并跑、领跑转型发展的重要时期。现在，全球进入网络化和智能化时代，面临着以大数据、人工智能、量子通信、人机交互、数字孪生和元宇宙等等为代表的第四次工业革命，中国已经进入全球"第一方阵"，在创新能力和制造业智能化程度方面进入与全球发达国家总体并跑且部分领跑的阶段。

全球通信领域的 2G 到 5G 发展进程见证了中国制造业从跟跑到并跑再到领跑的历史。20 世纪 90 年代初，世界数字通信进入 2G 时代，欧洲是 GSM 标准、美国是 CDMA 标准，设备主要是爱立信的。通信领域的竞争主要是欧美打拼，中国属于旁观者。3G 时代，中国开始参与标准制定，提出 TD-SCDMA 标准，与欧洲主导的 WCDMA、美国主导的 CDMA2000 并列为 3G 国际标准。中国移动带头使用 TD-SCDMA 标准，使得中国标准开始落地并逐步成熟起来。4G 时代，中国三大运营商都使用中国 TD 标准，中国庞大的移动通信市场和众多用户促使中国技术和标准日益走向成熟。5G 时代，中国华为公司开始领跑世界了。当今，中国的 5G 技术、量子通信、移动支付、微信革命、网购、外卖平台等方面在世界上都处于领跑地位。这些既是第三次工业革命的重要产品，也是融入第四次工业革命的核心元素。中国率先做到了一部手机，全部搞定。

当然，从并跑向领跑转换，绝非易事。其一在于自主创新能力累积需要时间，其二是美国等先行的领跑者不择手段地打压。实现自主创新和高科技自立自强，才可能实现在越来越多领域中从并跑向领跑转换，特别是加强三个方面的工作：一是需要紧密跟踪监测新科技革命和先导技术动态，知己知彼，从而在战略上做好顶层设计，在关键核心技术与产业化以及社会创新等方面做好促进和保障。二是需要发挥举国体制优势，超前谋划，统筹定位"三跑"战略，不断优化自主创新的生态系统，积极应对领跑者打压，持续提升创新竞争能力，为实现更多领域从并跑转换到领跑奠定坚实基础。三是需要不断开辟新领域新赛道，出奇制胜，高度重视系统集成创新，以颠覆性系统性创新突破实现并跑到领跑的根本性跳跃，真正成为第四次科技革命和产业革命的领跑者。

中国制造业经过改革开放40多年来的拼搏创新，创造了与发达国家同步走入第四次工业革命的发展奇迹，中国制造业智能化进程已经进入与发达国家总体并跑阶段，部分领域已经领跑全球。面临新的全球科技革命和第四次产业革命浪潮，中国制造业智能化需要引入新动能，从全球制造业体系的系统性变革入手，准确把握制造业智能化发展规律，掌握发展主动，创造辉煌未来。

## 10.2 中国制造业智能化：美国遏制及其影响

北京时间2018年3月23日0时50分，美国总统特朗普在白宫正式签署对华贸易备忘录，并当场宣布将对从中国进口的600亿美元商品加征关税，并限制中国企业对美投资并购。同一天，中国商务部针对性发布，拟对自美进口部分产品加征关税，以平衡因美国加征关税给中方利益造成的损失。平地起惊雷，美国酝酿已久的对华贸易战突然打响，中国不得不应战应对。

贸易摩擦爆发以后，中美双方进行了多次磋商。2018年5月17日至18日，由习近平主席特使、国务院副总理刘鹤率领的中方代表团和包括财政部部长姆努钦、商务部部长罗斯和贸易代表莱特希泽等成员在内的美方代表团就贸易问题进行了建设性磋商。双方表示高度重视知识产权保护，同意加强合作；双方同意鼓励双向投资，将努力创造公平竞争营商环境；双方同意继续就此保持高层沟通，积极寻求解决各自关注的经贸问题。通过访问交流，贸易摩擦问题得到了初步解决。然而，10余天后的5月29日，美国白宫官网突然发表声明，称美国将加强对获取美国工业重大技术的相关中国个人和实体实施出口管制，并采取投资限制，拟于 2018 年 6 月 30 日前正式公布相关措施。声明还称，根据《1974 年贸易法》第 301 条，美国将对从中国进口的包括高科技产品在内的总值 500 亿美元的产品征收 25%的关税，其中包括与《中国制造 2025》计划相关的产品。2019 年 5 月 9 日，美国政府宣布，对从中国进口的 2000 亿美元清单商品加征的关税税率由 10%提高到 25%。同年 8 月 1 日，美国总统特朗普表示，对从中国进口的 3000 亿美元商品加征 10%的关税。同年 8 月 24 日，美国宣布将提高对约 5500 亿美元中国输美商品加征关税的税率。一时间，风暴骤起。经过中美两国经贸团队的反复磋商和共同努力，2020 年 1 月 15 日，在平等和相互尊重的基础上，中美双方在美国首都华盛顿正式签署第一阶段经贸协议。同时双方达成一致，美方将履行分阶段取消对华产品加征的关税，实现加征关税由升到降的转变。第一阶段经贸协议的签署意味着对话磋商取得了初步进展。然而，美国言而无信、出尔反尔，又不断采取了围堵手段遏制中国发展。其一是不断增加"实体清单"名单。如 2020 年 8 月将 38 家华为相关实体列入出口管制"实体清单"，2021 年 7 月将 23 家企业列入"实体清单"，2022 年 2 月宣布将 33 家中国实体列入"未经验证清单"，对这些实体从美国出口商获取产品实施新的限制。2022 年 12 月将 36 家企业列入"实体清单"，2023 年 3 月 28 日将 5 家企业列入"实体清单"。此外，美国还把中国 18 所大学列入了限制清单。其二是拉帮结派联手所谓盟国打压中国发展。如 2022 年 5 月美、日、印、澳发表"共同宣言"，声称共同打造半导体供应链，采取脱钩断链方式打压中国高科技产业发展。其三是采取政府补贴方式支持美国半导体研究和产业发展，以获取竞争优势。

近年来，美国先是发起贸易战，接着发起科技战，全方位疯狂打压中国高科技企业、遏制中国高科技产业发展，导致中美关系持续走低。应当看到，美国是全球最大经济体，是发达国家中实力最强的国家；中国是全球第二大经济体，是发展中国家，是实力增速最快的国家。中美两国之间虽然经济发展阶段、经济制度有所不同，但经济合作持续深入，给双方带来了巨大经济收益，并形成了利益深度交融的合作体系。解决中美经贸问题应当秉持相互尊重和平等磋商原则，以理性和建设性的态度解决问题，应当坚持人类命运共同体理念朝着更好的方向努力才是越走越宽广的正确道路。本书通过四个典型案例，解析美国遏制中国发展的做法，并引发思考。

1. 中兴通讯遭受制裁事件

美国商务部部长罗斯 2018 年 4 月 16 日宣布，美国商务部将禁止美国企业向中兴通讯公司销售元器件，时间有可能长达 7 年。中兴通讯设备中 25%至 30%的组件来自美国,其中如高速 AD/DA、调制器、高性能锁相环、中频 VGA 等产品,根本没有国产芯片厂商可提供替代品。无论是手机终端还是 AI 研发,中兴通讯公司存在着对美国产业链上游的高度依赖,毫无还手之力,只能全盘接受美国方面的惩罚性措施和羞辱性条件。2018 年 7 月 2 日,美国商务部发布公告称,中兴通讯及其关联公司已同意支付罚款和采取合规措施,同意暂时并部分解除对中兴通讯公司的出口禁售令。

至此,持续了两个多月的中兴通讯公司的经营危机告一段落,结局是巨额罚款＋高层换血＋美国长臂管辖。中兴通讯公司虽死里逃生,但代价极其惨重。①巨额罚款,计 14 亿美元,加上此前中兴通讯公司已经向美国缴纳的 8.92 亿美元罚款,两次合计 22.92 亿美元,意味着后续几年中兴通讯公司的经营收入全部作为罚款交给美国了。②30 天内撤换整个领导层,并选定符合美国要求的新团队,且在未来 10 年内,接受美国商务部询问。③中兴通讯公司的运营将在美国长臂管辖下生存,美国会持续密切监控中兴通讯的经营行为,安排"自己的合规人员"监督中兴通讯公司,且现场检查不受任何限制,一旦发现中兴通讯公司存在任何违规行为,美国会再次对中兴通讯公司祭出禁售令,并没收 4 亿美元的担保金。自此,中兴通讯公司成为中国首个国企体制但受美国政府监督的全球科技公司。

中兴通讯的事件再次表明,落后就会被打,缺少核心技术必然受制于人,不但没有话语权,没有发展权,甚至没有生存权。

2. 封堵打压华为公司事件

华为公司是中国著名的高科技公司,通信业务遍及全球 170 多个国家和地区。在华为 5G 全球领先和手机业务蓬勃向上态势出现后,美国对其实施了四轮严苛的制裁,千方百计阻挠其发展。其间,美方不但在美国国内禁止使用华为通信设备,拿出补贴鼓励拆除已有的华为通信设备,还拉拢英国、澳大利亚、加拿大、瑞典等其他国家禁止使用华为设备。

2019 年 5 月 15 日,美国宣布进入"紧急状态",美国商务部宣布将把华为及其子公司列入出口管制的"实体清单"。5 月 17 日凌晨,华为海思总裁何庭波发文致信员工称,超级大国不留情面地中断全球合作的技术与产业体系,做出了疯狂的决定,在毫无理由的情况下,华为被列入了美国商务部工业和安全局的"实体清单",为了兑现公司对于客户持续服务的承诺,华为保密柜里的备胎芯片"全部转正"。5 月 18 日,任正非接受媒体采访,首次回应出口禁令时表示,"即使没有高通和美国其他芯片供应商供货,华为也不会有事,我们不会像中兴那样在美国的要求下改变我们的管理层,也不会接受监管"。5 月 19 日,Google 母公司

Alphabet停止与华为合作，之后，英特尔、高通、赛灵思、博通等陆续宣布不向华为供货。5月22日，华为PC遭微软下架，日本软银集团旗下ARM表示已停止与华为的合作关系，以遵守美国的禁令。Google将华为Mate 20 Pro从Android Q Beta名单中移除。面对美国的疯狂打压，华为公司显现出浓厚的技术积淀和强大的发展潜能，昂首挺立在世界面前。2019年5月24日，国家知识产权局商标局网站显示，华为已经申请注册"华为鸿蒙"商标，可应用于操作系统程序、计算机操作程序、计算机操作软件等，专用权限期从2019年5月14日到2029年5月13日。2019年8月华为召开HDC全球开发者大会并发布了自主研发的鸿蒙操作系统（HarmonyOS）。2020年9月HarmonyOS进化到第二版。2022年底，华为终端云服务全球月活用户达到5.8亿、HarmonyOS月活用户超过3亿，HarmonyOS已经成为全球第三大操作系统。2022年全球电信设备市场排名中，华为依然以绝对领先的优势，稳居全球市场份额第一。

近年来，美国滥用国家安全概念，出于对中国快速崛起的焦虑，不仅拼命打压华为等中国的高科技企业，而且胁迫英、法、德等欧洲国家与中国脱钩。为了遏制中国崛起，美国不但把310多家中国企业列入"实体清单"，甚至还把中国许多高校和科研机构列入"实体清单"，把在美国高科技领域留学的数千名学生遣返回国。在全球化的时代，这种倒行逆施的行为已经受到国际社会越来越多的反对，保护市场经济的公正和公平性，遵守国际规则和行为准则，坚持多边贸易体制原则和人类命运共同体价值观，已经成为更多国家的基本立场。

3. TikTok事件

TikTok（抖音海外版）在全球拥有用户10亿，是最活跃的顶级APP，2022年的收入居全球APP之首。美国作为TikTok最大的海外市场，用户达到1.5亿（近50%美国人使用TikTok），潜在客户资源极为丰富。TikTok的快速崛起给Facebook、Google和亚马逊，甚至给Netflix和苹果等全球互联网巨头带来了巨大的竞争压力。2020年以来，美国开始打压TikTok。2022年7月，拜登政府甚至对TikTok发出"要么卖掉，要么被禁"的威胁言论，提出要强制剥离TikTok的想法。跟随美国步伐，英国、澳大利亚、法国等国家陆续封禁TikTok，给TikTok的全球发展设置了史无前例的障碍。

2020年7月22日，美国参议院国土安全和政府事务委员会投票通过"禁止在政府设备上使用TikTok法案"。2020年7月31日，特朗普在"空军一号"表示，他将禁止TikTok在美国运营。8月3日，特朗普表示，不介意是微软还是其他安全的美国公司收购TikTok；除非微软或其他公司能够购买TikTok并达成交易，否则 TikTok 将在 9 月 15 日被强制关闭美国业务。特朗普 8 月 6 日签署行政命令，禁止受美国司法管辖的任何人或企业与 TikTok 母公司字节跳动进行任何交易，禁令将于 9 月 20 日生效，违令者可能会被罚款 30 万美元，甚至受到刑事起诉。为了保护中国公司的合法权益，2020 年 8 月 28 日，中国商务部会同科技部调整发布了《中国禁止出口限制出口技术目录》，规定明确要求企业在对外进行出口限制类技术转让实质性谈判前必须填写《中国限制出口技术申请书》，报有关部门审批后实施，属于国家秘密技术的需提前办理保密审查手续。TikTok 属于高科技创新型企业，拥有多项高科技前沿技术，根据《中国禁止出口限制出口技术目录》中的"基于数据分析的个性化信息推送服务技术"和"人工智能交互界面技术"等条款要求，TikTok 向外国公司转让包含根植于中国知识产权内容的技术，必须履行法定申报程序，从而在法律层面为 TikTok 应对美国的霸权欺凌行为提供了强有力支持。

显然，美国政府假借国家安全名义，不但对 TikTok 施加政治压力，还强行要求 TikTok 出售股权，其真实目的路人皆知，就是想巧取豪夺这家全球最红火的商业公司。TikTok 事件的本质，根本不是所谓的国家安全问题，而是美国谋求更大商业利益，维护自身霸权的恶劣行径。本书认为，通过持续创新和提升竞争能力，才是维持高科技全球优势的正途。这曾经是美国高科技公司过去成功的关键，也是当今中国高科技公司走向成功的关键，相信也是所有国家优秀公司实现创新性成功发展的关键所在。

4. 限制芯片产业

美国历届政府对中国芯片产业的发展都采取了限制措施，不同时期的做法又有所不同。拜登政府的对华政策已经从经济贸易领域转变到产业领域脱钩断链和科技领域全面围堵，不但动用了美国的行政力量，而且拼命逼迫所谓盟友与美国协同进行封锁遏制，这个手段在芯片领域表现尤为明显。

拜登政府在芯片领域打压中国的手段主要在两个方面，其一是明确限制 14 nm 及以下芯片生产线向中国出口，企图阻断中国芯片科技企业和相关产业发展进程，同时胁迫荷兰阿斯麦公司对中国禁售光刻机，胁迫台积电等芯片巨头赴美投资设厂，组建芯片联盟等，推进筑墙脱钩。其二是拜登 2022 年 8 月 9 日签署《芯片与科学法案》，确定在未来 5 年内投资 2800 亿美元补贴吸引半导体企业在美国本土设厂和强化半导体产业研究开发，企图重塑美国在全球半导体制造领域核心地位，同时遏制中国及全球半导体产业发展步伐，强化美国的领导地位。

中国制造业智能化，正在不断驱动制造业在全球产业链的位置向上攀升。随着中国制造业企业智能化程度不断提高，创新发展能力不断增强，必然会与位于产业链高端的发达国家的著名公司发生正面碰撞和竞争，从而引发西方国家利益集团甚至政府层面的直接和间接打压。实际上，美国对中国芯片产业和企业的拼命打压，不但导致了全球制造业供应链的混乱，而且已经造成了损人害己的恶性后果。显然，在美国及其盟友的合力打压之下，中国制造业产业肯定会受到较大影响，甚至导致产业发展进程滞缓。但换个视角看，在美国的重重打压之下，中国芯片制造企业必然会加大自主创新力度，必然会持续突破"卡脖子"技术，从而实现替代性崛起，在较短时期内实现中国芯片产业的突破重围和自强自立，从根本上保障中国制造业智能化进程持续高质量前行。中国制造业智能化进程势不可挡，主导全球制造业智能化方向和进程的日子一定会到来。

## 10.3 中国制造业智能化：新冠疫情与全球产业链重塑

突如其来的新冠疫情成了全球最大的事件。这场公共卫生危机已演变成全球性经济危机，持续三年的疫情防控导致了全球格局发生巨大变化，带来了中国经济发展环境的巨大变化。为应对大范围的疫情灾害，各国持续通过财政救助等重要举措积极应对，疫情后期的经济发展开始全面复苏，全球制造业重组态势日趋明显。

为了应对疫情造成的灾难和应对疫情后通货膨胀的严重局面，美联储先采取无限量化宽松措施，后又采取了极限加息降低通货膨胀的手段，造成了全球性的经济波动和负面影响。2020～2021年，美国快速降息至零利率区间，持续推出购买无限量的政府债券计划，一定程度上刺激了经济复苏。同期，欧洲央行也推出了紧急购债的刺激政策。据估计，西方国家的总刺激方案超过了20万亿美元。结果带来了大量的财政赤字，并导致40%的低收入国家陷入债务困境，美国等西方主要国家的通货膨胀率居高不下。面对严重的通胀局面，美联储在2022年推出了6次加息，2023年2月美联储再次加息，原本零利率的状态迅速反转为利率4.50%～4.75%。美国的迅猛加息虽然在一定程度上抑制了高通胀（美国CPI从9.1%高位回落到6.4%），但也导致美国国债规模再次触及上限，使得美国经济呈现出衰退苗头，并给许多其他西方国家带来了陷入衰退的阴影。

面对汹涌而来的全球疫情，中国本着生命至上的原则，积极应对全球经济变局。2020年5月中国提出"构建国内国际双循环相互促进的新发展格局"，逐步形成以国内大循环为主体、国内国际双循环相互促进的新发展格局。"双循环"战略的确立，不但有效应对了疫情带来的影响，有效应对了日益复杂的国际环境，而且保障了中国经济体系的安全稳定运行和经济高质量发展大局。三年疫情期间，中国制造业的数字化、信息化、智能化转型仍然保持了良好态势，经济发展的新动能得到了持续增强。2020 年中国 GDP 实现 1013567 亿元（增长 2.2%），2021 年 GDP 实现 1143670 亿元（增长 8.1%），2022 年 GDP 实现 1210207 亿元（增长 3.0%），为 2023 年经济整体好转奠定坚实基础。国际货币基金组织（IMF）2023 年 4 月 11 日发布的《世界经济展望报告》在下调世界经济增长预期至 2.8%的同时，预计 2023 年中国经济增速为 5.2%且对全球经济增长贡献率将高达三分之一。2023 年 4 月 15 日，第 133 届中国进出口商品交易会（广交会）举办，开馆第一天进场 37 万人次，同时线上平台浏览量达到 41 万人次，呈现出经济运行"双循环"的积极活泼新局面。

中国制造业发展的内部和外部环境正在面对百年未有之大变局，中国制造业智能化的全球轨道需要改变，以内循环为主、外循环为辅的发展阶段已经到来。参与全球制造业体系重组的方式需要创新。中国制造业发展通过完善更加有利于创新创造的产教融合体系，持续提升中国制造业智能化水平，一定会成为引领全球制造业智能化发展方向进程的主导力量。

# 参 考 文 献

毕克新, 艾明晔, 李柏洲. 2007. 产品和工艺创新协同发展分析模型与方法研究[J]. 中国管理科学, 15(4): 138-148.

毕克新, 付珊娜, 杨朝均, 等. 2017. 制造业产业升级与低碳技术突破性创新互动关系研究[J]. 中国软科学, 12: 141-153.

毕克新, 孙德花. 2010a. 基于复合系统协调度模型的制造业企业产品和工艺创新协同发展实证研究[J]. 中国软科学, 9: 156-162.

毕克新, 孙德花. 2010b. 制造业企业产品创新与工艺创新协同发展博弈分析[J]. 管理评论, 22(5): 104-111.

蔡跃洲, 陈楠. 2019. 新技术革命下人工智能与高质量增长、高质量就业[J]. 数量经济技术经济研究, 36(5): 3-22.

常建坤, 李时椿. 2004. 信息化推进我国制造业可持续发展的思考[J]. 经济问题, 12: 18-19.

陈大勇. 2016. 大数据对银行传统营销模式的影响和改变[J]. 金融发展评论, 7: 150-154.

陈汉林, 朱行. 2016. 美国"再工业化"对中国制造业发展的挑战及对策[J]. 经济学家, 12: 37-44.

陈继勇, 盛杨怿. 2008. 外商直接投资的知识溢出与中国区域经济增长[J]. 经济研究, 12: 39-49.

陈静, 雷厉. 2010. 中国制造业的生产率增长、技术进步与技术效率——基于DEA的实证分析[J]. 当代经济科学, 32(4): 83-89, 127.

陈卫东, 王有鑫. 2021. 中国制造业竞争力: 整体优势明显, 关注动态变化[J]. 世界知识, 12: 67-69.

陈晓红, 李杨扬, 宋丽洁, 等. 2022. 数字经济理论体系与研究展望[J]. 管理世界, 2: 208-224.

陈旭升, 梁颖. 2020. 双元驱动下智能制造发展路径——基于本土制造企业的多案例研究[J]. 科技进步与对策, 37(10): 71-80.

陈岩, 李光宇. 1998. 90年代日本企业对华制造业投资[J]. 东北亚论坛, 2: 64-68.

陈志祥. 2002. 加入WTO后中国制造企业生产战略研究——21世纪中国制造业跨越式发展战略[J]. 科学学与科学技术管理, 4: 62-65.

程宝蕖. 1964. 概率论在飞机制造工艺中的应用[J]. 南京航空学院学报, 4: 1-18.

程兵兵. 2017. 基于大数据征信下的小微企业信贷流程优化研究[J]. 时代金融, 2: 142-143.

程霖, 严晓菲. 2021. 中国国有企业股份制改革思想的演进与创新[J]. 财经研究, 47(12): 19-33.

程中华, 李廉水, 刘军. 2017. 生产性服务业集聚对工业效率提升的空间外溢效应[J]. 科学学研究, 35(3): 364-371.

重庆空气压缩机厂. 1958. 机床制造业的革命性创举——水泥龙门刨床试制成功[J]. 机床与工具, 9: 22-23.

## 参考文献

戴翔. 2016. 中国制造业出口内涵服务价值演进及因素决定[J]. 经济研究, 51(9): 44-57, 174.
邓丽姝. 2005. 京津冀经济圈制造业协调发展研究[J]. 经济论坛, 17: 13-16.
第一机械工业部情报所. 1972. 国外矿山机械制造概况[J]. 有色金属, 4: 15-16, 6.
丁纯. 2014. 德国"工业4.0"内容、动因与前景及其启示[J]. 德国研究, 4: 49-66.
丁浩金. 1991. 试论美国工业在经济中的地位和作用——兼论美国经济的"非工业化"和产业"空心化"[J]. 世界经济, 5: 38-45.
董菁, 余晓晖. 2019. 大力推进工业互联网建设赋能制造业转型升级[J]. 自动化博览, 4: 22-25.
董祺. 2013. 中国企业信息化创新之路有多远?——基于电子信息企业面板数据的实证研究[J]. 管理世界, 7: 123-129, 171.
董一耕. 1969. 超声波在仪器仪表制造业中的应用[J]. 电测与仪表, 6: 31-33.
杜传忠, 郭美晨. 2016. 智能化生产率悖论评析[J]. 经济学动态, 4: 140-148.
杜聪聪. 2015. 互联网金融快速发展背景下商业银行面临的风险及其内部控制[J]. 区域金融研究, 1: 50-53.
杜润生. 1988. 论沿海地区外向型发展战略[J]. 改革, 2: 13-16, 196.
段广洪, 刘学平. 2001. 绿色制造: 制造业可持续发展的必由之路[J]. 科学, 53(6): 11-14.
段永琴, 何伦志, 克魁. 2021. 数字金融、技术密集型制造业与绿色发展[J]. 上海经济研究, 5: 89-105.
范剑勇, 冯猛. 2013. 中国制造业出口企业生产率悖论之谜: 基于出口密度差别上的检验[J]. 管理世界, 8: 16-29.
方虹, 王红霞. 2008. 中国制造业技术变化实证研究[J]. 统计研究, 4: 40-44.
方来, 韩君, 柴娟娟. 2016. 生产性服务业与制造业关联效应研究——基于2002—2012年甘肃省投入产出表的实证分析[J]. 财政研究, 11: 103-109.
方蔚. 1979. 主要国家的工业生产部门构成[J]. 世界经济, 12: 72-74.
方希桦, 包群, 赖明勇. 2004. 国际技术溢出: 基于进口传导机制的实证研究[J]. 中国软科学, 7: 58-64.
方奕涛, 罗建穗. 1998. 从"港厂北迁"看经济特区劳动密集型产业的梯度转移[J]. 亚太经济, 10: 35-38, 48.
方远平, 谢蔓, 林彰平. 2013. 信息技术对服务业创新影响的空间计量分析[J]. 地理学报, 68(8): 1119-1130.
冯邦彦, 叶穗瑜. 2001. 中国加入WTO后广东与香港区域经济合作前景[J]. 特区经济, 6: 36-38.
冯苏宝, 刘容欣, 郭万达, 等. 1997. 从五个视角看香港制造业[J]. 开放导报, 7: 29-33.
冯昭奎. 1986. 新技术革命对日本经济的影响[J]. 机械与电子, 6: 29-31.
冯志军, 陈伟. 2014. 中国高技术产业研发创新效率研究——基于资源约束型两阶段DEA模型的新视角[J]. 系统工程理论与实践, 34(5): 1202-1212.
傅京燕, 李丽莎. 2010. 环境规制、要素禀赋与产业国际竞争力的实证研究——基于中国制造业的面板数据[J]. 管理世界, 10: 87-98, 187.
傅骊元. 1997. 论未来香港国际金融中心地位[J]. 经济界, 3: 18-21.
高红印. 1985. 东盟国家外贸发展战略[J]. 世界经济, 3: 50-55.

葛顺奇, 罗伟. 2013. 中国制造业企业对外直接投资和母公司竞争优势[J]. 管理世界, 6: 28-42.
葛迅. 1988. 美国对外贸易政策的回顾和动向[J]. 外国经济与管理, 8: 17-19.
葛中全, 唐小我, 李仕明. 2001. 对信息化的内涵与特征的再认识[J]. 电子科技大学学报(社科版), 3: 5-7.
宫晓林. 2013. 互联网金融模式及对传统银行业的影响[J]. 南方金融, 5: 86-88.
古力. 1964. 英国影片制造业的危机[J]. 世界知识, 2: 31.
顾介康. 2020. 历史不会忘记乡镇工业的贡献[J]. 世纪风采, 12: 22-25.
官建成, 陈凯华. 2009. 我国高技术产业技术创新效率的测度[J]. 数量经济技术经济研究, 26(10): 19-33.
郭兵, 李强. 2017. 个人数据银行——基于银行架构的个人大数据资产管理与增值服务的新模式[J]. 计算机学报, 1: 126-142.
郭家堂, 骆品亮. 2016. 互联网对中国全要素生产率有促进作用吗?[J]. 管理世界, 10: 34-49.
郭金花, 郭檬楠, 郭淑芬. 2021. 数字基础设施建设如何影响企业全要素生产率?基于"宽带中国"战略的准自然实验[J]. 证券市场导报, 6: 13-23.
郭克莎. 2000a. 外商直接投资对我国产业结构的影响研究[J]. 管理世界, 2: 34-45, 63.
郭克莎. 2000b. 制造业生产效率的国际比较[J]. 中国工业经济, 9: 40-47.
郭美晨, 杜传忠. 2019. ICT 提升中国经济增长质量的机理与效应分析[J]. 统计研究, 3: 3-16.
郭燕春. 2002-04-30. 中国: 第四个世界工厂? [N]. 中国商报, 14 版.
郭羽诞. 2000. 论我国加入 WTO 后上海产业结构的调整[J]. 上海财经大学学报, 5: 17-23.
郭重庆. 2001. 全球化与中国制造业[J]. 中国工程科学, 4: 17-21.
哈尔滨焊接研究所, 山东工学院. 1973. 铸铁焊补现状的调查报告[J]. 焊接, 9: 2-5.
韩江波. 2017. 智能工业化: 工业化发展范式研究的新视角[J]. 经济学家, 10: 21-30.
韩君, 高瀛璐. 2022. 中国省域数字经济发展的产业关联效应测算[J]. 数量经济技术经济研究, 39(4): 45-66.
韩先锋, 宋文飞, 李勃昕. 2019. 互联网能成为中国区域创新效率提升的新动能吗[J]. 中国工业经济, 7: 119-136.
杭氧所情报组. 1973. 苏联深冷技术发展的现状与前景[J]. 深冷简报, 2: 88-92.
何诚颖. 1998. 香港回归后深港经济合作前景分析[J]. 开放导报, Z1: 41-43.
何小钢, 梁权熙, 王善骝. 2019. 智能化、劳动结构与企业生产率——破解"智能化生产率悖论"之谜[J]. 管理世界, 9: 65-80.
贺力平, 沈侠. 1989. 开放经济条件下我国产业结构调整的原则和方向[J]. 经济学家, 6: 15-27, 123.
贺正楚, 吴艳, 蒋佳林. 2013. 生产服务业与战略性新兴产业互动与融合关系的推演、评价及测度[J]. 中国软科学, 5: 129-143.
洪联英, 韩峰, 唐寅. 2015. 中国制造业为何难以突破技术技能升级陷阱?——一个国际生产组织安排视角的分析[J]. 数量经济技术经济研究, 33(3): 23-40.
侯鹏, 刘思明. 2013. 内生创新努力、知识溢出与区域创新能力——中国省级面板数据的实证分析[J]当代经济科学, 11: 14-24.

# 参 考 文 献

胡俊, 杜传忠. 2020. 人工智能推动产业转型升级的机制、路径及对策[J]. 经济纵横, 3: 94-101.
胡旭华. 2001. WTO: 国内电信设备制造业的机遇与挑战[J]. 世界电信, 10: 18-21.
黄清煌, 高明. 2016. 中国环境规制工具的节能减排效果研究[J]. 科研管理, 37(6): 19-27.
黄群慧, 余泳泽, 张松林. 2019. 互联网发展与制造业生产率提升: 内在机制与中国经验[J]. 中国工业经济, 8: 5-23.
黄一义. 2000. "入世"后的中国制造业: 剑指全球[J]. 浙江经济, 3: 7-9.
黄永春, 郑江淮, 杨以文, 等. 2013. 中国"去工业化"与美国"再工业化"冲突之谜解析——来自服务业与制造业交互外部性的分析[J]. 中国工业经济, 3: 7-19.
黄子健, 王龑. 2015. 大数据、互联网金融与信用资本: 破解小微企业融资悖论[J]. 金融经济学研究, 30(1): 55-67.
姬国军. 2010. 基于生态共生的金融产业集群关系结构研究[J]. 经济经纬, 9: 47-51.
季崇威. 1997. 香港经济跨世纪的发展前景[J]. 经济科学, 3: 3-7.
贾军, 张卓, 张伟. 2013. 中国高技术产业技术创新系统协同发展实证分析——以航空航天器制造业为例[J]. 科研管理, 34(4): 9-15, 59.
蒋硕杰. 1985. "亚洲四小龙"经济起飞的比较[J]. 经济社会体制比较, 3: 63-68.
蒋一国, 王祖敏, 蒋宝棋. 1978. 加快我国经济发展速度的一项重大政策——谈谈引进先进技术和利用外资问题[J]. 经济研究, 10: 10-15.
金承权. 1996. 论韩国的对外投资战略——韩国经济发展战略研究之六(上)[J]. 天池学刊, 1: 63-66.
昆明轴承厂. 1970. 革命加拼命, 为加速三线建设而奋斗[J]. 轴承, 6: 80-81.
赖红波. 2017. 设计驱动型创新系统构建与产业转型升级机制研究[J]. 科技进步与对策, 34(23): 71-76.
赖永剑. 2012. 集聚、空间动态外部性与企业创新绩效——基于中国制造业企业面板数据[J]. 产业经济研究, 2: 9-17.
李柏洲, 王雪, 苏屹, 等. 2021. 我国战略性新兴产业间供应链企业协同创新演化博弈研究[J]. 中国管理科学, 29(8): 136-147.
李成瑞. 1979. 关于国民经济调整和中国式现代化道路的若干问题[J]. 中国经济问题, 3: 2-8.
李传经. 1987. 美国的流量仪表制造业[J]. 自动化仪表, 4: 5-7, 45-46, 4.
李春顶. 2010. 中国出口企业是否存在"生产率悖论": 基于中国制造业企业数据的检验[J]. 世界经济, 33(07): 64-81.
李海东, 王帅, 刘阳. 2014. 基于灰色关联理论和距离协同模型的区域协同发展评价方法及实证[J]. 系统工程理论与实践, 34(7): 1749-1755.
李海萍, 向刚, 高忠仕, 等. 2005. 中国制造业绿色创新的环境效益向企业经济效益转换的制度条件初探[J]. 科研管理, 2: 46-49.
李健旋. 2016. 美德中制造业创新发展战略重点及政策分析[J]. 中国软科学, 9: 37-44.
李健旋. 2019. 金融服务方向与业务模式创新研究[J], 科学决策, 4: 58-73.
李健旋. 2020. 中国制造业智能化程度评价及其影响因素研究[J]. 中国软科学, 1: 154-163.
李健旋, 姚帏之. 2022. 数字基础设施投入对中国制造业绿色增长的影响: 空间效应与机制分析[J].

科学学与科学技术管理, 8: 82-98.

李健旋, 张宗庆. 2018. 大数据时代商业银行服务小微企业的风险管控[J]. 河海大学学报(哲学社会科学版), 20(6): 57-61, 92.

李健旋, 赵林度. 2018. 金融集聚、生产率增长与城乡收入差距的实证分析——基于动态空间面板模型[J]. 中国管理科学, 26(12): 34-43.

李京文. 2002. 制造业是富民强国之本[J]. 中国统计, 10: 1.

李婧, 谭清美, 白俊红. 2010. 中国区域创新生产的空间计量分析——基于静态与动态空间面板模型的实证研究[J]. 管理世界, 7: 43-65.

李廉水. 2018. 中国制造业 40 年: 回溯与展望[J]. 江海学刊, 5: 107-114.

李廉水, 杜占元. 2005. "新型制造业"的概念、内涵和意义[J]. 科学学研究, 2: 184-187.

李廉水, 鲍怡发, 刘军. 2020. 智能化对中国制造业全要素生产率的影响研究[J]. 科学学研究, 38(4): 609-618, 722.

李廉水, 石喜爱, 刘军. 2019. 中国制造业 40 年: 智能化进程与展望[J]. 中国软科学, 1: 1-9, 30.

李廉水, 张芊芊, 王常凯. 2015. 中国制造业科技创新能力驱动因素研究[J]. 科研管理, 36(10): 169-176.

李强, 郑江淮. 2013. 基于产品内分工的我国制造业价值链攀升: 理论假设与实证分析[J]. 财贸经济, 9: 95-102.

李仁柱. 1997. 台湾制造业结构的变化及其存在问题[J]. 亚太经济, 5: 29-32.

李晓东. 2000. 信息化与经济发展[M]. 北京: 中国发展出版社.

李晓华. 2019. 数字经济新特征与数字经济新动能的形成机制[J]. 改革, 11: 40-51.

李晓钟, 张小蒂. 2008. 外商直接投资对中国技术创新能力影响及地区差异分析[J]. 中国工业经济, 9: 77-87.

李永红, 王晟. 2017. 互联网驱动智能制造的机理与路径研究——对中国制造 2025 的思考[J]. 科技进步与对策, 34(16): 56-61.

李志宏, 王娜, 马倩. 2013. 基于空间计量的区域间创新行为知识溢出分析[J]. 科研管理, 6: 9-16.

李治堂, 吴贵生. 2008. 信息技术投资与公司绩效: 基于中国上市公司的实证研究[J]. 科学学与科学技术管理, 11: 144-150.

梁红艳. 2021. 中国制造业与物流业融合发展的演化特征、绩效与提升路径[J]. 数量经济技术经济研究, 38(10): 24-45.

梁璋, 沈凡. 2013. 国有金融机构如何应对互联网金融模式带来的挑战[J]. 新金融, 7: 47-51.

林丹明, 梁强, 曾楚宏. 2007. 我国制造业的信息技术投资效果——结合行业影响因素的分析[J]. 经济理论与经济管理, 12: 35-41.

林丹明, 梁强, 曾楚宏. 2008. 中国制造业 IT 投资的绩效与行业特征调节效应[J]. 管理科学, 2: 51-57.

林宏迪. 1984. 西德内燃机车制造业近况[J]. 国外内燃机车, 9: 1-8.

林木. 1986. 美国车辆制造业的前景[J]. 国外铁道车辆, 3: 58-59.

林炜. 2013. 企业创新激励: 来自中国劳动力成本上升的解释[J]. 管理世界, 10: 95-105.

刘放桐, П·尼基金. 1954, 苏联机器制造业的成就与它最重要的任务[J]. 机械制造, 3: 1-4.
刘飞. 2014. 信息技术投资是否提高了工业上市公司的技术效率?[J]. 工业技术经济, 33(4): 19-27.
刘海云, 聂飞. 2015. 中国 OFDI 动机及其对外产业转移效应——基于贸易结构视角的实证研究[J]. 国际贸易问题, 10: 73-86.
刘欢. 2020. 工业智能化如何影响城乡收入差距: 来自农业转移劳动力就业视角的解释[J]. 中国农村经济, 5: 55-75.
刘军, 黄解宇, 曹利军. 2007. 金融集聚影响实体经济机制研究[J]. 管理世界, 4: 152-153.
刘澜飚, 沈鑫, 郭步超. 2013. 互联网金融发展及其对传统金融模式的影响探讨[J]. 经济学动态, 8: 73-83.
刘亮, 李廉水, 刘军. 2020. 智能化与经济发展方式转变: 理论机制与经验证据[J]. 经济评论, 2: 3-19.
刘琳. 2015. 中国参与全球价值链的测度与分析——基于附加值贸易的考察[J]. 世界经济研究, 6: 71-83, 128.
刘起运. 1986. 投入产出对称数学模型的建立和应用[J]. 数量经济技术经济研究, 4: 34-41.
刘俏. 2021. 碳中和与中国经济增长逻辑[J]. 中国经济评论, Z1: 18-23.
刘思峰, 党耀国, 方志耕. 2010. 灰色系统理论及其应用(第五版) [M]. 北京: 科学出版社.
楼永, 王偲琪, 郝凤霞. 2021. 工业智能化对企业绩效的影响——基于薪酬视角的中介效应研究[J]. 工业技术经济, 329(3): 3-12
卢飞, 刘明辉, 孙元元. 2018. 集聚、全要素生产率与产业增长[J]. 科学学研究, 36(9): 1575-1584, 1614.
芦锋, 韩尚容. 2015. 我国科技金融对科技创新的影响研究——基于面板模型的分析[J]. 中国软科学, 6: 139-147.
鲁钊阳, 廖杉杉. 2012. FDI 技术溢出与区域创新能力差异的双门槛效应[J]. 数量经济技术经济研究, 29(5): 75-88.
陆岷峰, 徐阳洋. 2017. 关于打造中国互联网金融中心战略研究[J]. 西南金融, 1: 3-11.
陆振华. 2008. 影响深远的苏联"156"项援建[J]. 装备制造, Z1: 117-122.
罗元铮, 陈立成. 1981. 发展中国家发展经济的战略[J]. 世界经济, 5: 44-47.
吕铁, 韩娜. 2015. 智能制造: 全球趋势与中国战略[J]. 人民论坛·学术前沿, 11: 6-17.
马广程, 许坚. 2020. 全球价值链嵌入与制造业转移——基于贸易增加值的实证分析[J]. 技术经济, 39(07): 169-175, 192.
马弘, 乔雪, 徐嫄. 2013. 中国制造业的就业创造与就业消失[J]. 经济研究, 48(12): 68-80.
马洪. 1985. 采用创新战略 迎接新技术革命挑战——《新技术革命理论与对策》序言[J]. 经济问题, 8: 44-46.
马野青, 林宝玉. 2007. 在华 FDI 的知识溢出效应——基于专利授权数量的实证分析[J]. 世界经济研究, 05: 20-25.
孟凡生, 赵刚. 2018. 传统制造向智能制造发展影响因素研究[J]. 科技进步与对策, 35(1): 66-72.
潘为华, 贺正楚, 潘红玉. 2021. 中国数字经济发展的时空演化和分布动态[J]. 中国软科学, 10:

137-147.

彭向, 蒋传海. 2011. 产业集聚、知识溢出与地区创新——基于中国工业行业的实证检验[J]. 经济学(季刊), 10(3): 913-934.

皮天雷, 赵铁. 2014. 互联网金融: 范畴、革新与展望[J]. 财经科学, 6: 22-30.

钱启录. 1979. 国外变压器制造业中新材料的研制和应用[J]. 变压器, 3: 10-16.

钱晓, 邵满桂, 孙红进. 2017. 工行江苏分行十件实事支持服务实体经济发展［N］. 新华日报, 09-26: 10.

乔晗, 李卓伦, 黄朝椿. 2023. 数据要素市场化建设的影响因素与提升路径——基于复杂经济系统管理视角的组态效应分析[J]. 外国经济与管理, 45(1): 38-54.

饶艳超, 陈烨. 2012. 企业信息化、知识共享与企业绩效[J]. 财贸经济, 7: 126-132.

任胜钢, 郑晶晶, 刘东华, 等. 2019. 排污权交易机制是否提高了企业全要素生产率: 来自中国上市公司的证据[J]. 中国工业经济, (5): 5-23.

上海锅炉厂研究所. 1971. 苏联锅炉制造业的某些新工艺[J]. 锅炉技术, 9: 1-10.

沈能. 2006. 中国制造业全要素生产率地区空间差异的实证研究[J]. 中国软科学, 6: 101-110.

沈晓平, 吴素研, 刘利永. 2022. 中国数字经济与国民经济的关联效应分析[J]. 统计与决策, 4: 27-32.

石喜爱, 李廉水, 刘军. 2018. "互联网＋"对制造业就业的转移效应, 统计与信息论坛[J]. 9: 66-73.

石雅. 2020. 国际产业转移新趋势及对中国产业结构优化的影响[J]. 经济研究导刊, 6: 53-54.

史丹. 2022. 数字经济条件下产业发展趋势的演变[J]. 中国工业经济, 11: 26-42.

史宇鹏. 2021. 数字经济与制造业融合发展: 路径与建议[J]. 人民论坛·学术前沿, 6: 34-39.

舒元, 才国伟. 2007. 中国省级技术进步及其空间扩散分析[J]. 经济研究, 6: 106-118.

斯·弗·弗罗洛夫, 王木. 1956. 农业机械制造业中钢铸件的生产经验[J]. 铸工, 4: 40-43.

苏选良, 易伟义, 高玉军. 2002. 应重视企业物流研究[J]. 中国物流与采购, 15: 37-38.

孙宪钧. 1980. 战后美国经济结构的变化[J]. 经济学动态, 5: 53-55.

孙晓琳, 邢一亭, 王刊良. 2010. 信息技术投资与组织绩效关系的实证研究——来自我国 IT 类上市公司的证据[J]. 科学学研究, 28(3): 397-404.

孙学军. 2013. 信息化对资源型企业经营绩效影响评价研究——以河南煤业化工集团公司为例[J]. 资源与产业, 15(6): 125-129.

孙元元, 张建清. 2015. 中国制造业省际间资源配置效率演化: 二元边际的视角[J]. 经济研究, 50(10): 89-103.

孙早, 侯玉琳. 2019. 工业智能化如何重塑劳动力就业结构[J]. 中国工业经济, 5: 61-79.

谈世中. 1986. 战后发展中国家产业结构的演变及其原因[J]. 世界经济, 12: 52-57.

唐根年, 徐维祥. 2004. 中国高技术产业成长的时空演变特征及其空间布局研究[J]. 经济地理, 5: 604-608.

唐琳. 2017. 大数据时代背景下的商业银行资产管理业务分析[J]. 金融经济, 20: 42-43.

陶永, 蒋昕昊, 刘默, 等. 2020. 智能制造和工业互联网融合发展初探[J]. 中国工程科学, 22(4): 24-33.

田红娜, 毕克新, 李海涛. 2012. 基于技术预见的制造业绿色工艺创新战略制定研究[J]. 软科学, 26(05): 10-14, 26.
汪淼军, 张维迎, 周黎安. 2006. 信息技术、组织变革与生产绩效——关于企业信息化阶段性互补机制的实证研究[J]. 经济研究, 1: 65-77.
汪向东. 1998. 信息化: 中国 21 世纪的选择[M]. 北京: 社会科学文献出版社.
王道南. 1984. 浅析香港制造业对外部条件变化的适应性[J]. 世界经济研究, 3: 42-47.
王耕今, 朱镕基. 1979. 社队工业向何处去?[J]. 经济管理, 3: 21-23.
王红领, 李稻葵, 冯俊新. 2006. FDI 与自主研发: 基于行业数据的经验研究[J]. 经济研究, 2: 44-56.
王华, 卫晓东. 2023. 政府补助、研发投入与企业绩效——基于我国装备制造业数据的分析[J]. 北方经贸, 4: 43-45, 117.
王隆勋, 梁怀. 1959. 迅速发展中的武汉工业基地[J]. 政治与经济, 9: 7-14.
王琪延, 徐玲. 2014. 基于产业关联视角的北京旅游业与会展业融合研究[J]. 现代管理科学, 12: 9-11.
王庭东. 2013. 新科技革命、美欧"再工业化"与中国要素集聚模式嬗变[J]. 世界经济研究, 6: 3-8.
王卫星, 赵刚. 2012. "长三角"中小企业融资困境及其破解路径[J]. 管理世界, 12: 175-176.
王喜文. 2015. 智能制造: 新一轮工业革命的主攻方向[J]. 人民论坛·学术前沿, 19: 68-79, 95.
王馨. 2015. 互联网金融助解"长尾"小微企业融资难问题研究[J]. 金融研究, 9: 128-139.
王岳平, 葛岳静. 1997. 关于新时期我国产业结构调整战略的思考[J]. 管理世界, 2: 101-105.
王振之, 段键科. 1964. 关于重工业产品价格的几个问题[J]. 经济研究, 12: 30-35.
魏浩, 李晓庆. 2015. 中国进口贸易的技术结构及其影响因素研究[J]. 世界经济, 38(8): 56-79.
魏后凯, 王颂吉. 2019. 中国"过度去工业化"现象剖析与理论反思[J]. 中国工业经济, 1: 5-22.
魏江, 吴光汉. 1998. 提高自主技术创新能力的途径选择[J]. 科研管理, 3: 3-5.
魏鹏. 2014. 中国互联网金融的风险与监管研究[J]. 金融论坛, 7: 36-42.
乌察斯特基娜, 俞仲奋. 1958. 苏联造纸工业的四十年[J]. 世界经济文汇, 11: 38-41.
吴恩霖, 司圣安, 陈思源. 1980. 发展出口贸易促进工农业生产[J]. 国际贸易问题, 3: 23-27.
吴贵生, 王毅. 2013. 技术创新管理(第 3 版)[M]. 北京: 清华大学出版社.
吴开亚, 陈晓剑. 2003. 基于二元关系的产业关联分析方法研究[J]. 中国管理科学, 3: 63-66.
吴延兵. 2008. 自主研发、技术引进与生产率——基于中国地区工业的实证研究[J]. 经济研究, 8: 51-64.
吴翌琳, 王天琪. 2021. 数字经济的统计界定和产业分类研究[J]. 统计研究, 38(6): 18-29.
吴玉文. 2014. 我国物流业信息化与绩效的关系研究[J]. 物流技术, 33(13): 223-225.
武晓婷, 张恪渝. 2021. 数字经济产业与制造业融合测度——基于投入产出视角[J]. 中国流通经济, 35(11): 89-98.
西安高压电器研究所全封闭组合电器小组. 1972. "备战、备荒、为人民"伟大战略方针的又一胜利——我国第一台 110 千伏六氟化硫全封闭式组合电器试制成功[J]. 高压电器, 3: 4-12.
惜月. 1979. 机器人制造业在意大利的兴起[J]. 世界经济, 7: 72-73.

夏传蔚. 1964. 汽车制造业生产协作化的探讨[J]. 汽车工程, 11: 1-3, 11.
夏明, 张红霞. 2019. 投入产出分析理论、方法与数据(第二版)[M]. 北京: 中国人民大学出版社.
鲜祖德, 王天琪. 2022. 中国数字经济核心产业规模测算与预测[J]. 统计研究, 39(1): 4-14.
冼国明, 严兵. 2005. FDI对中国创新能力的溢出效应[J]. 世界经济, 10: 18-25.
肖文, 林高榜. 2014. 政府支持、研发管理与技术创新效率——基于中国工业行业的实证分析[J]. 管理世界, 4: 71-80.
谢伏瞻. 2004. 全球制造业的发展趋势与中国的选择[J]. 理论前沿, 1: 8-10.
谢伏瞻, 李培育, 仝允桓. 1990. 产业结构调整的战略选择[J]. 管理世界, 4: 94-101, 224.
谢伦裕, 张晓兵, 孙传旺, 等. 2018. 中国清洁低碳转型的能源环境政策选择: 第二届中国能源与环境经济学者论坛综述[J]. 经济研究, 53(7): 198-202.
谢平, 邹传伟, 刘海二. 2014. 互联网金融监管的必要性与核心原则[J]. 国际金融研究, 8: 3-9.
谢阳群. 1996. 信息化的兴起与内涵[J]. 图书情报工作, 2: 36-40.
谢友柏. 1998. 制造业产品的"创新"与我国现代设计网络[J]. 中国机械工程, 11: 3-5.
熊湘辉, 徐璋勇. 2018. 中国新型城镇化水平及动力因素测度研究[J]. 数量经济技术经济研究, 35(2): 44-63.
徐伟呈, 范爱军. 2017. 中国制造业就业和工资的影响因素研究——来自细分行业的经验证据[J]. 南开经济研究, 4: 105-124.
许宪春, 张美慧. 2020. 中国数字经济规模测算研究——基于国际比较的视角[J]. 中国工业经济, 5: 23-41.
颜龙. 1956. 如何在机床制造业中节省金属材料[J]. 机床与工具, 1: 85-88, 84.
杨博旭, 王玉荣, 李兴光, 等. 2020. 从分散到协同: 高新技术产业创新要素集聚发展路径[J]. 科技管理研究, 40(12): 142-149.
杨定泉. 2011. 信息化对企业绩效的影响分析[J]. 会计之友, 17: 45-47.
杨飞, 范从来. 2020. 产业智能化是否有利于中国益贫式发展[J]. 经济研究, 55(5): 150-165.
杨伟, 吉梨霞, 周青. 2022. 企业数字化转型对创新生态系统的影响: 基于市场规模动态的多Agent模型[J]. 中国管理科学, 30(6): 223-232.
杨运忠. 1994. 蓬勃发展的台湾新竹科学园[J]. 亚太研究, 6: 63-66.
杨振, 陈甬军. 2013. 中国制造业资源误置及福利损失测度[J]. 经济研究, 48(3): 43-55.
姚锡凡, 张毅, 田春光, 等. 2003. 制造业信息化内涵及其在我国发展的现状[J]. 机电工程技术, 3: 21-23, 27, 13.
叶自伟. 1951. 上海市机器制造业一年来的回顾[J]. 机械制造, 1: 3-4, 82.
一机部变压器研究所. 1970. 国外变压器制造业发展概况-60年代水平概述[J]. 变压器 04: 36-51.
佚名. 1977. 合成材料在重机制造业中的应用[J]. 国外机车车辆工艺, 3: 30-32.
易明, 彭甲超, 吴超. 2019. 基于SFA方法的中国高新技术产业创新效率研究[J]. 科研管理, 40(11): 22-31.
殷醒民. 1998a. 论中国经济结构转型理论中的制造业因素[J]. 复旦学报(社会科学版), 1: 27-32, 141.
殷醒民. 1998b. 上海制造业结构调整的实证分析[J]. 管理世界, 4: 3-5.

于斌斌. 2017. 金融集聚促进了产业结构升级吗？空间溢出的视角——基于中国城市动态空间面板模型的分析[J]. 国际金融研究, 2: 12-23.

余江, 孟庆时, 张越, 等. 2017. 数字创新: 创新研究新视角的探索及启示[J]. 科学学研究, 35(7): 1103-1111.

余淼杰, 张睿. 2017. 中国制造业出口质量的准确衡量: 挑战与解决方法[J]. 经济学(季刊), 16(2): 463-484.

余翔. 2014. 美国制造业振兴战略的成效及前景[J]. 现代国际关系, 4: 16-23.

余翔. 2015. 美国经济增长新特征与前景[J]. 国际问题研究, 4: 82-95.

余泳泽, 宣烨, 沈扬扬. 2013. 金融集聚对工业效率提升的空间外溢效应[J]. 世界经济, 2: 93-116.

俞立平. 2020. 效率视角下创新数量、质量与速度互动机制研究[J]. 经济与管理研究, 11: 58-76.

俞尚知. 1958. 十月革命四十周年来的苏联焊接技术[J]. 焊接, 1: 2-4.

运志宝. 1994. 首都企业界再谈国企改革难点[J]. 生产力之声, 8: 10-12.

曾玲玲, 肖雅南. 2022. 制造业智能化水平测度及其对企业投资效率影响的研究[J]. 工业技术经济, 347(9): 69-78

张聪慧, 郭伟. 2010. 企业信息化投资价值与绩效关系的实证分析[J]. 工业工程, 13(6): 18-23.

张福. 2016. "互联网+": 传统商业银行变革风险管理新机遇[J]. 北方金融, 11: 18-22.

张富禄. 2019. 德国制造业转型发展的基本经验及启示[J]. 中州学刊, 267(3): 29-34.

张国宝. 2014. 新中国工业的三大里程碑: 苏联援建、三线建设及大规模技术引进[J]. 中国经济周刊, 27: 53-55.

张宏韬. 2004. 大力推广"绿色制造模式"[J]. 上海工业, 9: 38-41.

张华胜. 2006. 中国制造业技术创新能力分析[J]. 中国软科学, 4: 15-23.

张礼立. 2017. 制造业智能化创新与转型之路[M]. 北京: 机械工业出版社. 141-142.

张立. 2020. 两化融合步入制造业数字化转型新阶段[J]. 网络安全和信息化, 7: 4-7.

张鹏辉. 2012. 中国制造业出口国内技术含量及其影响因素分析[D]. 湖南大学.

张晴, 于津平. 2021. 制造业投入数字化与全球价值链中高端跃升[J]. 财经研究, 47(9): 93-107

张寿. 1987. 集成制造中的一项新技术——制造自动化协议(MAP)[J]. 仪表工业, 2: 25-26.

张曙. 2001. 制造业信息化的内涵和策略[J]. 中国工程科学, 7: 7-11.

张同斌, 高铁梅. 2013. 高技术产业产出增长与关联效应的国际比较——基于美、英、日、中、印、巴六国投入产出数据的实证研究[J]. 经济学(季刊), 12(3): 847-868.

张万和, 王志成. 1975. 近年来国外变压器制造业的一般情况[J]. 变压器, 2: 30-40.

张新, 丁晓燕, 王高山. 2017. 信息化战略对组织绩效的影响: 管理信息化与业务协同的中介效应[J]. 山东财经大学学报, 29(2): 86-95.

张亚明, 杜冠军. 2004. 信息化内涵及其战略意义[J]. 经济论坛, 24: 12-13.

章立东. 2016. "中国制造2025"背景下制造业转型升级的路径研究[J]. 江西社会科学, 36(4): 43-47.

赵家和. 1989. 南朝鲜的工业化政策和外向型经济[J]. 国际贸易, 5: 16-18.

赵泉午, 刘婷婷. 2013. 零售业上市公司ERP实施前后绩效变化的实证研究[J]. 重庆大学学报

(社会科学版), 19(3): 52-58.

赵树宽, 胡彩梅. 2012. 知识溢出对中国省域知识生产影响的实证分析[J]. 科研管理, 9: 54-62.

赵涛, 张智, 梁上坤. 2020. 数字经济、创业活跃度与高质量发展: 来自中国城市的经验证据[J]. 管理世界, 36(10): 65-76.

赵晓霞. 2014. 金融集聚视角下的中国大城市经济增长方式探究[J]. 管理世界, 5: 174-175.

赵彦云, 秦旭, 王杰彪. 2012. "再工业化"背景下的中美制造业竞争力比较[J]. 经济理论与经济管理, 2: 81-88.

赵云峰. 2018. 当前经济形势下我国智能制造发展路径分析[J]. 现代营销(下旬刊), 12: 89-90.

赵增耀, 章小波, 沈能. 2015. 区域协同创新效率的多维溢出效应[J]. 中国工业经济, 1: 32-44.

赵振, 彭毫. 2018. "互联网+"跨界经营——基于价值创造的理论构建[J]. 科研管理, 39(9): 121-133.

赵作权, 田园. 2020. 培育世界级先进制造业集群之关键问题[J]. 中国工业和信息化, 8: 46-51.

郑佩玉, 邓荣均. 1997. 深港合作共建高科技工业园区[J]. 特区经济, 6: 33-34.

周昌成. 1976. 美国、西欧和日本锅炉制造业的发展趋势[J]. 锅炉技术, 3: 25-27.

周方召, 符建华, 仲深. 2014. 外部融资、企业规模与上市公司技术创新[J]. 科研管理, 35(3): 116-122.

周济. 2015. 制造业智能化——"中国制造 2025"的主攻方向[J]. 中国机械工程, 26(17): 2273-2284.

周佳军, 姚锡凡. 2015. 先进制造技术与新工业革命[J]. 计算机集成制造系统, 21(8): 1963-1978.

周升起, 兰珍先, 付华. 2014. 中国制造业在全球价值链国际分工地位再考察——基于Koopman等的"GVC地位指数"[J]. 国际贸易问题, 2: 3-12.

周晓辉. 2021. 先进制造业与数字经济的融合度测算: 以长三角为例[J]. 统计与决策, 37(16): 138-141.

周运源. 1997. 关于香港制造业和粤港产业协调发展的研究[J]. 广东经济, 3: 40-41.

朱荪远. 2017. 全球制造业产业转移新动向[J]. 竞争情报, 13(1): 51-57.

祝毓. 2015. 国外政府促进制造业创业创新对策研究[J]. 竞争情报, 6: 48-54.

邹生. 2008. 信息化探索 20 年[M]. 北京: 人民出版社.

А. Е. 维亚特金, 丁浩金. 1958. 苏联机器制造业的四十年[J]. 世界经济文汇, 3: 11-16, 51.

А. Ф. Рыбалка, 顾永麟. 1977. 苏联内燃机车制造业的发展问题[J]. 国外内燃机车, 4: 59-61.

Б. С 巴拉科申, 路明. 1952. 机器设计法[J]. 机械, 4: 49-53.

С. А. 谢丘晓夫, 云阳. 1956. 机床制造业的标准化、规格化与统一化[J]. 机床与工具, 10: 41-42, 27.

П. 尼基钦, 林文澄. 1956. 苏联机床制造业的主要任务[J]. 机床与工具, 10: 1-5, 30.

Н. Ф. 苏斯诺文柯, 麻春风. 1958. 机车车辆制造业中采用焊接的某些总结及今后发展途径[J]. 焊接, 6: 24-26.

И. Я. 列林什捷恩, Д. В. 莱捷斯, 李宝结. 1964a. 国外变压器制造业(上)[J]. 变压器, 1: 3-10.

И. Я. 列林什捷恩, Д. В. 莱捷斯, 李宝结. 1964b. 国外变压器制造业(中)[J]. 变压器, 2: 1-14.

И. Я. 列林什捷恩, Д. В. 莱捷斯, 李宝结. 1964c. 国外变压器制造业(下)[J]. 变压器, 3: 3-10.

И. С. 古兹曼, В. Я. 柯斯特里茨基, 吕青山. 1964. 资本主义国家制氧机制造业的状况[J]. 深冷简报, 8: 69-73.

М. П. 科斯琴科, 王积褆. 1955. 苏联电机制造业的发展[J]. 科学通报, 10: 61-64.

Abernathy W J, Utterback J M. 1978. Patterns of industrial innovation[J]. Technology Review, 80(7): 40-47.

Acemoglu D, Autor D, Dorn D. 2014. Return of the Solow paradox? IT, productivity, and employment in U. S. manufacturing[J]. American Economic Review, 104(5): 394-399.

Acs Z J, Armington C. 2003. Endogenous Growth and Entrepreneurial Activity in Cities[M]. Washington D. C. au: Center for Economic Studies, Bureau of the Census.

Adnan Z, Chowdhury M, Mallik G. 2019. Foreign direct investment and total factor productivity in South Asia[J]. Theoretical & Applied Economics, 2(2): 105-120.

Andersson R, Quigley J, Wilhelmsson M. 2005. Agglomeration and the spatial distribution of creativity[J]. Papers in Regional Science, 84(3): 445-464.

Arachchi J I, Managi S. 2021. Preferences for energy sustainability: Different effects of gender on knowledge and importance[J]. Renewable and Sustainable Energy Reviews, 141: 110767.

Arazmuradov A, Martini G, Scotti D. 2014. Determinants of total factor productivity in former Soviet Union economies: A stochastic frontier approach[J]. Economic Systems, 38(1): 115-135.

Armstrong M. 2006. Competition in two-sided markets[J]. RAND Journal of Economics, 37: 668-691.

Arrow K J. 1962. The Economic Implications of Learning by Doing[J]. The Review of Economic Studies, 29(3): 155-173.

Atrostic B K, Nguyen S V. 2005. IT and productivity in US manufacturing: Do computer networks matter?[J]. Economic Inquiry, 43(3): 493-506.

Audretsch D, Keilbach M. 2004. Entrepreneurship capital and economic performance[J]. Regional Studies, 38(8): 949-959.

Badescu M, Garces-Ayerbe C. 2009. The impact of information technologies on firm productivity: Empirical evidence from Spain[J]. Technovation, 29(2): 122-129.

Ballot G, Fakhfakh F, Galia F, et al. 2015. The fateful triangle: Complement arities in performance between product, process and organizational innovation in France and the UK[J]. Research Policy, 44(1): 217-232.

Baptista R, Swann P. 1998. Do firms in clusters innovate more?[J]. Research Policy, 27(5): 525-540.

Barras R. 1986. Towards a theory of innovation in services[J]. Research Policy, 15(4): 161-173.

Basu S, Fernald J G, Oulton N, et al. 2003. The case of the missing productivity growth, or does information technology explain why productivity accelerated in the United States but not in the United Kingdom?[J]. NBER Macroeconomics Annual, 18: 9-63.

Basu S, Fernald J. 2007. Information and communications technology as a general-purpose technology: evidence from US industry data[J]. German Economic Review, 8(2): 146-173.

Battese G E, Rao D S P. 2004. Technology gap, efficiency, and a stochastic metafrontier function[J].

International Journal of Business & Economics, 1(2): 87-93.

Bloom N, Draca M, Kretschmer T, et al. 2005. IT productivity spillovers and investment: Evidence from a panel of UK firms [J]. CEP Discussion Paper, 675.

Brondino G. 2019. Productivity growth and structural change in China (1995-2009): A subsystems analysis[J]. Structural Change and Economic Dynamics, 49: 183-191.

Brynjolfsson E, Hitt L M, Yang S. 2002. Intangible assets: Computers and organizational capital [J]. Brookings Papers on Economic Activity, 1: 137-181.

Buera F, Kaboski J, Shin Y. 2010. Finance and Development: A Tale of Two Sectors [R]. Boston: NBER Working Paper.

Cao Y, Liu J, Yu Y, et al. 2020. Impact of environmental regulation on green growth in China's manufacturing industry: Based on the Malmquist-Luenberger index and the system GMM model[J]. Environmental Science and Pollution Research, 27(33): 41928-41945.

Chen S Y, Golley J. 2014. Green productivity growth in China's industrial economy[J]. Energy Economics, 44: 89-98.

Chen S, Jefferson G, Zhang J. 2011. Structural change, productivity growth and industrial transformation in China[J]. China Economic Review.,11): 133-150.

Cheng Z H, Li L S, Liu J, et al. 2018. Total-factor carbon emission efficiency of China's provincial industrial sector and its dynamic evolution[J]. Renewable and Sustainable Energy Reviews, 94: 330-339.

Cheng Z H, Li L S, Liu J. 2019. The effect of information technology on environmental pollution in China[J]. Environmental Science and Pollution Research, 26: 33109-33124.

Chun H, Nadiri M I. 2008. Decomposing productivity growth in the US computer industry [J]. The Review of Economics and Statistics, 90(1): 174-180.

Coe D T, Helpman E. 1995. International R&D spillovers[J]. European Economic Review, 39(5): 859-887.

Cohen W M, Levinthal D A. 1989. Innovation and learning: the two faces of R&D[J]. The Economic Journal, 99(397): 569-596.

Colecchia A, Schreyer P. 2002. The contribution of information and communication technologies to economic growth in nine OECD countries[J]. OECD Economic Studies, 1: 153-171.

Dabla-Norris E, Kersting E K, Verdier G. 2012. Firm productivity, innovation, and financial development[J]. Southern Economic Journal, 79(2): 422-449.

Dahl C M, Kongsted H C, Sørensen A. 2011. ICT and productivity growth in the 1990s: panel data evidence on Europe[J]. Empirical Economics, 40(1): 141-164.

Davis J, Edgar T, Porter J, et al. 2012. Smart manufacturing, manufacturing intelligence and demand-dynamic performance[J]. Computers &Chemical Engineering, 47(12): 145-156.

De Santis R, Esposito P, Lasinio C J. 2021. Environmental regulation and productivity growth: Main policy challenges[J]. International Economics, 165: 264-277.

Dougall M. 1960. The benefits and costs of private investment from abroad: A theoretical approach[J].

Economic Record, 36(73): 13-35.

Du J, Chen Y, Huang Y. 2018. A modified Malmquist-Luenberger productivity index: Assessing environmental productivity performance in China[J]. European Journal of Operational Research, 269(1): 171-187.

Edquist H, Henrekson M. 2017. Do R&D and ICT affect total factor productivity growth differently?[J]. Telecommunications Policy, 41(2): 106-119.

Feldman M, Audretsch D. 1999. Innovation in cities: Science-based diversity, specialization and localized competition[J]. European Economic Reviews. 43(2): 409-429.

Fueki T, Kawamoto T. 2009. Does information technology raise Japan's productivity?[J]. Japan and the World Economy. 21(4): 325-336.

Fukuyama H, Weber W L. 2010. A slacks-based inefficiency measure for a two-stage system with bad outputs[J]. Omega, 38(5): 398-409.

Ghosh A. 1958. Input-output approach in an allocation system[J]. Economica. 25(97): 58-64.

Gil Y, Greaves M, Hendler J, et al. 2014. Artificial intelligence amplify scientific discovery with artificial intelligence[J]. Science, 346(6206): 171-172.

Goedhuys M, Veugelers R. 2012. Innovation strategies, process and product innovations and growth: Firm-level evidence from Brazil[J]. Structural Change and Economic Dynamics. 23(4): 516-529.

Gordon R J. 2000. Does the "new economy" measure up to the great inventions of the past?[J]. Journal of Economic Perspectives, 14(4): 49-74.

Gordon R J. 2003. Hi-tech in novation and productivity growth: does supply create its own demand?[R]. Boston: National Bureau of Economic Research.

Gordon R J. 2012. Is US Economic Growth Over? Faltering Innovation Confronts the Six Headwinds[D]. Boston: NBER Working Paper, No. 18315.

Graetz G, Michaels G. 2018. Robots at work[J]. Review of Economics and Statistics, 100(5): 753-768.

Gruber H. 1995. Strategic process and product innovation[J]. Economics of Innovation and New Technology, 4(1): 17-26.

Habib M, Abbas J, Noman R. 2019. Are human capital, intellectual property rights, and research and development expenditures really important for total factor productivity? An empirical analysis[J]. International Journal of Social Economics, 46(6): 756-774.

Haskel J E, Pereira S C, Slaughter M J. 2007. Does inward foreign direct investment boost the productivity of domestic firms[J]. The Review of Economics and Statistics, 89(3): 482-496.

Hayes R H, Wheelwright S G. 1979. Dynamics of process-product life-cycles[J]. Harvard Business Review., 57(2): 127-136.

Higón D A, Gholami R, Shirazi F. 2017. ICT and environmental sustainability: A global perspective[J]. Telematics & Informatics, 34(4): 85-95.

Inklaar R, Mahony O, Timmer M P. 2005. ICT and Europe's productivity performance: industry level growth account comparisons with the United States[J]. Review of Income and Wealth, 51(4):

505-536.

John G. 2012. "Big data" at the bank: with tons of information funneling in from all directions, what do you do with it?[J]. Journal of American Bankers Association, 104(3): 28-30.

Joon H L, Eungkyoon L 2012. Information technologies, community characteristics and environmental outcomes: evidence from South Korea[J]. Journal of Environmental Planning & Management,55(3): 271-296.

Keller W. 2000. Do trade patterns and technology flows affect productivity growth[J]. World Bank Economic Review, 14(1): 17-47.

King R G, Levine R. 1993. Finance, entrepreneurship and growth[J]. Journal of Monetary Economics, 32(3): 513-542.

Kotabe M, Scott S K. 1995. The role of strategic alliances in high-technology new product development[J]. Strategic Management Journal, 16(8): 621-636.

Kunsoo H, Young B C, Hahn J. 2011. Information technology spillover and productivity: the role of information technology intensity and competition[J]. Journal of Management Information Systems, 28(1): 115-146.

Kusiak A. 1990. Intelligent manufacturing systems[J]. Journal of Engineering for Industry, 113(2): 581-586.

Laeven L, Levine R. 2008. Complex ownership structures and corporate valuations[J]. The Review of Financial Studies,21(2): 579-564.

Lanoie P, Patry M, Lajeunesse R. 2008. Environmental regulation and productivity: testing the porter hypothesis[J]. Journal of Productivity Analysis, 30(2): 121-128.

Lee J, Bagheri B, Kao H A. 2015. A Cyber-Physical Systems architecture for Industry 4. 0-based manufacturing systems[J]. Manufacturing Letters, 3: 18-23.

Lehr B, Lichtenberg R. 1999. Information technology and its impact on productivity: Firm-level evidence from government and private data sources, 1977-1993[J]. The Canadian Journal of Economics/Revue canadienned' Economique, 32(2): 335-362.

Lehr W, Lichtenberg R. 1998. Computer use and productivity growth in US federal government agencies, 1987–92[J]. The Journal of Industrial Economics, 46(2): 257-279.

Leontief W W. 1936. Quantitative input and output relations in the economic systems of the United States[J]. The Review of Economics and Statistics, 18(3): 105-125.

LeSage J P, Pace R K. 2009. Introduction to Spatial Econometrics[M]. Boca Raton: Chapman & Hall CRC Press.

Li K, Lin B. 2017. Economic growth model, structural transformation, and green productivity in China[J]. Applied Energy, 187: 489-500.

Li M, Ye L R. 1999. Information technology and firm performance: Linking with environmental, strategic and managerial contexts[J]. Information & Management, 35(1): 43-51.

Liu J, Liu L, Qian Y, et al. 2021a. The effect of artificial intelligence on carbon intensity: Evidence from China's industrial sector[J]. Socio-Economic Planning Sciences, 5: 101002.

Liu L, Yang K, Fujii H, et al. 2021b. Artificial intelligence and energy intensity in China's industrial sector: Effect and transmission channel[J]. Economic Analysis and Policy, 6: 276-293.

Loveman G W. 1994. An assessment of the productivity impact of information technologies[J]. Information technology and the corporation of the 1990s: Researchstudies. 84: 110.

Lucas Jr R E. 1988. On the mechanics of economic development[J]. Journal of Monetary Economics, 22(1): 3-42.

Madden G, Savage S J. 2000. R&D spillovers, information technology and telecommunications, and productivity in ASIA and the OECD[J]. Information Economics and Policy, 12(4): 367-392.

Marshall A. 1920. Principles of Economics[M]. London: Macmillan.

Matteucci N, O'Mahony M, Robinson C, et al. 2005. Productivity, workplace performance and ICT: industry and firm - level evidence for Europe and the US [J]. Scottish Journal of Political Economy, 52(3): 359-386.

Mitra A, Sharma C, Véganzonès-Varoudakis M A. 2016. Infrastructure, information & communication technology and firms' productive performance of the Indian manufacturing[J]. Journal of Policy Modeling, 38(2): 353-371.

Miyagawa T, Ito Y, Harada N. 2004. The IT revolution and productivity growth in Japan[J]. Journal of the Japanese and International Economies, 18(3): 362-389.

Mollick E. 2012. The dynamics of crowdfunding: Determinants of success and failure[J]. Journal of Business Venturing, 29(1): 1-16.

Moyer J D, Hughes B B. 2012. ICTs: Do they contribute to increased carbon emissions?[J]. Technological Forecasting & Social Change, 79(5): 919-931.

Mukhopadhyay T, Kekre S. 2002. Strategic and operational benefits of electronic integration in B2B procurement processes [J]. Management Science, 48(10): 1301-1313.

Ning L T, Wang F. 2018. Does FDI bring environmental knowledge spillovers to developing countries? The role of the local industrial structure[J]. Environmental & Resource Economics, 71: 381-405.

Ozcan B, Apergis N. 2018. The impact of internet use on air pollution: Evidence from emerging countries[J]. Environmental Science and Pollution Research, 25(5): 4174-4189.

Paci R, Usai S. 1999. Externalities, knowledge spillovers and the spatial distribution of innovation[J]. GeoJournal, 49(4): 381-390.

Pan X, Li S. 2016. Dynamic optimal control of process-product innovation with learning by doing [J]. European Journal of Operational Research, 248(1): 136-145.

Park Y S, Musa M H E. 1989. International Banking and Financial Centers[M]. Boston: Kluwer Academic Publisher.

Rackemann F M. 1931. Clinical Allergy[M]. New York: Macmillan.

Rajan R G, Zingales L. 2003. The great reversals: the politics of financial development in the twentieth century[J]. Journal of Financial Economics, 69(1): 5-50.

Raymond W G. 1969. Financial Structure and Development[M]. Boston: Yale University Press.

Roberto A, Giulio C. 2011. The role of spatial agglomeration in a structural model of innovation, productivity and export: a firm-level analysis[J]. Annals of Regional Science, 46(3): 577-600.

Romer P M. 1986. Increasing Returns and long-run growth[J]. Journal of Political Economy, 94(5): 1002-1037.

Romer P M. 1990. Endogenous technological change[J]. Journal of Political Economy, 98(5): 71-102.

Rubinton B J. 2011. Crowdfunding: disintermediated investment banking[J]. MPRA Paper31649, University Library of Munich, Germany.

Salahuddin M, Alam K, Ozturk I. 2016. The effects of Internet usage and economic growth on $CO_2$, emissions in OECD countries: A panel investigation[J]. Renewable & Sustainable Energy Reviews, 62: 1226-1235.

Schumpeter J. 1912. The Theory of Economic Development[M]. Cambridge: Harvard University Press.

Shao B B M, Lin W T. 2002. Technical efficiency analysis of information technology investments: at first empirical investigation [J]. Information &Management, 39(5): 391-401.

Solow R M. 1987. We'd better watch out[J]. New York Times Book Review, 25(2): 36-44.

Stadler C. 2011. Process innovation and integration in process-oriented settings: The case of the oil industry[J]. Journal of Product Innovation Management, 28(1): 44-62.

Stiglitz J E, Weiss A. 1981. Credit rationing in markets with imperfect information[J]. American Economic Review, 71(3): 393-410.

Stiroh K, Botsch M. 2007. Information technology and productivity growth in the 2000s[J]. German Economic Review, 8(2): 255-280.

Sung N. 2007. Information technology, efficiency and productivity: evidence from Korean local governments[J]. Applied Economics, 39(13): 1691-1703.

Tadesse S. 2002. Financial architecture and economic performance: international evidence[J]. Financial Development and Technology, 11(4): 429-454.

Timmer M P, Ark B V. 2005. Does information and communication technology drive EU-US productivity growth differentials?[J]. Oxford Economic Papers, 57(4): 693-716.

Wang Q, Su B, Sun J, et al. 2015. Measurement and decomposition of energy-saving and emissions reduction performance in Chinese cities[J]. Applied Energy, 151: 85-92.

Wei Z, Hao R. 2011. The role of human capital in China's total factor productivity growth: A cross - province analysis[J]. The Developing Economies, 49(1): 1-35.

Wilson D J. 2009. IT and beyond: the contribution of heterogeneous capital to productivity[J]. Journal of Business &Economic Statistics, 27(1): 52-70.

Wolff E N. 2003. Productivity, Computerization, and Skill Change[M] // Technology, Growth, and the Labor Market. Boston: Springe.

Wright P K, Bourne D A. 1988. Manufacturing Intelligence[M]. Boston: Addison-Wesley Longman Publishing Co. , Inc.

Wu J H, Hisa T L. 2008. Developing e-business dynamic capabilities: an analysis of e-commerce innovation from I-, M-, to U-Commerce[J]. Journal of Organizational Computing and Electronic Commerce, 18(2): 95-111.

Xiong A, Westlund H, Li H, et al. 2017. Social capital and total factor productivity: evidence from Chinese provinces[J]. China & World Economy, 25(4): 22-43.

Zhang C, Liu H, Bressers H T A, et al. 2011. Productivity growth and environmental regulations - accounting for undesirable outputs: Analysis of China's thirty provincial regions using the Malmquist-Luenberger index[J]. Ecological Economics, 70(12): 2369-2379.

Zhang N, Choi Y. 2013. Total-factor carbon emission performance of fossil fuel power plants in China: a metafrontier non-radial Malmquist index analysis[J]. Energy Economics, 40(2): 549-559.

Zhang N, Wang B, Chen Z. 2016. Carbon emissions reductions and technology gaps in the world's factory, 1990–2012[J]. Energy Policy, 91: 28-37.

Zhou P, Ang B W, Wang H. 2012. Energy and $CO_2$ emission performance in electricity generation: a non-radial directional distance function approach[J]. European Journal of Operational Research, 221(3): 625-635.